CONSUMER FIRST

EEN PRAKTISCHE KIJK OP CONSUMENTENPSYCHOLOGIE

OWL PRESS

Veronique Vanderhoydonks
en Koen Wilna

Inleiding 6

DEEL I. DE CONSUMENT

1. Wie is mijn doelgroep? 11
1.1 Segmentatie, targeting, positionering 13
1.2 DMU 17

2. Hoe definieer ik mijn doelgroep? 23
2.1 Buyer persona 23
2.2 Welke attributen? 28

3. De consument vandaag 51
3.1 Gevestigde patronen en transitie 52
3.2 Trend die consumentengedrag beïnvloedt versus hype 53
3.3 Trends 54

DEEL 2. HET PERCEPTIEPROCES

1. Exposure 61
- 1.1 Visuele prikkels 62
- 1.2 Auditieve prikkels 65
- 1.3 Geurprikkels 67
- 1.4 Tactiele prikkels 69
- 1.5 Smaakprikkels 70
- 1.6 Kruismodaliteit 71

2. Gewaarwording 73
- 2.1 De absolute drempel 74
- 2.2 De differentiële drempel 74
- 2.3 Subliminale perceptie 77

3. Aandacht 79
- 3.1 Persoonlijke factoren 80
- 3.2 Stimulusfactoren 82

4. Interpretatie 87
- 4.1 Gestaltpsychologie 90
- 4.2 Cognitieve verwerking van stimuli 90
- 4.3 Semiotiek 91
- 4.4 Perceptiediagram 93

5. Leren 97
- 5.1 Hoe leren we? 98
- 5.2 Behavoristische theorie 98
- 5.3 Cognitieve theorie 106

6. Attitudes 111
- 6.1 ABC model 111
- 6.2 Kenmerken van attitudes 113
- 6.3 Functies van attitudes 114
- 6.4 Hiërarchie van effecten 116
- 6.5 Consistentieprincipe en de balanstheorie van Heider 118
- 6.6 Multi-attribuutmodellen 120
- 6.7 Zijn attitudes een goede voorspeller van gedrag? 121
- 6.8 De theorie van gepland gedrag 122
- 6.9 Attitudes beïnvloeden 124

7. Waarden 131
- 7.1 Waarde of attitude 131
- 7.2 Instrumentele waarden en eindwaarden 132
- 7.3 De middel-doelketen 133
- 7.4 Meccas 136

8. Geheugen 139
- 8.1 Hoe werkt ons geheugen? 139
- 8.2 Verschillende soorten geheugen 140
- 8.3 Informatie oproepen uit het geheugen 144
- 8.4 Hoe vergeten we? 145

DEEL 3. KOOPPROCES

1. Probleemherkenning 149
1.1 Het probleembesef en motivatie 149
1.2 Behoeftehiërarchie 155
1.3 Niet-vervulde behoeften 157
1.4 Beïnvloeding van behoeften als marketeer 160
1.5 Betrokkenheid 161

2. Informatieverkenning 165
2.1 Betrokkenheid 165
2.2 Verschillende soorten bronnen 168

3. Evaluatie en selectie 187
3.1 Overwegingssets 187
3.2 Probleemoplossend gedrag 190
3.3 Beïnvloeding van evaluatie 201
3.4 The paradox of choice 202
3.5 Verloopt het beslissingsproces online anders dan offline? 205

4. Aankoop 207
4.1 Point of sale marketing 210

5. Post-aankoop 213
5.1 PaaS 213
5.2 Tevredenheid 215
5.3 Customer delight 217
5.4 Cognitieve dissonantie 218
5.5 Klachten 220
5.6 Het product afdanken 221

6. Customer journey 225
6.1 Procesontwerp 230
6.2 Tabelontwerp 231
6.3 Voorbeeld van een customer journey 235
6.4 Sales funnel 237

Tot slot 241

Bronnen 242

Geraadpleegde boeken 243

Index 244

INLEIDING

Consumer first heeft als doel om de consument écht centraal te plaatsen binnen de marketingcontext. De marketeer moet de consument op een dieper niveau kunnen begrijpen, soms zelfs beter dan de consument zichzelf kent. Daarvoor wordt vertrokken van de kennis rond commerciële psychologie, ook wel *consumer marketing* genoemd. Volgens Nuttin (1981) zijn gedragingen betekenisvolle reacties op een situatie. Daarbij worden namelijk fysieke of chemische prikkels geïnterpreteerd door een psychofysiologisch organisme (zoals de mens) om zo tot een betekenisvolle situatie te komen. Vervolgens zal via problem solving, bewust of onbewust, deze situatie omgezet worden in gedrag. Om tot dit inzicht te komen zijn verschillende domeinen binnen de psychologie aan bod gekomen. Er wordt enerzijds gekeken naar de studie van het bewuste en het onbewuste. Zo wordt nagegaan wat er zich afspeelt in het hoofd van een mens. Aanvullend daarop heeft men onderzoek gedaan naar het zichtbare gedrag en werden de belangrijkste cognitieve processen, onze denkpatronen, in kaart gebracht.

Als marketing wordt beschouwd als een vorm van bedrijfsbeleid waarbij op een resultaatgerichte wijze de wensen van klanten centraal komen te staan, dan is commerciële psychologie de basis; daarbij worden de achterliggende factoren die consumentengedrag beïnvloeden onderzocht.

Consumentengedrag geeft de totaliteit weer van beslissingen die leiden tot gedrag met betrekking tot het verkrijgen, consumeren en zich ontdoen van goederen, diensten, activiteiten en ideeën door menselijke groepen in de loop van de tijd.

Uit deze definitie kunnen enkele kernelementen worden onderzocht. Het gaat enerzijds om beslissingen die bewust of onbewust door de consument worden gemaakt. Voor het maken van deze beslissingen zijn verschillende stappen nodig. Enerzijds moeten prikkels, zoals het horen van geluid, of het zien van licht dat uit een scherm komt, worden geïnterpreteerd. Anderzijds moet de gecreëerde situatie worden omgezet in gedrag. De genomen beslissingen hebben te maken met het aankoopproces waarbij een consument vanuit een behoefte een aankoop zal doen. Maar ook alle stappen die leiden tot het doen van deze aankoop en de stappen die erop volgen zijn belangrijk om bij stil te staan. Als er wordt gesproken over consumeren wordt vaak enkel gedacht aan producten en diensten, maar het gaat verder. Ook activiteiten en ideeën kunnen worden geconsumeerd. Het deelnemen aan een optocht of het overtuigd worden van iemands mening maakt gebruik van dezelfde processen die nodig zijn om een aankoop van een product te laten plaatsvinden. De beslissingen worden ook niet individueel door een consument gemaakt. Er zullen altijd invloeden van buitenaf zijn die een consument in een bepaalde richting duwen. Er zijn niet alleen invloeden vanuit commerciële bronnen zoals reclame op tv, maar ook ouders, vriendengroepen of andere personen die dicht bij de consument staan, nemen al dan niet bewust deel aan het beslissingsproces.

In dit boek wordt gewerkt met drie delen waarbij telkens één centraal thema wordt behandeld. Het eerste deel geeft een definitie van de consument en biedt een framework om die in kaart te brengen. Het tweede deel gaat door alle stappen van het perceptieproces waarbij dieper wordt gekeken naar hoe we als mens prikkels verwerken waaraan we worden blootgesteld. Het derde deel gaat stap voor stap door het koopproces, van probleemherkenning tot na de aankoop.

DEEL I.
DE CONSUMENT

De **consument** – ook wel afnemer, inkoper, aankoper, klant, gebruiker of verbruiker genoemd – is een begrip in onze maatschappij dat vele betekenissen dekt. Als marketeer is het echter belangrijk om een juiste definitie te kunnen geven en de verschillende betekenissen van elkaar te onderscheiden. Belangrijk daarbij is dat er niet één juiste definitie bestaat, het is meer een synergie van verschillende manieren van kijken naar een consument die samengevat worden in één woord. Zo kan de consument worden gezien als degene die in de winkel een product gaat kopen. De term 'inkoper' of 'aankoper' zou dan beter op zijn plaats zijn. Als we deze transactie bekijken vanuit het oogpunt van de winkelbediende, dan spreken we van een afnemer. De gekochte producten worden door de aankoper vervolgens mee naar huis genomen waarbij iemand anders van diens gezin de producten zal gebruiken, of zelfs verbruiken als het gaat om vergankelijke producten. Deze gebruiker of verbruiker kan ook worden beschouwd als de consument. Vaak wordt dan gesproken van de eindconsument of de eindklant. Het valt dus op dat eenvoudigweg spreken van 'de consument' niet voldoende is. Een consument staat immers nooit alleen in het leven; vaak zijn er verschillende personen betrokken bij een beslissings- en aankoopproces. Deze groep wordt een *decision making unit* **(DMU)** genoemd.

Voorts is ook niet elke persoon hetzelfde. Ook hier moet dus tot een overzicht worden gekomen. Het samenvatten van relevante eigenschappen van een consument in een overzichtelijk schema maakt het niet alleen voor de marketeer, maar ook voor iedereen die rechtstreeks of onrechtstreeks te maken krijgt met deze consument, makkelijker om zich een goed beeld te kunnen vormen. Dat overzicht wordt een **buyer persona** genoemd.

In dit hoofdstuk wordt eerst kort aangehaald hoe een doelgroep tot stand komt. Daarna volgt een praktische toolset om een goede persona uit te werken en tot slot worden nog enkele trends weergegeven die worden vastgesteld bij de consument.

GETTING AN AUDIENCE IS HARD.
SUSTAINING AN AUDIENCE IS HARD.
IT DEMANDS A CONSISTENCY OF THOUGHT,
OF PURPOSE, AND OF ACTION
OVER A LONG PERIOD OF TIME.

— *Bruce Springsteen*

I.
WIE IS MIJN DOELGROEP?

De eerste stap om een consument goed te kunnen definiëren is het bepalen van de doelgroep. Belangrijk daarbij is dat de doelgroep niet te breed wordt genomen. Zo kun je namelijk moeilijker een gepersonaliseerde aanpak, specifiek gericht op één doelgroep, hanteren binnen het bedrijf. Als je je bijvoorbeeld als merk richt op alle Belgische jongeren tussen 20 en 24 jaar, dan wordt een doelgroep bereikt van 597.814 personen.[1] In deze zeer ruime doelgroep kan er nog een onderscheid gemaakt worden op verschillende andere aspecten; denk maar aan levensfase (thuis inwonend of getrouwd met kinderen), werksituatie (student of al aan het werk), economische situatie (hoog of laag inkomen)... Je merkt onmiddellijk dat deze lijst zeer lang kan worden en de relevantie van deze criteria is afhankelijk van de context waarin wordt gewerkt. Deze context wordt enerzijds gevormd door de productgroep of de sector, maar anderzijds ook door de consumenten zelf. De bouwsector zal bijvoorbeeld snel onderverdelingen maken in de doelgroep op basis van type bouwproject (residentieel, industrieel, kleine karweien...) of positie van de klant in de sector (aannemer, professional, doe-het-zelver...). Dat maakt het makkelijker voor bedrijven in deze sector om hun aanbod beter af te stemmen op een of meer specifieke doelgroepen. Belangrijk daarbij is dat de klant binnen deze segmentatiecriteria moet passen en dat deze dan ook afgestemd zijn op diens noden. Als dat niet gebeurt loopt het vaak fout. De klant voelt zich dan namelijk niet begrepen en zal zijn weg vinden naar een andere aanbieder die producten wel op maat van de klant kan positioneren. Veiliger is het dus om te vertrekken vanuit de individuele klant om zo te achterhalen welke de belangrijkste criteria zijn die essentieel zijn voor het nemen van een goede aankoopbeslissing. Coolblue past dat perfect toe door de filters op hun webshop perfect af te stemmen op de meest relevante criteria van de klant per productgroep. Het is voor de klant namelijk relevanter en eenvoudiger om te filteren op 'zuigkwaliteit op harde vloeren' dan na te gaan wat het vermogen is van elke stofzuiger en welke opzetstukken voorhanden zijn om zo zelf de zuigkwaliteit in te schatten.

1 Statbel (fgov.be), 1 januari 2021.

In wat volgt worden de belangrijkste elementen aangereikt waarmee een consument kan worden gedefinieerd. Eerst wordt een overzicht gegeven van hoe een doelgroep wordt gefilterd vanuit de brede populatie via het **STP-model** (segmentatie, targeting en positionering). Daarna wordt de consument in diens bredere omgeving gekaderd aan de hand van het opstellen van een DMU.

1.1

SEGMENTATIE, TARGETING, POSITIONERING

Segmentatie gaat om het opsplitsen van de markt in verschillende subgroepen. Die opsplitsing gebeurt aan de hand van relevante criteria zoals leeftijd, mediagebruik, aankoopgedrag enzovoort. Bij segmentatie zal de som van alle groepen steeds gelijk zijn aan de totale populatie. Er wordt namelijk nog geen keuze gemaakt voor een of meer interessante doelgroepen. Interessante segmentatiecriteria worden verder in dit hoofdstuk besproken.

FIGUUR 1.1.

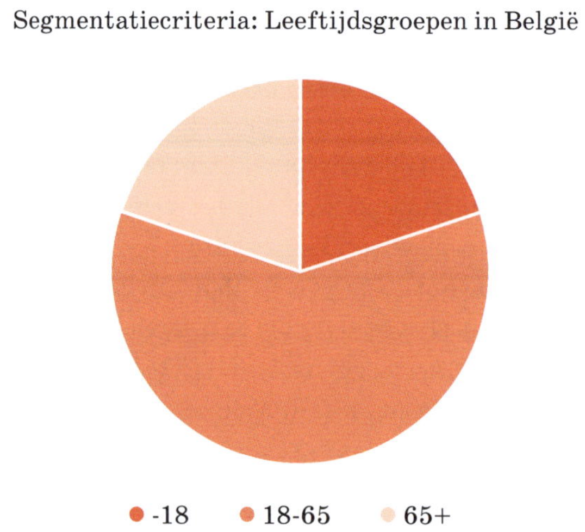

Uiteraard hoeft segmentatie niet beperkt te blijven tot één criterium. Vaak worden verschillende segmentatiecriteria namelijk gecombineerd. De eerste stap is dan de segmentatie van de totale populatie telkens per criterium te voltooien. Daarna zou het mogelijk zijn om de verschillende segmentatiegroepen in elkaar weer te geven. Dat is praktisch bij een beperkt aantal criteria, maar bij meer dan drie criteria wordt het al snel onoverzichtelijk. Bij het samenvoegen van segmentaties moet ook rekening gehouden worden met de representativiteit van de gevormde groepen in elkaar. Zo hoeft de verdeling van leeftijd bijvoorbeeld niet gelijk verdeeld te zijn binnen verschillende geslachtsgroepen.

FIGUUR 1.2.

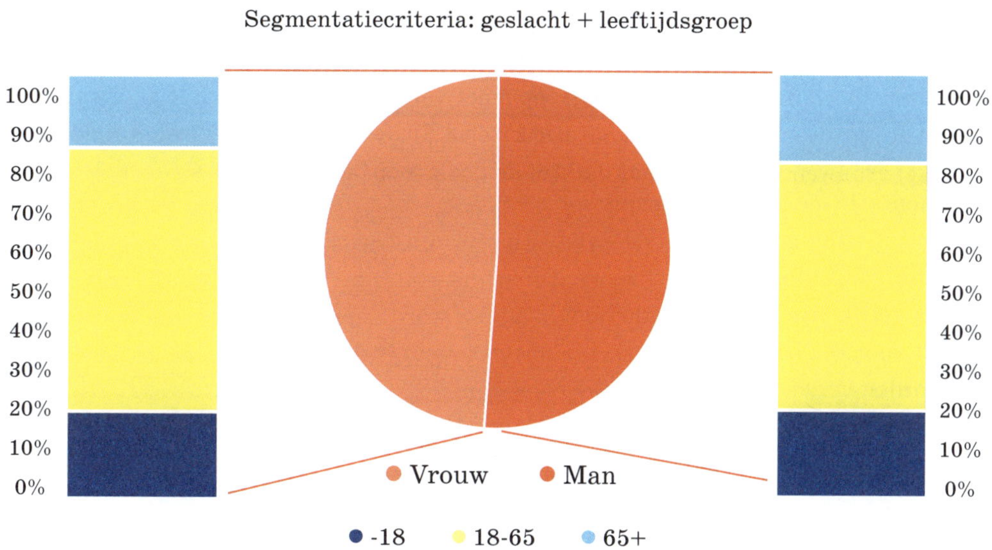

Na het segmentteren van de markt kan uit alle gevormde segmenten een doelgroep worden gekozen. Dat wordt **targeting** genoemd. Vanuit elke gemaakte segmentatie worden de interessantste segmenten gekozen die samen de doelgroep vormen. Een doelgroep kan op basis van de verschillende segmentatiecriteria verbreed of gespecialiseerd worden. Bij een segmentatie op geslacht en leeftijd kan bijvoorbeeld gekozen worden voor alle vrouwen én alle mensen tussen 20-35 jaar. Dat wil zeggen dat alle vrouwen worden opgenomen in de doelgroep, ongeacht de leeftijd, alsook alle mensen van 20-35 jaar, ongeacht het geslacht. In dit voorbeeld wordt de doelgroep duidelijk verbreed.

FIGUUR 1.3.

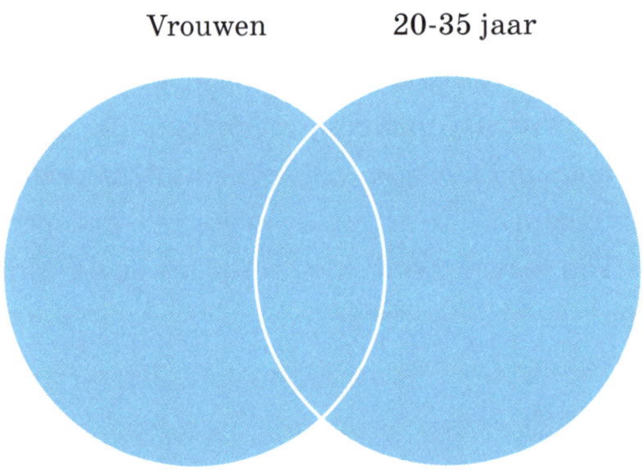

Bij het specialiseren van de doelgroep moet voldaan worden aan alle voorwaarden van de selectie vanuit de segmentatiecriteria. In het gegeven voorbeeld zouden dan enkel vrouwen van 20-35 jaar oud tot de doelgroep behoren.

FIGUUR 1.4.

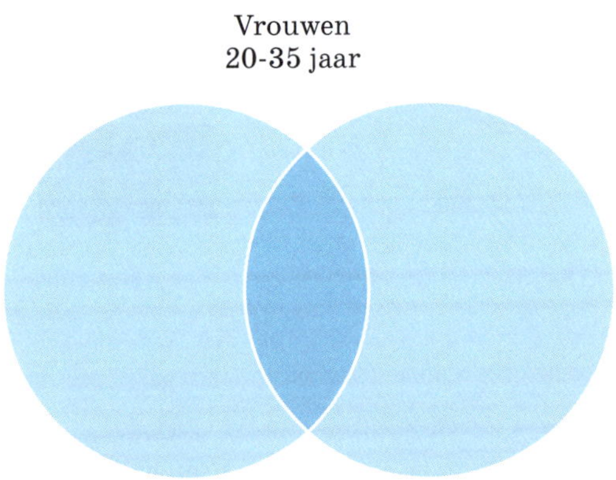

Vaak wordt een combinatie van beide technieken toegepast. Daarbij worden bepaalde criteria als uitbreiding van de doelgroep genomen en andere als specialisatie. Dat alles heeft als doel een zo interessant mogelijke doelgroep te verkrijgen. Wat dan als 'interessant' wordt beschouwd is voor interpretatie vatbaar. Vaak wordt enkel gekeken naar kortetermijnwinstgevendheid, maar dat heeft als nadeel dat op die manier bepaalde strategische doelgroepen op langere termijn worden vergeten.

Zo zullen studenten in een creatieve opleiding die software tegen een lager tarief kunnen gebruiken in eerste instantie zeker niet winstgevend zijn voor een bedrijf. Als ze echter later als professional aan de slag gaan en een voorkeur hebben opgebouwd voor het gebruik van de al aangeleerde software, dan kunnen zij wel als winstgevende doelgroep worden beschouwd doordat ze de middelen hebben om de reguliere prijs te betalen voor de software.

Na het segmenteren en targeten van een specifieke doelgroep kan er gewerkt worden aan de **positionering** van het bedrijf. Het doel hierbij is om een specifieke positie in te nemen in het hoofd van de consument door zich te differentiëren ten opzichte van de concurrentie. Daarbij is het van belang dat er voor elke doelgroep een goede **product-market fit** is. Dat wil zeggen dat de marketingmix, de combinatie van alle marketinginstrumenten die een bedrijf ter beschikking heeft, perfect is afgestemd op de noden van de doelgroep. Zo spreekt het voor zich dat een bedrijf zich anders kan positioneren ten opzichte van verschillende doelgroepen. Het evenwicht vinden tussen enerzijds congruentie, het behouden van één merkidentiteit, en anderzijds het opbouwen van een positionering die is gepersonaliseerd per doelgroep is een van de strategische pijlers in een goed marketingplan. Zolang personalisatie per doelgroep kan gebeuren zonder dat dit afbreuk doet aan kernwaarden van het merk, die over de verschillende doelgroepen heen gelden, is er geen probleem.

Denk maar aan het aanbieden van verschillende modellen van één automerk. Als voorbeeld kan gekeken worden naar Renault. Voor de net startende werknemer is er de Renault Megane, een compact middenklasmodel. Voor grotere gezinnen staat de Renault Espace als monovolume klaar en dan is er nog de Twizy die gericht is op mensen die zich vlot in de stad willen verplaatsen. Al deze modellen verschillen sterk van elkaar en voorzien in een goede *product-market fit* voor hun doelgroep, maar doen daarbij geen afbreuk aan het overkoepelende imago van het merk dat no-nonsense en slimme wagens op de markt zet voor het middensegment.

FIGUUR 1.5.

Komt de waarde die een merk heeft in de hoofden van zijn doelgroep echter in het gedrang door het aanpassen van de marketingstrategie op een specifieke doelgroep, dan moet er een oplossing worden gevonden. Er kan gekozen worden om als merk toch niet te focussen op deze nieuwe doelgroep en zich sterker te positioneren binnen de huidige doelgroep. Anderzijds kan ook een duidelijk verschil worden gemaakt tussen de positionering naar de verschillende doelgroepen. Vaak wordt daarbij dan overgegaan tot het oprichten van een nieuw merk dat zich duidelijk distantieert van het moedermerk.

Om zijn marktaandeel verder te verbreden wilde Renault ook een oplossing op de markt brengen die voor een lager segment beter geschikt zou zijn. Een doelgroep die geen hoge eisen stelt op het vlak van luxe, maar die vooral nood heeft aan een functionele, goedkope oplossing voor hun wens naar een auto. Als deze doelgroep benaderd zou worden onder hetzelfde merk als Renault zou dat echter schade kunnen berokkenen aan het merk. De lagere kwaliteit van de goedkopere modellen zou immers worden gekoppeld aan het merk en zo worden geprojecteerd op de huidige modellen. Hier staat het evenwicht tussen congruentie en personalisatie dus op een kantelpunt. De oplossing van Renault was om de congruentie van het merk Renault, weerspiegeld op de huidige modellen, te behouden en zich onder een ander merk te positioneren naar de nieuwe doelgroep. Zo ontstond Dacia. Op dezelfde manier bracht Citroën het merk DS Automobiles op de markt dat gericht was op een meer premiumdoelgroep, die ze niet konden bereiken onder het al gevestigde merk Citroën.

1.2
DMU

Een consument wordt (bewust of onbewust) beïnvloed door verschillende personen rondom zich. Deze beïnvloedingen kunnen plaatsvinden tijdens verschillende fases van het beslissings- en aankoopproces. Een *decision making unit* (DMU) vormt een model om alle betrokken partijen bij een beslissing overzichtelijk weer te geven.

Vooral in de b2b-sector wordt een *decision making unit* vaak gebruikt. Om een zakelijke deal rond te krijgen sta je immers in contact met verschillende mensen in een bedrijf. Daarbij komen ook nog eens de mensen die achter de schermen al dan niet hun finale goedkeuring moeten geven bij een potentiële deal, denk aan de CEO of CFO.

Ook in de b2c-sector kan een *decision making unit* zeker worden opgesteld. Daar zijn immers ook verschillende personen betrokken bij het maken van een aankoop. Dat is vaak minder zichtbaar dan in de b2b-sector, maar daarom niet minder interessant om bij stil te staan. Er kan gesteld worden dat 'de consument' eigenlijk niet bestaat maar dat een marketeer rekening moet houden met alle personen in de DMU waardoor de *decision making unit* zelf als consument kan worden gedefinieerd. Ook hier wordt gestoten op het interpreteren van het begrip 'consument', zoals vermeld in het begin van dit hoofdstuk. Een DMU brengt alle personen die zouden kunnen voldoen aan de brede definitie van 'de consument' samen. Vaak wordt gekeken naar mensen uit eenzelfde gezin of vriendengroepen die dicht bij de consument staan. Dat zijn dus voornamelijk sociale bronnen.

De eerste stap is het definiëren van de verschillende stappen van het aankoopproces. In elk van deze fases worden daarna de personen in beeld gebracht die daarbij invloed uitoefenen. Deze invloed kan positief, negatief of neutraal zijn. Positieve invloed, zoals het aanduiden van positieve eigenschappen van een product, leidt ertoe dat de consument meer geneigd zal zijn om toe te zeggen bij een mogelijke aankoop. Negatieve invloed, zoals het wijzen op een hoge prijs, zal de consument doen twijfelen en mogelijk doen afzien van een aankoop. Neutrale invloed, zoals aanraden om op het internet extra informatie over de productgroep op te zoeken, zal de consument niet rechtstreeks beïnvloeden richting het al dan niet doen van een aankoop, maar zal eerder informatief of uitvoerend zijn.[2]

Hierna volgt een overzicht van de diverse personen die invloed uitoefenen in het aankoopproces, dus van alle onderdelen van de *decision making unit*.

- De **initiator** neemt initiatief voor het besluitvormingsproces dat tot aankoop leidt. Voor de nieuwe aankoop heeft deze persoon dus altijd een positieve invloed. Dit initiatief kan worden uitgelokt door middel van verschillende bronnen,

---

2 https://www.b2bmarketeers.nl/dmu/

waaronder reclame. Bij het zien van een billboard van McDonald's kan het kind op de achterbank het idee om bij McDonald's te stoppen voor een McFlurry in de groep gooien. 'Ik wil een ijsje, we kunnen stoppen bij McDonald's!' is de zin die hier zorgt voor het initiatief om mogelijk een aankoop te laten plaatsvinden bij McDonald's.

- De **beïnvloeder** helpt bij het formuleren van de technische specificaties of verstrekt informatie die van pas komt bij het evalueren van de beschikbare alternatieven. Hier kan zowel positieve, negatieve of neutrale beïnvloeding plaatsvinden. Mogelijke antwoorden vanaf de voorzetels zouden kunnen zijn: 'Goed idee, het is inderdaad maar vijf minuutjes omrijden' (positief); 'Dat is niet gezond, je hebt nog maar net een wafel gegeten!' (negatief); 'Er zijn verschillende smaken, kun je hieruit een keuze maken?' (neutraal). De beïnvloeder zorgt er dus voor dat het genomen initiatief wordt ondersteund, afgebroken of concreter wordt.
- De **adviseur** vergroot het aantal te overwegen alternatieven. Vaak heeft die een neutrale invloed. Er wordt immers enkel extra informatie gegeven, zonder daarbij afbreuk te doen aan een oorspronkelijk idee. Zo kan er in het voorbeeld van de autorit langs het billboard van McDonald's worden vermeld dat er ook ijsjes zijn bij een ijsjesbar vlak bij huis.
- De **gatekeeper** is de beheerser van de stroom van informatie. Alle gegeven voorstellen en extra informatie worden verzameld en verwerkt. Daarna wordt deze verwerkte informatie opnieuw voorgelegd aan (delen van) de groep. Deze eerder administratieve taak zou van neutraal karakter moeten zijn, maar vaak wordt daarin positieve of negatieve beïnvloeding vermengd. Zo kunnen de ouders op de voorbank onderling de verschillende alternatieven afwegen en samen met twee concrete voorstellen voorleggen: 'Ofwel een ijsje aan de ijsjesbar bij ons thuis en geen dessert vanavond, ofwel nu geen ijsje en vanavond een ijsje als dessert.' Alle voorgaande stappen van initiatie, advies en beïnvloeding komen dus samen bij de gatekeeper en worden als het ware gefilterd en geconcretiseerd. Daarbij worden de verschillende keuzemogelijkheden vaak beperkt.
- De **beslisser** bepaalt welke oplossing voor een oorspronkelijk probleem wordt gekozen. In het voorbeeld kunnen alle leden van het gezin via stemming beslissen dat ze een ijsje zullen gaan halen bij de ijsjesbar.
- De **inkoper** heeft de bevoegdheid om de genomen beslissing uit te voeren. Belangrijk om daarbij op te merken is dat in deze fase nog steeds beïnvloeding door de inkoper mogelijk is. Zeer veel aankoopbeslissingen worden immers in de winkel zelf genomen. Degene die de ijsjes gaat halen kan immers nog kiezen voor de hoeveelheid en of er al dan niet toppings worden genomen.
- De **gebruiker** is de persoon die het aangeschafte product zal gebruiken/verbruiken. In het vermelde voorbeeld zullen dat dus alle leden van het gezin zijn die genieten van hun ijsje.

- De **afdanker** tot slot is degene die beslist om gebruikte goederen af te danken en ook de manier waarop. Als het ijsje op is moeten de servetten en eventuele potjes worden weggegooid. Er kan gekozen worden om het ijsje op te eten ter plaatse en de vuilnisbakken van de ijsjesbar daarvoor te gebruiken, of het ijsje onderweg op te eten en het thuis in de vuilbak te gooien. Ongebruikte servetten kunnen zelfs nog worden bijgehouden voor eventueel later gebruik.

TABEL 1.1.

Initiator	Neemt initiatief voor het besluitvormingsproces	*'Ik wil een ijsje, we kunnen stoppen bij McDonald's!'*
Beïnvloeder	Verstrekt extra informatie	*'Er zijn verschillende smaken, kun je hieruit een keuze maken?'*
Adviseur	Vergroot het aantal te overwegen alternatieven	*'Er zijn ook ijsjes bij de ijsjesbar thuis.'*
Gatekeeper	Beheerst de stroom van informatie	*'Ofwel een ijsje aan de ijsjesbar bij ons thuis en geen dessert vanavond, ofwel nu geen ijsje en vanavond een ijsje als dessert.'*
Beslisser	Kiest voor de beste oplossing	*'We gaan een ijsje halen bij de ijsjesbar.'*
Inkoper	Koopt het goed aan	*'Drie keer één bol vanille met chocoladesaus'*
Gebruiker	Gebruikt het aangeschafte goed	*'Mmmmm.'*
Afdanker	Beslist om gebruikte goederen af te danken en ook de manier waarop	*'Hou de servetten maar bij, die kunnen we nog gebruiken.'*

Na het in kaart brengen van alle personen die deel uitmaken van de *decision making unit* kan een marketeer die op verschillende manieren benaderen. Initiatiefnemers moeten voornamelijk worden benaderd met boodschappen die een behoefte creëren zoals een tv-reclame die je trek doet krijgen in een zak chips. Beïnvloeders, adviseurs en gatekeepers moeten de nodige argumenten ter beschikking krijgen om de keuze voor jouw merk te kunnen ondersteunen. Deze argumenten kunnen ter beschikking worden gesteld via eigen kanalen, maar samenwerken met externe bronnen zal vaak een sterker effect hebben. Een voorbeeld daarvan is het opsturen van jouw product naar een influencer die het dan kritisch beoordeelt voor zijn of haar doelpubliek. Naast het louter geven van informatie mag het effect van het opbouwen van een positieve attitude ten opzichte van het merk niet onderschat worden. Dat is een communicatiedoel dat op lange termijn moet worden opgebouwd bij de brede doelgroep. In de beslissingsfase kunnen vooral (tijdelijke) promoties, zoals een '1+1 gratis'-actie, de doorslag geven. Inkopers kunnen tijdens het maken van de aankoop beïnvloed worden door reclame en promoties aanwezig op het *point of sales* (POS), ongeacht of het gaat om een fysieke winkel of een webshop. Gebruikers moeten vooral goed geanalyseerd worden en feedback van deze doelgroep is nodig om het product of de dienst op hen af te stemmen. Hiervoor kan gebruikgemaakt worden van reviews en ratings als bron van informatie die veel vertrouwen geniet bij de consument. De juiste afstemming van het product op de eindgebruiker kan uiteraard ook gecommuniceerd worden naar de andere leden van de DMU. De beslissingen worden immers genomen met de eindgebruiker in het achterhoofd. Tot slot mag het afdankgedrag niet over het hoofd worden gezien, zowel vanwege het ecologische aspect, maar ook om na te gaan of er nog opportuniteiten liggen in deze fase van de individuele productlevenscyclus. Zo kan een buy-backactie worden opgestart om zelf goederen nuttig te recycleren of je kunt als merk een tweedehandsmarkt in eigen beheer houden.

Als een *decision making unit* bestaat uit leden met een samenlevingsverband, zoals een gezin, kunnen er nog enkele gedragingen worden vastgesteld die het evenwicht in de groep bij de consumptieve beslissingen verklaren: **autonoom gedrag**, het individueel optreden, komt vooral voor in de oriëntatiefase waarbij elk lid van het gezin nog afzonderlijk op zoek gaat naar informatie. Binnen de DMU zien we autonoom gedrag dus ook vooral in de eerste fases optreden. De gatekeeper brengt al deze elementen vervolgens samen. Ook bij kleinere aankopen of wanneer er tijdsgebrek is waardoor de *decision making unit* beperkt is zal er vooral autonoom gedrag plaatsvinden. Bij complexere aankopen of aankopen met een hogere betrokkenheid of een hoger risico zal **syncratisch gedrag** de bovenhand nemen. Daarbij worden leden binnen een DMU actief betrokken bij het beslissings- en aankoopproces.

THE FIRST STEP IS CLEARLY DEFINING
WHAT IT IS YOU'RE AFTER.
BECAUSE WITHOUT KNOWING THAT,
YOU'LL NEVER GET IT.

— *Halle Berry*

2.
HOE DEFINIEER IK MIJN DOELGROEP?

2.1
BUYER PERSONA

2.1.1 Belang van een goede persona

Het belang van het opstellen van een *buyer persona* voor een product, dienst of merk wordt nog al te vaak onderschat. Nochtans is het dé belangrijkste tool die een marketeer ter beschikking heeft. Alle andere marketingbeslissingen zouden namelijk de basis moeten vinden in de vooraf opgestelde persona. Een marketingplan opstellen zonder gebruik te maken van een persona is zoals het maken van een roadtrip zonder kaart. Je kunt plezier hebben in wat je doet en vast en zeker resultaten behalen, maar de efficiëntie zal niet altijd optimaal zijn en veel interessante opportuniteiten zullen worden gemist.

Een persona is de visuele representatie van de gekozen doelgroep. Zoals in het vorige deel besproken helpt het STP-model (segmentatie, targeting en positionering) bij het maken van die keuze. Het opstellen van een persona verfijnt de gemaakte keuze. Als het opstellen van de persona is voltooid kan elke marketingactie getoetst worden aan de persona. Dat heeft verschillende voordelen. Discussies tijdens meetings over wie welk design het beste vindt worden vermeden door de vraag te stellen met de persona als subject: 'Welk design zou de persona het meest aantrekkelijk vinden?' Vragen rond pricing kunnen worden getoetst aan de financiële status van de persona. De *tone of voice* van de externe communicatie kan perfect worden afgestemd op de manier waarop de persona graag wordt benaderd. Zo kan er voor elke marketingbeslissing een oplossing worden gevonden die voor de persona, en dus de gekozen doelgroep, de beste oplossing zou zijn. Uiteraard is er nog steeds ruimte voor interpretatie. Elk individu is namelijk uniek en een persona kan nooit perfect de mening van een hele doelgroep voorstellen. Als naast de visuele voorstelling van de persona ook een écht panel van klanten zou worden samengesteld waarmee regelmatig marktonderzoek gevoerd kan worden zou dat wel een oplossing kunnen bieden om nog betere inschattingen te kunnen maken. Dat is echter niet altijd mogelijk, het opstellen van een *buyer persona* wel.

Het kan zijn dat er meerdere, goed te onderscheiden doelgroepen zijn die interessant zijn voor een merk. In dat geval wordt een persona per doelgroep opgesteld. Bij het uitwerken van een marketingplan moet steeds met elke persona afzonderlijk rekening worden gehouden. Er kan zelfs gesteld worden dat er een volledig nieuw marketingplan moet worden uitgewerkt per persona. Enkel op deze manier kan de doelgroep optimaal worden bereikt. Het is namelijk geen oplossing om een compromis te lanceren dat voor geen van beide doelgroepen de perfecte oplossing is.

Zo kan eenzelfde elektrische fiets mogelijk relevant zijn voor oudere mensen die nog in beweging willen blijven, maar ook voor jonge mensen die het zien als een oplossing voor woon-werkverkeer. Beide doelgroepen zijn potentiële klanten voor eenzelfde product, maar de communicatie zal toch anders moeten gebeuren. Waar het bij de ouderen gaat om gebruiksgemak en plezier moeten jongeren vaker met een verhaal dat draait rond efficiëntie en sportiviteit worden bereikt. Dat is ook perfect mogelijk om te bereiken als marketeer aangezien beide doelgroepen niet op dezelfde kanalen aanwezig zijn. Reclame op Radio 2 voor de ouderen en een Instagramadvertentie voor het jongere publiek kunnen perfect naast elkaar bestaan. Voorts kan nog gedacht worden aan het lanceren van een submerk per doelgroep met elk enkele unieke eigenschappen, specifiek gericht op de te bereiken persona. Denk daarbij aan andere kleuren, zadels, badges en attributen zoals fietstassen of smartphonehouders. Dat alles is vertrokken vanuit het creëren van twee afzonderlijke doelgroepen, voorgesteld door elk hun eigen persona waarna de verschillende marketingacties erop worden afgestemd.

2.1.2 Opbouw van een persona

Een persona opstellen gebeurt in verschillende fases. Allereerst wordt een breed beeld van de doelgroep gevormd. Dat kan vanuit twee richtingen gebeuren. Een marketeer kan op zoek gaan naar een winstgevende doelgroep en beginnen na te denken wat het bedrijf voor deze doelgroep zou kunnen betekenen. Er wordt dus vertrokken vanuit de behoefte van de klant. Dat is de ideale manier waarop bedrijfsvoering volgens marketeers zou moeten gebeuren. Er wordt namelijk volledig vertrokken vanuit de klant. Dat is echter niet altijd mogelijk aangezien een bedrijf vaste processen heeft, samen met een expertise in een bepaald vakgebied. De tweede, meest gebruikte, manier om tot een doelgroep te komen is het zoeken naar een gepaste doelgroep voor een product of dienst dat het bedrijf naar voren schuift. Daarna kan het aanbod van het bedrijf uiteraard verder worden verfijnd naar de wensen van de gekozen doelgroep. Het definiëren van een brede doelgroep voor een bedrijf dat haar buitensportactiviteiten wil uitbreiden naar Oost-Vlaanderen kan bijvoorbeeld als volgt: 'mensen in de ruime omgeving rond Gent die avontuurlijk ingesteld zijn'.

Nadat de doelgroep breed is gedefinieerd, als startpunt, kan de doelgroep worden verfijnd. Daarbij moet een afweging worden gemaakt. Hoe meer je als marketeer de doelgroep verfijnt en meer details toevoegt aan de persona, hoe beter je deze specifieke doelgroep kunt bereiken. Het nadeel daarvan is echter dat de doelgroep steeds kleiner wordt. Voortbouwend op het eerder gebruikte voorbeeld zou de persona als volgt kunnen worden verfijnd:

> Man tussen 18 en 24 jaar,
> woont op 20 minuten van het centrum van Gent,
> heeft een netto-inkomen tussen 24k en 30k,
> is vrijgezel,
> spendeert gemiddeld minstens 1u per dag op Instagram,
> geïnteresseerd in kamperen,
> drinkt zijn koffie zwart,
> heeft geen huisdieren,
> rijdt met een Mercedes,
> gaat wekelijks winkelen in Colruyt.

Het spreekt voor zich dat maar weinig mensen voldoen aan deze criteria. Een marketingplan opstellen dat alleen op deze doelgroep focust zal dan ook een lage respons kennen. Het is dus belangrijk om een goede keuze te maken uit welke attributen worden toegevoegd aan de persona. Het resultaat moet een persona zijn die een doelgroep dekt die breed genoeg is, maar toch voldoende details bevat om de doelgroep zo persoonlijk mogelijk aan te spreken.

Het invullen van de attributen gebeurt vaak door het maken van een inschatting van de marketeer. Dat is een goed startpunt, maar ondersteunend marktonderzoek is nodig. Enkel op deze manier kan de persona statistisch worden onderbouwd. Aangezien de persona aan de basis ligt van alle marketingbeslissingen is dat vast en zeker de investering waard. Dit marktonderzoek kan op verschillende manieren gebeuren. Er kan worden gekeken naar al bestaand cijfermateriaal zoals demografische gegevens of kijkcijfers. Daarnaast kan worden samengewerkt met een marktonderzoeksbureau om een doorgedreven studie naar de gekozen doelgroep uit te voeren. Vaak helpt het ook om eenvoudigweg in dialoog te gaan met enkele bestaande of potentiële klanten. Vertrekkend vanuit enkele diepte-interviews om de klanten écht te leren kennen, aangevuld met een kwantitatief onderzoek aan de hand van een enquête kan al heel snel een waardevol beeld geven. Intern kan er ook gekeken worden naar customer data over bijvoorbeeld koopgedrag voor andere, soortgelijke producten of diensten.

De persona zelf kan visueel op verschillende manieren worden voorgesteld. Hier mag de creativiteit van de marketeer zeker worden losgelaten. Er bestaan ook tools die helpen bij het opstellen van een persona. Pas daar echter mee op, want vaak zijn deze tools opgesteld met een bepaald soort klantenprofiel voor ogen waardoor het niet altijd de beste oplossing vormt om de persona die voor het bedrijf interessant is in weer te geven. Belangrijk is dat alle relevante attributen overzichtelijk worden voorgesteld. In één oogopslag moet de persona duidelijk zijn. Dat wil zeggen dat het best niet gewerkt wordt met lange blokken tekst. Kernwoorden en iconen zijn veel duidelijker. Zijn er toch zaken die belangrijk zijn en die niet in het kort kunnen worden weergegeven, zorg dan voor een bijgevoegd verslag dat extra uitleg verschaft over een attribuut dat voorkomt op de visual. Zorg er ook voor dat er steeds een naam en een passende foto wordt toegevoegd aan de persona. Dat maakt het vooral intern makkelijker om te verwijzen naar de persona en oplossingen te vinden die erop zijn afgestemd.

Naast de buyer persona, gericht op de effectieve klant, kan er ook gewerkt worden met een content persona. De opbouw hiervan is hetzelfde, maar er wordt gefocust op stakeholders en andere groepen die geen rechtstreekse aankoopintentie hebben, maar wel belang hebben bij een duidelijke en authentieke communicatie van het merk/bedrijf.

Hierna enkele voorbeelden van de lay-out van een persona. Merk op dat steeds verschillende attributen in blokvorm worden voorgesteld, al dan niet optimaal gevisualiseerd, en dat de persona steeds zeer concreet wordt gemaakt door de toevoeging van persoonlijke details.

FIGUUR 2.1.

LOUISE JANSSENS

‘Ik eet met mijn ogen.’

Leeftijd: 23
Job: werkzoekend
Gezin: drie huisgenoten
Locatie: Antwerpen

Persoonlijkheid
Kieskeurig – Gemakkelijk – Analytisch – Creatief – Introvert – Extravert – Passief – Actief

Suikerverslaafd – Koffiekenner – Flirterig – Lippenstiftverzamelaar

Doelen:
- Een job vinden in restaurantmarketing
- Ieder restaurant in de stad uitproberen
- Op reis foto’s maken van gerechten
- Populairder worden op Instagram

Frustraties
- Niet verdikken terwijl ze alle restaurants in de buurt probeert
- Langer dan een jaar geïnteresseerd blijven in een job
- Een job vinden waarin er ruimte is voor creatieve expressie
- Geld

Bio
Louise Janssens studeerde drie jaar geleden af van de hogeschool en heeft sindsdien de bohemian levensstijl van een werkzoekende die even van een werkloosheiduitkering leeft. Maar nu krijgt ze het gevoel dat alle onzekerheid eindelijk ergens toe leidt: het is tijd om al haar ervaring – goed en slecht – in de strijd te gooien en een fantastische job te vinden in de restaurantbusiness, waar haar passie ligt.

Motivatie
Beloning – Angst – Verwezenlijkingen – Macht – Sociaal

Merken
DIESEL FOR SUCCESSFULL LIVING — MISS SIXTY

Favoriete kanalen
Traditionele reclame – Online en sociale media – Guerrillareclame en PR

BRANDON LEE

Demografisch
Leeftijd: 38 jaar oud
Gender: man
Gezin: twee kinderen, 4 en 2 jaar oud
Inkomen: <€100.000

Brandon is net vader geworden van een jongen en verlangt nu al naar een tweede kindje. Daarom spaart hij voor een grotere gezinswagen. Naast zijn job als loodgieter zoekt hij nog naar andere manieren om geld in het laatje te brengen.

Kanalen
Reclame op papier
Reclame op straat
Mobiele reclame
Sociale netwerken

Doelen:
Een tweede kindje
Meer tijd met de familie doorbrengen
Een nieuwe wagen

Frustraties:
Overuren
Niet kunnen werken met de nieuwste technologie
Slecht weer

2.2
WELKE ATTRIBUTEN?

Zoals vermeld is het evenwicht tussen gebruiksgemak en volledigheid bij het opstellen van een persona zeer belangrijk. Hierna volgen enkele attributen die zouden kunnen worden toegepast bij het opstellen van een persona. Uiteraard is het niet nodig om telkens al deze elementen toe te passen in een persona, alleen de attributen die het meest relevant zijn voor de context moeten worden uitgewerkt. Deze lijst is niet eindig en afhankelijk van de context kunnen andere elementen eveneens belangrijk zijn. Denk maar aan het vermelden van medische problemen in de farmaceutische sector. Elke case, die een koppeling is tussen een persona en een productgroep, is anders en vraagt om een gepersonaliseerde aanpak. Het maken van een juiste keuze uit de volgende lijst, aan te vullen met andere relevante elementen, is een belangrijke eerste stap. Het daarna zorgvuldig implementeren van al deze elementen levert een overzichtelijke, bruikbare persona op.

2.1.3 Demografisch

Leeftijd

Leeftijd wordt zeer vaak gebruikt binnen een persona. De leeftijd kan zowel als vast getal (bv. 22 jaar) of als een spreiding (bv. 65-80 jaar) worden weergegeven. Het is een eenvoudige parameter die onmiddellijk enkele eigenschappen, gelinkt aan leeftijd, oproept. Zo zullen mensen met een hogere leeftijd sneller geassocieerd worden met meer vrije tijd en een hogere behoefte aan services. Het is echter gevaarlijk om enkel af te gaan op leeftijd om dergelijke assumpties te maken. Iemand die vandaag tachtig jaar oud is zal bijvoorbeeld andere voorkeuren en gedragingen hebben dan iemand die binnen twintig jaar tachtig wordt. Die laatste is immers opgegroeid met al wat meer technologie en kan er dan ook beter gebruik van maken. Dat komt omdat we allemaal vanuit een bepaalde generatie zijn voortgekomen en ervaringen die we hebben meegemaakt tijdens ons leven maken ons tot wie we zijn. Om deze verschillen tussen generaties weer te geven wordt de cohortentheorie gebruikt. Voorts is ook niet iedere consument van twintig jaar oud hetzelfde. Ook de levensfase waarin die zich bevindt is belangrijk om te vermelden. Zo zal een student van twintig jaar oud andere behoeftes hebben dan een jonge man die op zijn twintigste al een eigen gezin heeft. Vermeld daarom naast de leeftijd ook steeds de generatie en de levensfase.

COHORTEN OF MARKETINGGENERATIES

De cohortentheorie verzamelt consumenten in groepen op basis van hun geboortejaar. De grenzen van elk cohort worden bepaald op basis van de overeenkomsten tussen leden binnen één cohort en verschillen met leden van andere cohorten. De parameters ervan gaan vaak over voorkeuren, levensstijl, technologische kennis en de manier van consumeren. Dikwijls ligt een historische gebeurtenis aan de basis van deze cohorten. Denk daarbij aan oorlogen, technologische innovaties of andere impactvolle gebeurtenissen die het leven hebben veranderd. Mensen die deze veranderingen bewust hebben meegemaakt zullen anders in het leven staan dan mensen die ermee zijn opgegroeid.

Tabel 2.1 biedt een overzicht van de huidige cohorten met hun voorkeuren.

TABEL 2.1.

NAAM	GEBOORTEJAAR	KARAKTERISTIEKEN
Generatie Alpha	2016-2030	Langdurige economische crisis Geen leven zonder schermen
Generatie Z / Digital natives	2001-2015	Altijd internet gekend Technologie van kinds af aan Mondiaal georiënteerd Multitasken Ecologische crisis
Generatie Y / Millennials	1981-2000	Prestatiegericht Snelle digitalisering Connectiviteit Open-minded
Generatie X / Verloren generatie	1961-1980	Moeilijke economische tijden Voorzichtiger/kritisch Harde werkers Materialistisch
Babyboomers	1941-1960	Heropleving na WO II Zelfontplooiing Onvrede
Stille generatie	1921-1940	Armoede door oorlog Gezagsgetrouw

De exacte jaartallen zijn ondergeschikt aan de karakteristieken die de generatie beschrijven. De meeste generaties volgen elkaar om de twintig jaar op. Dat is ook vaak de leeftijd tussen ouders en hun kinderen. De laatste jaren kiezen ouders echter steeds later voor kinderen. Als gevolg zouden de cohorten dan verder uit elkaar moeten liggen. Door de steeds sneller wordende technologische vooruitgang komen kinderen steeds sneller in een nieuwe cohorte terecht omdat hun leefwereld sneller sterk verschilt van de generatie ervoor.

Als marketeer is het belangrijk om na te gaan welke invloeden uit deze cohortentheorie van toepassing zijn op de consument. Deze theorie kan wel als basis dienen en schetst enkele brede thema's die over het algemeen leven bij consumenten uit één cohorte.

LEVENSFASE

Ook de levensfase biedt enkele interessante inzichten in de voorkeuren en de gedragingen van de consument. Er wordt vaak vertrokken van de traditionele gezinslevenscyclus:

FIGUUR 2.2.

Vrijgezel, niet bij de ouders inwonend	Weinig financiële lasten, mode, ontspanning, vakantie
Pasgetrouwd, jong, geen kinderen	Dubbel inkomen, duurzame goederen, auto's en vakantie
Gezin met kind < 6 jaar	Huis (hypotheek) > daling vrij te besteden inkomen, babyartikelen, wasdroger...
Gezin met oudere kinderen: jongste kind > 6 jaar	Verbeterde financiële positie, grootverpakkingen, opvoeding (clubs en lessen voor de kids)
Gezin met kinderen 8 tot 18	Vervanging meubilair, inrichting studeerkamers, duurder speelgoed, pc's, eigen inkomsten kinderen.
Kinderen zijn het huis uit	Stijging vrij besteedbaar inkomen, reizen, ontspanning, cursussen, donaties, luxeartikelen voor jezelf
Op leeftijd, met pensioen	Terugval in inkomen, medische en reformproducten, aangepast meubilair, all-in reizen

Elke fase van deze cyclus kent andere voorkeuren, attitudes en specifiek consumentengedrag. Dit algemeen cyclusschema ligt echter steeds minder voor de hand. Samengestelde gezinnen, eenoudergezinnen, kinderen die langer thuis blijven wonen... Het zijn allemaal trends in de maatschappij waarmee een marketeer moet rekening houden. Daarvoor is extra marktonderzoek dus zeker aangewezen. Wel kan het traditionele model als basis worden gebruikt om op verder te bouwen en uit te breiden met nieuwere gezinsstructuren.

Het weergeven van leeftijd voor een persona is dus niet voldoende. Koppel dat steeds aan een cohort en zorg er ook voor dat de levensfase in beeld wordt gebracht.

PERSONA: Annabel, 56j
PRODUCT: Vakantie

GENERATIE X
(Harde werker, kritisch)

Tweeoudergezin met oudere kinderen
(financieel stabiel, kosten kinderen)

Gezinssituatie

De gezinssituatie hangt nauw samen met de levensfase die in het voorgaande deel werd besproken. Hier wordt echter meer in detail gekeken naar de verschillende leden van het gezin en hun rol. De aanwezigheid van een inwonend kind betekent namelijk niet enkel dat het besteedbare inkomen iets lager ligt dan wanneer het kind het huis zou verlaten, maar het zal ook een invloed uitoefenen op de beslissingen die het gezin neemt bij de aankopen die gebeuren. Hier vormt zich dus een link naar de *decision making unit*.

PERSONA: Annabel, 56j
PRODUCT: Vakantie

Gezinssituatie

Geslacht

Het geslacht blijft in de meeste gevallen een belangrijk element om op te nemen in de persona. Zo worden er vaak producten, zoals kledij, specifiek voor een bepaald geslacht op de markt gebracht. Ook wanneer het gaat om een uniseksproduct of -dienst kan het toch interessant zijn om de communicatie errond af te stemmen op basis van geslacht. De stereotypen die daarbij worden gebruikt moeten wel eerst goed met de doelgroep worden afgestemd en enkel relevante zaken die de communicatie ondersteunen mogen worden gebruikt. Als geslacht niet uitmaakt en je wilt alle groepen bereiken moet de communicatie ook uniseks worden uitgewerkt. Dat kan door diversiteit aan te brengen of door creatief aan de slag te gaan en de consument te vervangen door een entiteit zonder uitgesproken geslacht, bijvoorbeeld een dier.

PERSONA: Julie, 72j
PRODUCT: Radiozender

Geslacht

Woonplaats

De woonplaats is niet alleen interessant om op te nemen bij regiospecifieke producten met een vaste locatie zoals een pretpark, maar ook bij globale producten, zoals bier. Daardoor kan de communicatie erop worden afgestemd. Zo zal de reclame voor Stella Artois in Japan er heel anders uitzien dan de reclame hier in België. De mate van detail in het vastleggen van de woonplaats is wel afhankelijk van het type product. Zo is het voor Samsung voldoende om een West-Europese klant te definiëren maar zal een lokale bakker alle mensen binnen een straal van vijf kilometer rondom de bakkerij willen bereiken. Deze straal kan behalve via de perimetermethode waarbij een cirkel met straal van vijf kilometer in vogelvlucht wordt afgetekend op een kaart met de winkel in het centrum ook op andere manieren worden bepaald. De afstand kan namelijk rekening houden met de werkelijke reisweg die de klant moet afleggen. Nog een stap verder is het berekenen van de reistijd die de consument moet afleggen om tot aan de winkel te raken. Daarbij moet rekening worden gehouden met de voorkeur van transportmiddel van de consument.

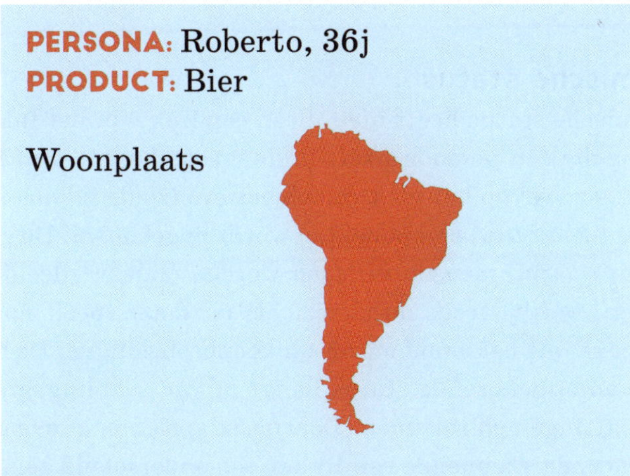

PERSONA: Annik, 49j
PRODUCT: Fietsenmaker

Woonplaats

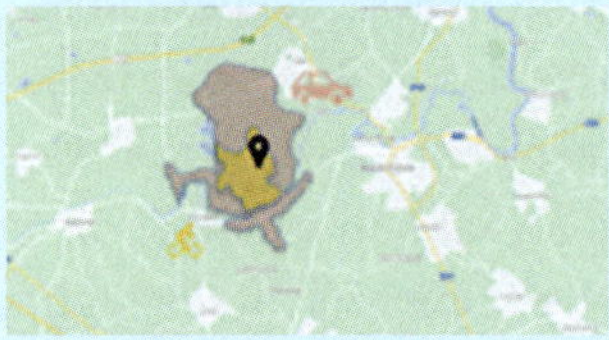

Straal van 25 min rond winkel

Socio-economische status

De sociaaleconomische status heeft niet alleen een link met het inkomen, maar ook met de status die een persoon heeft in de maatschappij. Dat wil dus zeggen dat deze status zowel op het vlak van objectieve (zoals inkomen), maar ook subjectieve (zoals *likeability*) componenten wordt opgebouwd. De gevormde sociale stratificatie, waarbij mensen in lagen worden onderverdeeld waartussen ongelijkheden zijn, wordt steeds minder zichtbaar maar speelt nog steeds een belangrijke rol, zeker als het aankomt op aankoopbeslissingen. De bepaling van de sociale klasse en bijbehorende status hangt af van scholingsgraad, beroep, woonsituatie, bezittingen en inkomen. Daarnaast spelen ook levensstijl, waarden en normen een ondersteunende rol. Er kan een onderscheid gemaakt worden tussen vijf klassen.

- ***upper upper class:*** rijke families met een traditioneel historisch verleden;
- ***lower upper class:*** mensen die hun vermogen in de afgelopen jaren hebben vergaard;
- ***upper middle class:*** beoefenaren van vrije beroepen;
- ***lower middle class*** en ***working class***: arbeiders en overheidspersoneel;
- ***lower class:*** ongeschoold personeel.

De verschillen in consumentengedrag uiten zich op verschillende vlakken. Het mediagebruik zal verschillen waarbij de lagere klassen voornamelijk sociale media en traditionele bronnen verkiezen en de hogere klassen sneller naar gespecialiseerde bronnen zoals kennissen met ervaring of vakbladen zullen grijpen. Ook zijn de koopmotieven op het vlak van kledij, wooninrichting en vrijetijdsbesteding duidelijk anders. Waar het bij de lagere klassen functioneel en statusverhogend dient te zijn zullen hogere klassen vooral naar zelfontplooiing zoeken. Ook de winkels waarin wordt gekocht verschillen per segment. Grotere ketens worden voornamelijk gewaardeerd door de lagere klassen, meer gespecialiseerde winkels met een exclusiever aanbod richten zich beter tot de hogere klassen. Tot slot zal ook het gepercipieerde risico bij een aankoop lager zijn als men over voldoende middelen beschikt.

Als marketeer mik je het best op de twee uitersten en gebruik je een sociale klasse als referentiegroep voor de consument. Consumenten in de middle class willen namelijk hun status verhogen en producten die worden voorgesteld als geschikt voor de upper class vallen daardoor in de smaak. Vooral zichtbare luxegoederen kunnen van deze strategie profiteren. Producten die als goedkoop in de markt worden geplaatst richting de lower class kunnen ook in de smaak vallen bij de middle class, zeker als het gaat om niet-zichtbare producten. Denk daarbij aan de dagelijkse voeding.

PERSONA: Stefan, 28j
PRODUCT: Horloge

Lower middle class

Bachelor

Ingenieur/Projectleider

45k per jaar

2.1.4 Persoonlijkheid en levensstijl

Persoonlijkheid

Persoonlijkheid is een uniek en complex geheel van kenmerken die iemands gedrag kunnen voorspellen. Er zijn verschillende modellen beschikbaar om persoonlijkheid in kaart te kunnen brengen. Hierna worden twee veelgebruikte modellen voorgesteld. Belangrijk is dat elk van deze modellen steeds een benadering vormt van iemands persoonlijkheid. Daarnaast is ook de context waarin een persoon zich bevindt belangrijk voor het tot uiting komen van persoonlijkheidskenmerken. Toch kan persoonlijkheid gebruikt worden bij het opstellen van een persona. Er kan namelijk worden uitgegaan van het ideale zelfbeeld dat een persoon wil hebben, ongeacht of dat altijd volledig tot uiting komt of niet.

MEYERS-BRIGGS TYPE INDICATOR (MBTI)

Het MBTI-model is een voorbeeld van een typologie. Een persoonlijkheid wordt aan de hand van vier dimensies opgebouwd en vervolgens in één type onderverdeeld. Eerst wordt gekeken naar waar een persoon zijn/haar aandacht op richt. Dat kan op anderen of op zichzelf zijn. De uitersten van deze dimensie zijn extraversie en introversie. Vervolgens wordt gekeken naar de manier van waarnemen van informatie. Gebeurt dat via feiten en concrete informatie en ervaringen, dan spreekt men van *sensing*. Is de bron van informatie eerder gericht op de grote lijnen en toekomstige mogelijkheden, dan wordt dat benoemd als intuïtie. De derde dimensie gaat over het nemen van beslissingen. Zijn die goed onderbouwd op basis van logica en informatie, dan bevindt men zich aan het *thinking*-uiterste. Wordt een beslissing vooral op gevoel genomen, dan zal men richting *feeling* opschuiven. Tot slot wordt gekeken naar de manier waarop men met de wereld om zich heen omgaat. Dat kan enerzijds op een planmatige, geordende manier zijn. In dat geval valt men onder de noemer *judging*. Anderzijds kan men spontaan en flexibel in het leven staan. Dan spreekt men van een *perceiving* karakter.

FIGUUR 2.3.

Extraversion (E)	↔	(I) Introversion
Sensing (S)	↔	(N) iNtuition
Thinking (T)	↔	(F) Feeling
Judging (J)	↔	(P) Perceiving

De combinatie van deze dimensies geeft zestien types. Elk type omvat dus de unieke combinatie van deze vier persoonlijkheidsdimensies en wordt voorgesteld door een vierlettercombinatie. Bij deze vierlettercombinaties wordt vaak ook een stereotype gebruikt als verduidelijking. Deze stereotypen kunnen vele vormen aannemen zoals dieren, beroepen of zelfs taarten. Het doel van deze stereotypen is de karaktereigenschappen visualiseren. Zo zou een ESTP, een energieke probleemoplosser, bijvoorbeeld kunnen worden voorgesteld als een geflambeerd flensje.

TABEL 2.2.

MBTI		Extraversion (E)		Introversion (I)	
		Sensing (S)	iNtuition (N)	Sensing (S)	iNtuition (N)
Thinking (T)	Judging (J)	ESTJ Efficiënte organisator	ENTJ Besluitvaardige strateeg	ISTJ Verantwoordelijke realist	INTJ Conceptuele planner
	Perceiving (P)	ESTP Energieke probleemoplosser	ENTP Ondernemende verkenner	ISTP Logische pragmaticus	INTP Objectieve analist
Feeling (F)	Judging (J)	ESFJ Behulpzame medewerker	ENFJ Compassievolle trainer	ISFJ Praktische ondersteuner	INFJ Inzichtrijke visionair
	Perceiving (P)	ESFP Enthousiaste improvisator	ENFP Verbeeldingsvolle motivator	ISFP Veelzijdige medestander	INFP Bedachtzame idealist

Een voordeel van het gebruik van een typologie is dat er een eenduidig profiel wordt verkregen. Een nadeel is dan weer dat nuance verloren gaat. Zo kan een persoon bijvoorbeeld tussen twee types in liggen, maar zal alleen het meest toepasselijke als resultaat naar voren worden geschoven.

OCEAN (BIG 5)

Het Ocean-model biedt geen type als uitkomst maar geeft enkel de dimensies weer. Dat wil zeggen dat een persoon zich telkens ergens tussen de uitersten van deze dimensies bevindt. Er is dus een zekere nuance mogelijk. De vijf belangrijkste dimensies die naar voren worden geschoven zijn:

FIGUUR 2.4.

Mate van extraversie	extraversie	↔	introversie
Mate van altruïsme	aardig voor anderen	↔	vijandig
Mate van consciëntieusheid	zorgvuldig	↔	chaotisch
Mate van neuroticisme	emotioneel instabiel	↔	stabiel
Mate van openheid	open voor ervaringen	↔	behoudend

De mate van extraversie slaat op het al dan niet energie halen uit interacties met anderen. Extraverte personen zullen graag activiteiten in groep beleven. Introverte personen halen eerder energie uit zelfstandige activiteiten. De mate van altruïsme slaat op het zich al dan niet meegaand en aardig opstellen tegenover anderen. Een persoon die zeer competitief is en vooral diens eigen belangen naar voren schuift zal neigen naar het vijandige uiterste van de schaal. Verder wordt er een onderscheid gemaakt tussen mensen die op een planmatige en zorgvuldige manier door het leven gaan en mensen die eerder chaotisch reageren op uitdagingen. Emotioneel instabiele mensen zullen sterk emotioneel reageren op prikkels en zullen ook snel kunnen wisselen van stemming. Emotioneel stabiele mensen zullen minder snel veranderen van emotie. Tot slot bepaalt de mate van openheid of iemand openstaat voor nieuwe ervaringen of eerder terughoudend reageert op vernieuwing.

Uiteraard kan dit model worden uitgebreid met andere interessante dimensies. Voorbeelden daarvan zijn eerlijkheid, zelfmonitoring, *locus of control* (of iemand zelf controle heeft over zijn/haar eigen leven) of neiging tot nadenken.

FIGUUR 2.5.

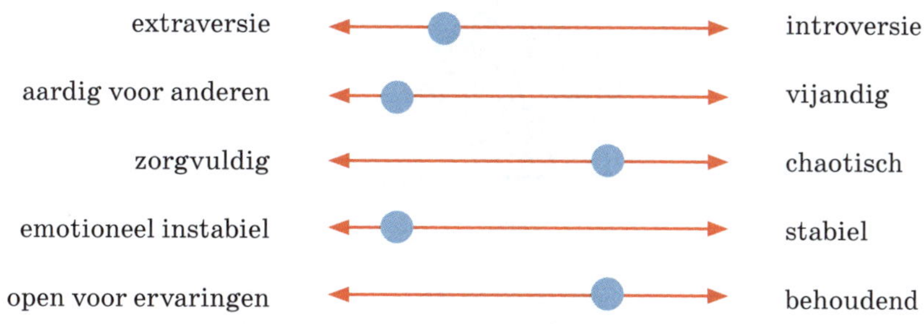

Levensstijl

De levensstijl is vaak een verlengde van het persoonlijkheidskenmerk dat iemand bezit. Een levensstijl omvat namelijk alle zichtbare gedragingen en smaakuitingen die iemand stelt. Daaruit wordt dan een samenhangend patroon opgesteld om zo tot een definieerbare levensstijl te komen. Via **psychografisch onderzoek**, waarbij de psychologische kenmerken worden onderzocht die een invloed kunnen hebben op het beslissingsproces, kunnen klantengroepen worden gedefinieerd waarop producten en diensten vervolgens op een unieke manier kunnen worden gepositioneerd. Onderzoek toont aan dat er een sterke link is tussen levensstijl en koopgedrag. Wat men koopt zal namelijk vaak de levensstijl ondersteunen die men wil uitdragen.

Een veelgebruikt model om de levensstijl in kaart te brengen is de VALS-typologie. Het is een typologie, dus ook hier zullen vooraf gedefinieerde types worden opgesteld waarbinnen een persoon valt. Deze types zijn gebaseerd op twee assen. Enerzijds wordt gekeken naar de beschikbare middelen, anderzijds wordt een onderscheid gemaakt tussen drie oriëntaties. Deze oriëntaties bepalen het belangrijkste onderwerp dat speelt in iemands levensstijl. Dat kan principe-, status- of actiegeoriënteerd zijn. Principegeoriënteerde mensen hechten veel belang aan standvastigheid en hebben sterke waardeovertuigingen. Statusgeoriënteerde mensen willen succes uitstralen naar anderen en hechten veel belang aan wat anderen van hen denken. Actiegeoriënteerden halen energie uit beleving. Deze groep zal voornamelijk geïnteresseerd zijn in zaken waarmee ze zelf aan de slag kunnen gaan of die hen ervaringen kunnen bieden.

FIGUUR 2.6.

Het segmentatiesysteem van VALS

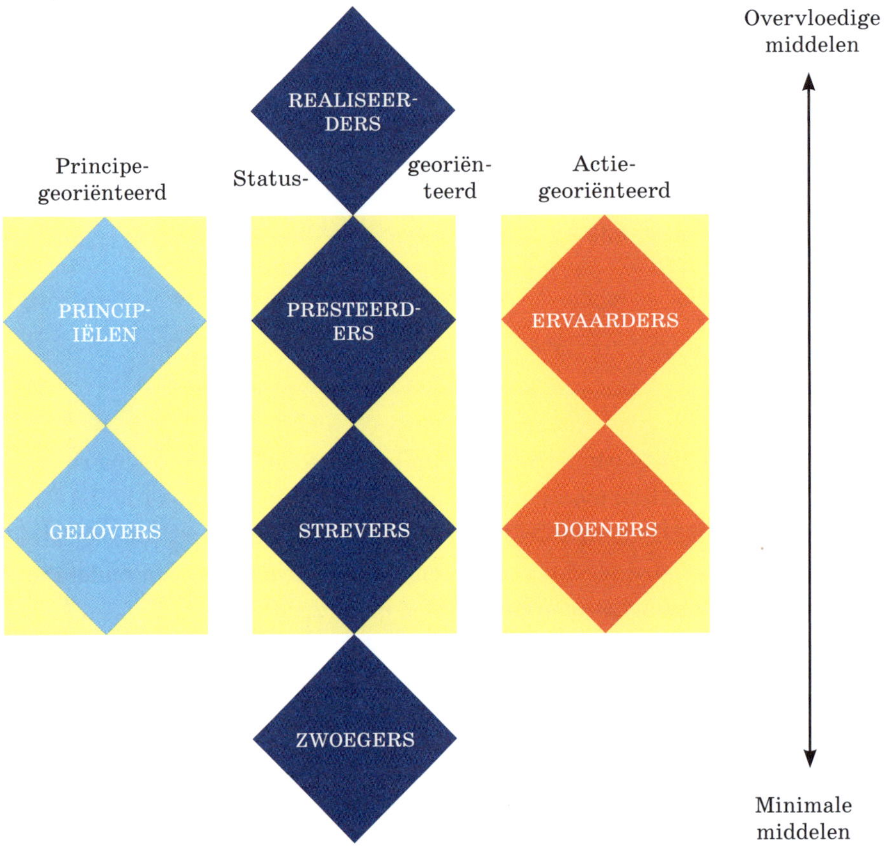

Bron: M.R. Solomon, Consumer behavior, 3 rd ed, Prentice Hall, p. 591, 1996.

GELOVERS

Gelovers hechten veel belang aan routines en zijn vaak trouwe klanten. Zonder overvloedige middelen zullen ze via enkele vuistregels snel beslissingen kunnen nemen. Zo zullen ze bijvoorbeeld steeds naar eenzelfde winkel gaan en kiezen voor een goede prijs-kwaliteitsverhouding. Huismerken zoals Boni spelen hierop in.

PRINCIPIËLEN

Principiëlen kunnen, in tegenstelling tot de gelovers, dankzij extra middelen meer aandacht besteden aan hun principes. Dat kunnen ze doen door bijvoorbeeld te kiezen voor een elektrische fiets voor hun eigen gezondheid of ter vervanging van een auto om het milieu te beschermen. Duurzaamheid en functionaliteit zijn voor hen belangrijk. De markt van elektrische fietsen en wagens heeft, zeker in het begin, vooral principiëlen als klant gekend.

ZWOEGERS

Zwoegers zijn statusgeoriënteerd maar beperkte middelen maken hen vaak moedeloos. Een reactie hierop is dat men vaak in de rol van slachtoffer kruipt en men zich neerlegt bij de situatie. Budgetvriendelijke oplossingen en promoties vallen in de smaak bij deze doelgroep. Denk hierbij aan Carapils of winkels zoals Zeeman waar een lage prijs centraal staat.

STREVERS

Strevers hechten veel belang aan hun carrière en zijn steeds op zoek naar goedkeuring van anderen. Het woord 'wannabe' wordt ook vaak in de mond genomen. Producten met een sterke uitstraling helpen hen om hun status te verhogen. Voor deze doelgroep brengen merken vaak 'lite' producten op de markt die eenzelfde uitstraling hebben, maar aan een lagere prijs. Enkele premium kenmerken, zoals een betere camera bij smartphones, worden hierbij dan achterwege gelaten.

PRESTEERDERS

Presteerders hebben al een goede status opgebouwd. Imago is belangrijk en oplossingen die efficiëntieverhogend en dus tijdbesparend zijn genieten hun voorkeur. Denk daarbij bijvoorbeeld aan een smartphone uit een hoger segment en merkkledij.

REALISEERDERS

Realiseerders hebben het gemaakt. Dankzij overvloedige middelen kunnen ze focussen op zelfontplooiing. Het feit dat ze succesvol zijn hoeft niet bewezen te worden door opzichtige kenmerken. Eerder zal gekozen worden voor innovatieve en kwaliteitsvolle oplossingen. Gespecialiseerde boutiques en merken die zich richten op een select publiek, zoals Hermès, vinden hierin hun klanten.

DOENERS

Doeners maken hun eigen actie. Het aankopen van een oplossing die kant-en-klaar is, is niets voor hen. Ze zijn immers op zoek naar eigen ervaring en het toevoegen van iets van zichzelf. Vaak willen ze hiermee dan ook geld besparen. Workshops en zelfbouwpakketten zijn ideaal voor deze doelgroep. Denk hierbij ook aan winkels zoals Ikea of aanbieders van activiteiten.

ERVAARDERS

Ervaarders willen, net zoals de doeners, zaken beleven. Dankzij meer middelen kan dat echter op een andere manier tot uiting komen. Impulsief gedrag en een zoektocht naar opwinding typeert deze mensen. A.S. Adventure kent binnen hun doelgroep een groot deel ervaarders.

PERSONA: René, 75j
PRODUCT: Vakantie

LEVENSSTIJL: Ervaarder

Tijdsbesteding

Het in kaart brengen van het dag-/week-/jaarverloop van een consument kan momenten blootleggen waarbij er nog ruimte is om een activiteit te laten plaatsvinden, wanneer een mogelijke aankoop zou kunnen plaatsvinden of wanneer communicatie gewenst en relevant is. Dat kan aan de hand van het opstellen van een agenda waarbij een klassiek dag-/week-/jaarverloop wordt weergegeven. Bij aankopen die niet vaak plaatsvinden is een bredere kijk nodig. Daarbij is het bijvoorbeeld voldoende om vakantiemomenten in kaart te brengen of welke momenten in de week meestal vrij zijn om een aankoop te doen. Bij regelmatige aankopen kan het interessant zijn om meer in detail te treden en na te gaan of er bijvoorbeeld lunchpauzes zijn waarbij online shopping tot de mogelijkheden behoort. Een korting geven aan de consument net op deze momenten kan genoeg zijn om die dan te overhalen. Mocht dit echter niet in zijn/haar planning passen, dan zou communicatie daarrond tevergeefs zijn.

PERSONA: Roel, 42j
PRODUCT: Gezonde voeding

Tijdsbesteding

Avond en weekend

Ma-Vr 08u-09u; 17u-18u

Dinsdag en zondagavond

Ma-Vr 09u-17u

Schoolvakanties

Hobby's en interesses

Relevante hobby's en interesses kunnen zeker een meerwaarde zijn om te vermelden bij een persona. De relevantie is hier echter wel zeer belangrijk om geen onnodige informatie op te nemen die de persona onoverzichtelijk zou maken. Het vermelden van favoriete sporten zou bijvoorbeeld niet relevant zijn om op te nemen in een profiel voor een koffieproducent, maar wel voor een sportwinkel. Een attribuut is relevant als het gebruikt kan worden tijdens de ontwikkeling van het product of in de gerichte communicatie naar de consument. Let daarbij ook op de toepasbaarheid op een brede doelgroep. De persona stelt namelijk niet één persoon voor, maar vertegenwoordigt een hele doelgroep.

PERSONA: Roel, 42j
PRODUCT: Gezonde voeding

Interesses

Koken/bakken

Sporten

2.1.5 Aankoopproces

Motivatoren

Het is aan te raden om de volledige *customer journey* van een klant te doorlopen en daarbij de belangrijkste positieve en negatieve aspecten van de beleving in kaart te brengen. Uiteraard zal dat voor elke productgroep een ander resultaat opleveren. Op deze manier kan optimaal rekening gehouden worden met de motivatoren, die de klant een betere ervaring zullen bieden. Uiteraard worden de pijnpunten zo goed mogelijk vermeden.

PERSONA: Jonas, 29j
PRODUCT: Restaurantbezoek

- Parking
- Brood en water op tafel
- Veel keuze
- Digestief bij rekening

- Lang wachten
- Luidruchtige zaal
- Te veel contact met ober

Merkvoorkeuren

Het vermelden van enkele merkvoorkeuren in een persona kan onmiddellijk een goed beeld scheppen van de doelgroep. De merken die naar voren worden geschoven hebben immers allemaal een eigen identiteit die wordt overgedragen op de persona. Zo zal een persona waarbij Gucci, Mercedes en Schwartzkopf worden vermeld, onmiddellijk een ander beeld oproepen dan een persona waarbij Boni, Kruidvat en Vakantieveilingen als prominente merken aanwezig zijn.

PERSONA: Sander, 12j
PRODUCT: Fiets

Merken LEGO vtm KIDS

Winkelgedrag

Via een online account of een klantenkaart kunnen verschillende aspecten van het winkelgedrag worden bijgehouden. Denk maar aan de frequentie waarmee een consument de winkel bezoekt, wanneer een consument een aankoop doet en wat er wordt gekocht. Ook kunnen betalingsvoorkeuren en andere relevante attributen zoals pasmaat in het geval van een kledingwinkel of projectspecificaties als het gaat om industriële goederen worden toegevoegd.

PERSONA: Fien, 37j
PRODUCT: Make-up

Aankoop

2x per maand

14-18 uur

Zaterdag of zondag

Lipstick en mascara

Kanalen

Onder kanalen worden alle mogelijke media verstaan waaraan de consument wordt blootgesteld. Via deze kanalen kan dan worden gecommuniceerd. Denk daarbij verder dan enkel de klassieke kanalen en specificeer voldoende. Het is niet voldoende om tv aan te duiden als kanaal, vermeld ook welke zender(s) en op welke tijdstippen deze zender(s) worden bekeken. Enkel zo kan een reclameboodschap juist worden ingepland. Ook andere kanalen zoals TikTok kunnen extra duiding gebruiken door aan te geven welke onderwerpen op dit platform de voorkeur van de consument genieten.

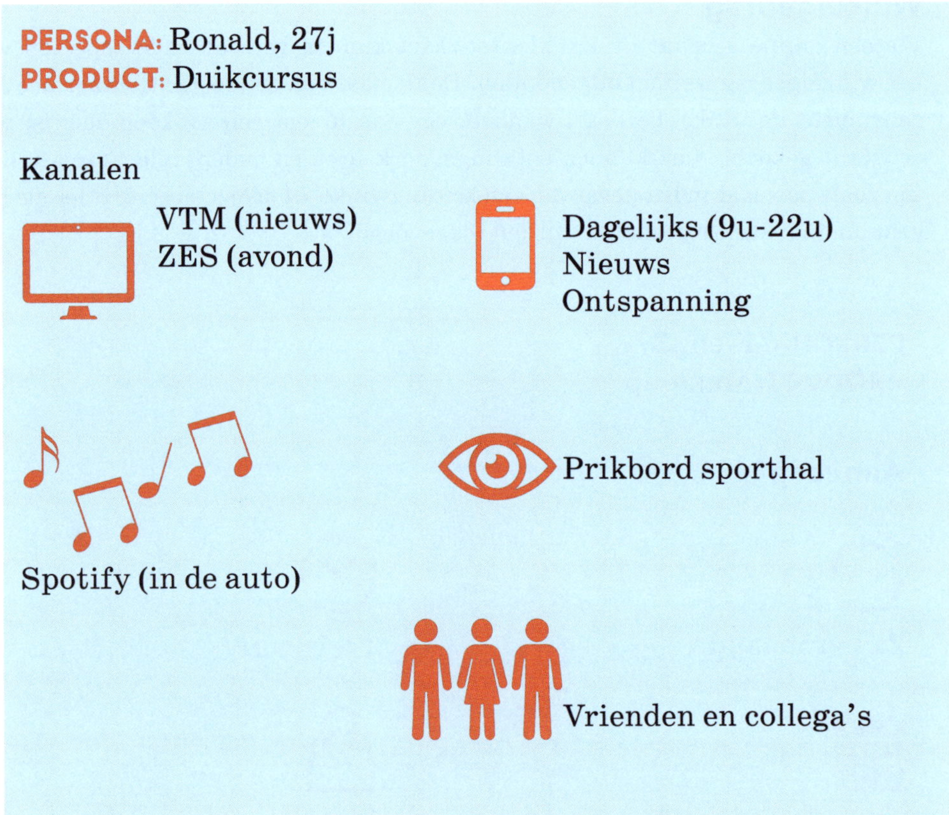

2.1.6 Sociaal

DMU

In het vorige deel werden de verschillende rollen binnen de *decision making unit* al uitvoerig besproken. Bij de implementatie in de persona is het belangrijk dat de personen die (enkele van) deze rollen vervullen worden weergegeven. Wees daarbij zo concreet mogelijk. Deze personen zijn namelijk belangrijk om mee te nemen in het communicatieplan. Er kan op twee manieren worden gewerkt. Enerzijds kan worden vertrokken vanuit de verschillende rollen, waarbij de personen die deze rol op zich nemen worden aangevuld. Anderzijds kan worden vertrokken vanuit personen die invloed uitoefenen op de persona die op hun beurt rollen toegedeeld krijgen.

PERSONA: Pieter, 16j
PRODUCT: Voetbalschoenen

DMU

Initiator	Pieter
Beïnvloeder	Vrienden in voetbalploeg
Adviseur	Trainer, vrienden in voetbalploeg
Gatekeeper	Ouders
Beslisser	Pieter
Inkoper	Pieter, ouders
Gebruiker	Pieter
Afdanker	Ouders

PERSONA: Pieter, 16j
PRODUCT: Voetbalschoenen

DMU

Pieter	Initiator, beslisser, inkoper, gebruiker
Vrienden in voetbalploeg	Beïnvloeder, adviseur
Ouders	Gatekeeper, inkoper, afdanker
Trainer	Adviseur

Maatschappij en cultuur

Naast het in kaart brengen van de rechtstreekse invloeden door middel van het opstellen van een *decision making unit* kan ook breder worden gekeken naar invloeden vanuit een maatschappij of cultuur. Zo kunnen waarden, normen, doelen en verwachtingen worden geanalyseerd en in de persona worden opgenomen. Dat is vooral interessant bij internationale projecten waarbij er verschillen zijn op het vlak van maatschappelijke en culturele aspecten van een persona. Waarden en normen omvatten omgangsvormen en principes waarmee publiekelijk en in sociaal verband voor de dag kan worden gekomen. Zo zal te laat komen in Japan niet worden getolereerd en zal individualisme zich vooral uiten in westerse maatschappijen. Voortbouwend op deze waarden en normen kan een cultuur ingedeeld worden op basis van zeven dimensies van cultuur.

MACHTSAFSTAND

In een cultuur met een kleine machtsafstand zal er een grote gelijkheid zijn tussen alle leden van een samenleving. Bij een grote machtsafstand wordt een verschil tussen klassen geaccepteerd. In de westerse wereld is er een steeds grotere roep naar een kleinere machtsafstand, in Latijns-Amerikaanse en Arabische landen komt een grote machtsafstand nog steeds voor.

INDIVIDUALISME VERSUS COLLECTIVISME

Deze dimensie slaat op de (on)afhankelijkheid van de groep. In een individualistische samenleving zal men er alles aan doen om zo onafhankelijk mogelijk te functioneren. Dat slaat meestal op een individu of een gezin. Een collectivistische maatschappij zal bestaan uit van elkaar afhankelijke leden. Het individu wordt ondergeschikt aan de groep. In de westerse wereld heeft het individualisme vaak de bovenhand. Armere landen zijn over het algemeen collectivistischer ingesteld.

MANNELIJKHEID VERSUS VROUWELIJKHEID

Een mannelijke cultuur zal de voorkeur geven aan prestatie en (materieel) succes. Deze zaken vormen de basis van motivatie. Een vrouwelijke cultuur hecht meer belang aan relaties en de kwaliteit van leven. Momenteel is er een transitie gaande van een mannelijke richting een meer vrouwelijke cultuur. Japan wordt traditioneel nog steeds aanzien als een mannelijke cltuur, in landen zoals Zweden is vooral een vrouwelijke cultuur vast te stellen.

ONZEKERHEIDSVERMIJDING

In een cultuur die onzeker staat tegenover de toekomst zal voorzichtiger worden omgegaan met het nemen van belangrijke beslissingen. Ook zal het spaargedrag in deze culturen hoger liggen. Bij een lage aversie ten opzichte van onzekerheid maakt men zich minder zorgen over de toekomst en zal er impulsiever worden gehandeld. In mediterraanse landen heerst vaak een natuurlijke kalmte waarbij mensen zich minder onzeker voelen; in Engeland heerst dan weer wel een grote onzekerheidsvermijding.

LANGE- VERSUS KORTETERMIJNDENKEN

In een maatschappij waarbij waarden en normen lang worden doorgegeven en belang wordt gehecht aan tradities zal het langetermijndenken vooropstaan. Culturen waar innovatie en verandering als waardevol worden gezien hebben eerder een kortetermijningesteldheid. Vaak heerst binnen een maatschappij een tweestrijd tussen beide uitersten. Men wil zowel verandering om vooruit te komen, maar toch blijft er een gevoel van nostalgie hangen en hecht men waarde aan bepaalde tradities. Westerse landen neigen eerder richting kortetermijndenken, in tegenstelling tot oosterse landen, waar vooral aandacht wordt besteed aan het langetermijndenken.

TOEGEEFLIJKHEID VERSUS TERUGHOUDENDHEID

In een maatschappij met strikte sociale normen zal men eerder terughoudend reageren op individuele verlangens. In een toegeeflijke cultuur zal meer aandacht besteed worden aan optimisme en plezier waarbij vrije tijd en individualisme worden vooropgesteld. De westerse cultuur heeft hoe langer hoe meer een toegeeflijk karakter. In landen zoals Rusland heerst eerder een terughoudende cultuur.

LAGE- VERSUS HOGECONTEXTCULTUUR

Bij een lagecontextcultuur drukken mensen verbaal uit wat ze willen zeggen. De boodschap wordt duidelijk door de inhoud die is gecommuniceerd. Dat is voornamelijk het geval in Europese landen. Een hogecontextcultuur verschilt daarvan doordat ook het niet-verbale element van de boodschap belangrijk is om de betekenis te achterhalen. Het is dus niet alleen belangrijk wat er wordt gezegd, maar ook hoe het wordt gezegd. Deze manier van communiceren wordt vooral in Aziatische landen gebruikt.

PERSONA: Roel, 56j
PRODUCT: Zwembad

Cultuurdimensies

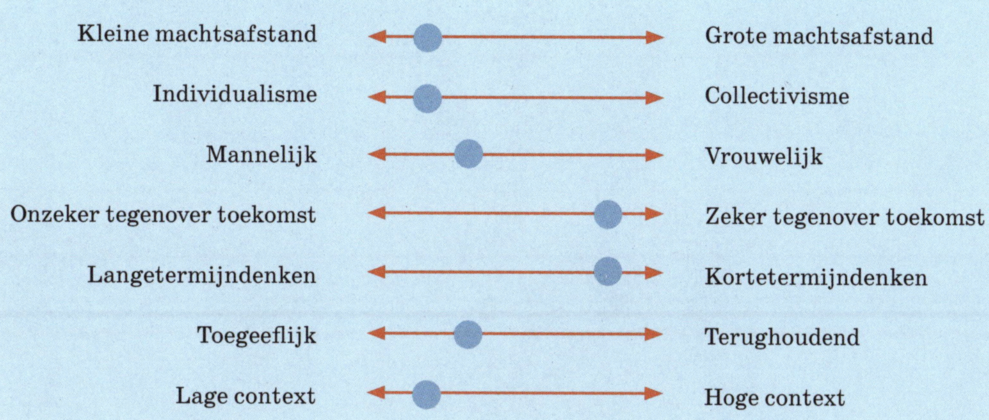

I DON'T SET TRENDS. I JUST FIND OUT WHAT THEY ARE AND EXPLOIT THEM.

— *Dick Clark*

3.
DE CONSUMENT VANDAAG

Dit hoofdstuk gaat over hoe de consument tegenwoordig (anders) functioneert in het dagelijkse leven en welke invloeden dat heeft op de marketeer, wiens taak het is om de klant optimaal te kunnen ondersteunen. Daarbij wordt gekeken naar de interessantste trends die al zichtbaar zijn in de maatschappij.

3.1
GEVESTIGDE PATRONEN EN TRANSITIE

Wat de toekomst exact zal brengen is voor iedereen een vraagteken. Wel kan gesteld worden dat op het vlak van consumentengedrag enkele gevestigde patronen zichtbaar zijn in de maatschappij. Deze gedragingen veranderen nauwelijks en worden van generatie op generatie doorgegeven. De verdere hoofdstukken in dit boek bouwen daarop voort.

Niet alleen zijn er vaste patronen te onderkennen, het consumentengedrag is ook constant in transitie. Er is sprake van verandering tussen de mensen op het vlak van gedrag, attitude of verwachting ten opzichte van noden en wensen. Deze transities kunnen zowel op lange, als ook op korte termijn plaatsvinden. Het is belangrijk om deze veranderingen als marketeer op te volgen en er juist op in te spelen. Het is dus nodig om steeds de vinger aan de pols van de maatschappij te hebben.

3.2

TREND DIE CONSUMENTENGEDRAG BEÏNVLOEDT VERSUS HYPE

Een transitie in consumentengedrag die gevolgen heeft op langere termijn noemt men een trend. Is de verandering in het consumentengedrag maar toepasselijk op de korte termijn, dan spreekt men over een hype.

Trends zijn langdurige evoluties die een impact hebben op onze maatschappij en hoe klanten consumeren. Ze kunnen hun oorsprong vinden in een verandering in cultuur, samenleving of bedrijfsomgeving, maar ook binnen de consumentengroep zelf kunnen zich nieuwe voorkeuren ontwikkelen. Een trend komt vaak tot uiting over een periode van vijf tot dertig jaar. Dikwijls worden trends dan ook gekoppeld aan generatiegroepen. Als marketeer is het belangrijk om trends zo snel mogelijk op te vangen om relevant te kunnen blijven voor de consument. Daarvoor is een proactieve houding nodig, waarbij regelmatig onderzoek naar trends plaatsvindt. Dit onderzoek kan gebeuren door bedrijven of personen te volgen die aan trendwatching doen. Verder in dit hoofdstuk worden enkele voorbeelden ter illustratie van trends gegeven die vandaag relevant zijn.

Een hype heeft geen langdurige gevolgen voor de maatschappij, ook omdat een hype gemiddeld twee maanden duurt – denk maar aan een zomerhype. Vaak is een hype gelinkt aan een bepaalde gebeurtenis en wordt de communicatie errond versterkt door de media. Denk maar aan de hype rond de Rode Duivels tijdens een groot tornooi. Een rage is een vorm van hype, maar in de vorm van een concreet product dat iedereen moet hebben. Vaak ontstaat daardoor schaarste – denk aan de lancering van een nieuwe, langverwachte spelconsole. Een hype of rage kan, met de juiste voedingsbodem, uitgroeien tot een trend die wel invloed heeft op de bredere maatschappij. Een voorbeeld daarvan is de groeiende populariteit van wandelen en andere laag-intensieve buitenactiviteiten tijdens de eerste lockdown als gevolg van de COVID-19-pandemie. Wat een duidelijke zomerhype was is bij een deel van de populatie blijven hangen en is nu uitgegroeid tot een trend waarbij gezondheid en buiten bewegen een meer prominente plaats krijgen in onze levensstijl.

3.3

TRENDS

Er zijn verschillende trends aanwezig in de huidige maatschappij, als gevolg van diverse factoren, waarmee we als marketeer rekening kunnen houden, namelijk:

- COVID-19-pandemie;
- gezondheid;
- milieu;
- sociale media;
- marktplaatsen;
- technologie.

3.3.1 Invloed van de COVID-19-pandemie

Reboundeffect

Alles wat we als consument hebben moeten missen tijdens de pandemie willen we meer dan ooit terug. Tijdens de roaring twenties na de Eerste Wereldoorlog werden vrijheid, consumptie en expressie steeds belangrijker. Dat zijn elementen die tijdens de periode ervoor moeilijker waren. Vandaag zou dit betekenen dat vooral vrijetijdsbestedingen zoals samenkomen met familie en vrienden en reizen steeds populairder worden. Het massale enthousiasme voor festivals ondersteunt deze hypothese alvast.

Productvoorkeur

Grote rampen maken consumenten (tijdelijk) meer bewust van de eindigheid van het leven. De mindset van 'je leeft maar één keer' wordt steeds meer naar voren geschoven. Daardoor stijgt de voorkeur voor producten of diensten die meer te bieden hebben dan enkel een aantrekkelijke prijs-kwaliteitsverhouding. Bekendere, sterke merken genieten sneller de voorkeur van consumenten. Maar ook lokale of luxueuze producten zullen meer worden aangekocht.

Retail

Het fysiek winkelen zal kunnen rekenen op een normalisatie. Consumenten hebben de fysieke winkelomgeving gemist en willen daar opnieuw van kunnen genieten. Tijdens de pandemie is er echter een sterke stijging geweest wat betreft online winkelgedrag. De voorkeuren die daarbij zijn opgebouwd bij de consument zullen moeten worden geïntegreerd in een *omnichannel* winkeloplossing waarbij het fysieke koopgedrag wordt ondersteund door een sterk digitaal verhaal. Zo kan een merk inspelen op beide trends. Hierbij zal de klassieke fysieke winkel wel diens functies moeten herzien. Niet alleen in een omnichannelverhaal, maar ook in het aanbieden van meer beleving met alle zintuigen.

3.3.2 Gezondheid

De trend naar een gezondere levensstijl en meer aandacht voor de individuele gezondheid is al enkele jaren aan de gang. De *work-life balance* is meer dan ooit een factor waarmee rekening wordt gehouden. Merken die daar actief op inspelen genieten steeds vaker de voorkeur van consumenten. Waar vroeger producten of diensten die de productiviteit van een persoon konden verhogen het goed deden verschuift deze voorkeur naar oplossingen die de consument tot rust kunnen laten komen en het leven makkelijker maken. Denk maar aan het succes van de robotmaaier of de toenemende populariteit van yoga. Daarnaast stijgt ook de focus op hygiëne. Ondanks de afgelopen recessies blijft de markt voor verzorgings- en schoonheidsproducten groeien.

3.3.3 Milieu

De impact van de consumptiemaatschappij is niet te onderschatten. Deze bewustwording leeft ondertussen bij steeds meer consumenten, die ook steeds kritischer worden. Op een 'groenere' manier consumeren wordt daardoor steeds belangrijker. Waar een consument vroeger een hoger aanzien in de maatschappij kon genieten bij het kiezen voor duurzame oplossingen wordt dat steeds vaker als standaard gezien en verliest een consument status als wordt gekozen voor een niet-duurzame oplossing. Dat zien we tot uiting komen op twee manieren. De fase na aankoop wordt steeds belangrijker. Tweedehandsproducten winnen aan populariteit en ook aan het weggooien van producten die door de consument niet meer worden gebruikt wordt meer aandacht besteed. Merken die een goede restwaarde hebben op de tweedehandsmarkt of die eigen recyclagevoorzieningen hebben winnen aan populariteit.

Voorts is het achterliggende verhaal met betrekking tot het vervaardigen van producten steeds belangrijker voor de klant. De volledige productiecyclus moet op een duurzame manier worden ingericht, zowel met aandacht voor het gebruik van gerecycleerde of op zijn minst recycleerbare materialen als voor het verschaffen van een ethisch kader rond arbeid. Vooral binnen productgroepen waarbij duurzaamheid vaak een struikelblok was is een sterke stijging te zien in milieuvriendelijkere oplossingen. Denk daarbij aan de volledig vegan auto van Polestar of de verschillende keurmerken die bij koffie worden gebruikt. De consument wordt ook steeds bewuster van greenwashing, het zich duurzamer of maatschappelijk verantwoordelijker voordoen dan een bedrijf daadwerkelijk is. Het is dus belangrijk om een merk op te bouwen vanuit een bedrijf dat ook écht aandacht heeft voor deze thema's. Pas dan kan er op een eerlijke en transparante manier over worden gecommuniceerd. Denk hierbij aan succesvolle merken zoals Beyond Meat of Tony's Chocolonely.

3.3.4 Sociale media

Sociale media kennen inmiddels vele vormen. In essentie wordt een platform aangeboden waarop consumenten zichzelf kunnen uiten. Een trend daarin is het zich steeds meer bewust worden van de nadelen van deze platformen en de impact die ze hebben op het vlak van privacy. Daardoor volgt een verschuiving naar meer betekenisvolle (online) interacties in vaak kleinere groepen die eenzelfde interesse delen. Dat is te zien in het steeds beter afschermen van onze persoonlijke informatie op platformen zoals Facebook en het succes van platformen zoals Twitch waarbij kleinere groepen rond een bepaald thema worden samengebracht.

3.3.5 Marktplaatsen

Retail kende al een disruptie als gevolg van de opkomst van e-commerce. Dit bracht een trend richting *omnichannel* met zich mee. De COVID-19-pandemie zorgde ervoor dat deze trend versneld moest worden geïmplementeerd. Omdat het opzetten en onderhouden van een webshop voor vele retailers een tijdrovende en kostelijke onderneming is wordt steeds vaker een beroep gedaan op een *marketplace* zoals Amazon of Bol.com waarbij de producten van verschillende aanbieders op één platform aan de consument worden aangeboden. Ook voor diensten bestaat deze trend waarbij verschillende dienstaanbieders overzichtelijk worden aangeboden aan potentiële klanten. Denk daarbij aan ListMinut, een platform dat dienstverleners koppelt aan mensen die hulp nodig hebben bij klussen, huishouden of andere dagelijkse taken. Door het succes van deze platformen is het voor een marketeer steeds belangrijker om de juiste producten voor de juiste prijs aan te bieden via deze platformen. Datagedreven marketing en *dynamic pricing*, waarbij prijzen zeer snel worden aangepast op basis van de aanwezige marktvraag, zijn daarvan gevolgen.

3.3.6 Technologie

De technologische vooruitgang, en de daaropvolgende toepassingen, is niet meer te stoppen. Dat is een trend op zich. Het is belangrijk om als marketeer steeds op de hoogte te zijn van de laatste technische ontwikkelingen in het toepassingsgebied van de marketing. Toepassingen die momenteel aan een sterke opmars bezig zijn, zijn onder andere het gebruik van artificiële intelligentie in bijvoorbeeld een chatbot, implementatie van *augmented reality* in webshops waarbij klanten een beter beeld krijgen van wat ze kopen, *voice commerce* waarbij aankopen worden gedaan door gebruik te maken van een virtuele hulp zoals Google Assistant of Alexa. Belangrijk bij het implementeren van technologie in de marketing is het menselijk en klantgericht maken van de technologie.

DEEL 2. HET PERCEPTIEPROCES

In dit deel van het boek focussen we op wat er in het hoofd van een consument gebeurt als hij of zij wordt blootgesteld aan een bepaalde prikkel. We bespreken eerst welke prikkels er zijn en hoe je daar als marketeer gebruik van kunt maken. Als je echter wilt dat een consument iets doet met jouw prikkel, dan zijn gewaarwording en daarna aandacht vereisten. Als de prikkel binnenkomt bij de consument wordt die geïnterpreteerd. Daarna kan de consument leren, een attitude vormen en de prikkel opslaan in zijn of haar geheugen. Als marketeer wil je natuurlijk dat jouw reclameboodschap doorheen al deze fases gaat en dat consumenten onthouden wat je hen te vertellen hebt, zodat ze in een volgende fase hun gedrag daarop kunnen afstemmen. Zoals je in de volgende hoofdstukken zult zien zijn er echter heel veel elementen die dit proces kunnen vergemakkelijken of belemmeren.

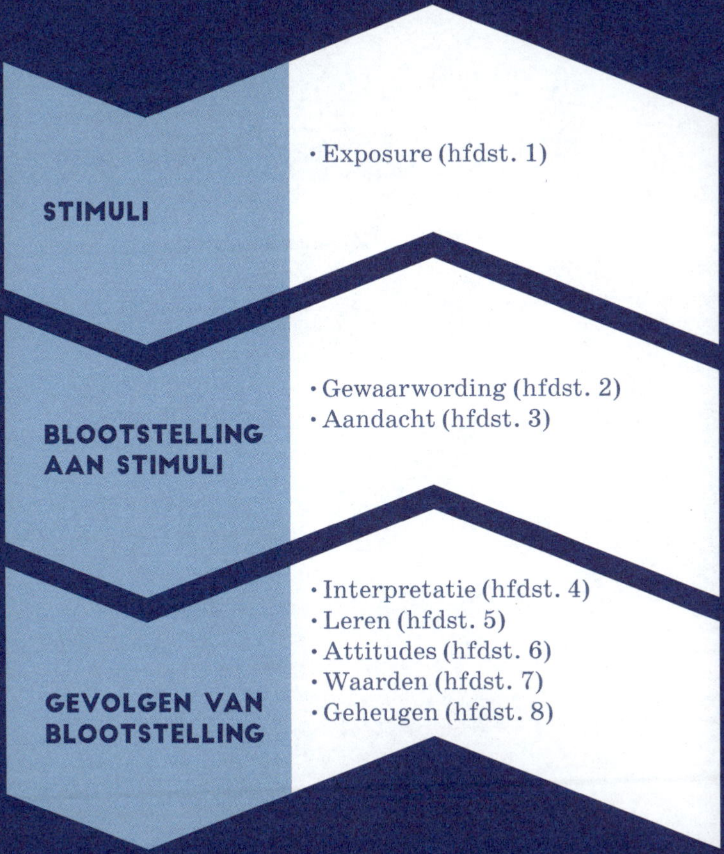
STIMULI
• Exposure (hfdst. 1)
BLOOTSTELLING AAN STIMULI
• Gewaarwording (hfdst. 2)
• Aandacht (hfdst. 3)
GEVOLGEN VAN BLOOTSTELLING
• Interpretatie (hfdst. 4)
• Leren (hfdst. 5)
• Attitudes (hfdst. 6)
• Waarden (hfdst. 7)
• Geheugen (hfdst. 8)

DAGELIJKS WORDEN WE BESTOOKT MET ONTELBARE PRIKKELS EN KEUZES DIE WE ONMOGELIJK RATIONEEL KUNNEN VERWERKEN.

— Tim Zuidgeest,
neuromarketeer en auteur

I.
EXPOSURE

Wanneer je als consument door een (retail)omgeving wandelt worden je zintuigen constant gebombardeerd met prikkels. Elke omgeving waarin een persoon vertoeft geeft hem of haar miljoenen prikkels en marketeers doen daar graag een schepje bovenop. Denk maar aan alle billboards, verpakkingen, alerts op sociale media, games... Elk van deze prikkels kan opgepikt worden door een van onze vijf zintuigen. Gelukkig slagen niet alle prikkels erin om bij ons binnen te dringen en slagen nog minder prikkels erin om actief verwerkt te worden. Slechts een heel klein percentage van alle stimuli of prikkels uit onze omgeving krijgt aandacht, een nog kleiner percentage wordt actief verwerkt en maar een fractie daarvan wordt onthouden.

Natuurlijk is het voor jou als marketeer belangrijk dat net jouw prikkel de nodige aandacht krijgt van de consument, actief wordt verwerkt en dan ook nog eens wordt onthouden. Een eerste stap in dit proces is het bekijken van de verschillende prikkels waaraan een consument kan worden blootgesteld. Deze blootstelling noemen we dan ook **exposure**. Een zintuiglijke prikkel waarmee een consument geconfronteerd wordt noemen we **sensatie**. Sensatie is objectief, en zal dus voor elke consument hetzelfde zijn. Verder in dit hoofdstuk spreken we over perceptie. **Perceptie** is het proces waarbij een individu de objectieve, waar te nemen stimuli transformeert tot een subjectieve, waargenomen werkelijkheid. Perceptie gaat dus verder dan de objectieve zintuiglijke waarneming. Wanneer we in een lokaal binnenkomen is de temperatuur voor iedereen objectief gezien hetzelfde. Of we deze temperatuur als warm of koud beoordelen is echter afhankelijk van een heel aantal factoren. Wat de consument dus met de zintuigelijke prikkels doet, is een subjectief proces dat beïnvloed zal worden door tal van factoren waarop we in dit hoofdstuk verder zullen ingaan.

FIGUUR 1.1.

Wanneer je als consument over Times Square loopt in New York krijg je heel veel prikkels binnen. De vele marketingcommunicatieboodschappen schreeuwen ook allemaal om jouw aandacht.

1.1 VISUELE PRIKKELS

Wanneer we het wetenschappelijk onderzoek bekijken zien we dat visuele prikkels traditioneel de meeste aandacht krijgen. Onze ogen zijn dan ook essentieel om informatie binnen te krijgen. 80% van onze perceptie van de omgeving is te danken aan stimuli die binnenkomen via onze ogen. Door visuele prikkels kunnen we objecten zien maar ze zorgen er ook voor dat we hun positie, kleur en vorm kunnen waarnemen. In een retailomgeving is het vaak het eerste wat consumenten tot hun beschikking hebben om informatie te vergaren over een object. Voor een marketeer zijn niet enkel de visuele prikkels van de omgeving belangrijk, ook de kenmerken van een product en de afbeeldingen gebruikt in reclame via de verschillende kanalen zijn belangrijke visuele stimuli. Beeld, wat we precies zien en kleur zijn belangrijke kenmerken van deze visuele prikkels. In wat volgt zullen we deze twee elementen dan ook verder bekijken.

1.1.1 Beeld

Dat het gebruik van aantrekkelijke beelden belangrijk is bij marketing staat buiten kijf. Zo zien we zelfs een aantal merken die volledige campagnes baseren op het gebruik van sterke visuals. In plaats van het showen van hun producten kiezen zij ervoor om een statement te maken en hun volledige identiteit te communiceren aan de hand van goed gekozen beelden. Denk bijvoorbeeld maar aan de campagnes van Benetton.

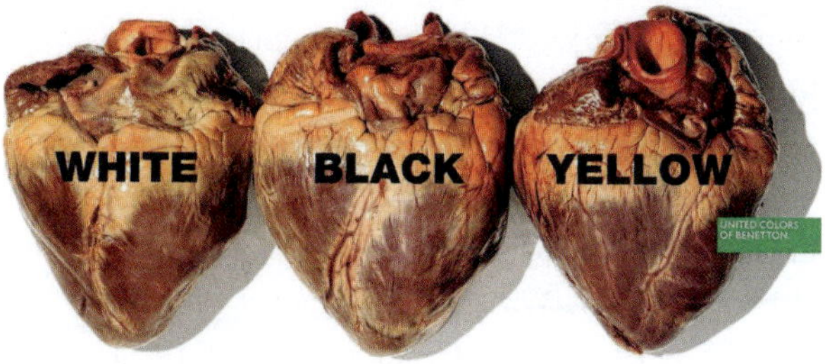

FIGUUR 1.2.

United colors of Benetton staat erom bekend sterke beelden te gebruiken om een van hun kernwaarden, namelijk gelijkheid, te communiceren.
© Benetton

Ook in de winkelrekken zijn visuele prikkels niet te onderschatten. Vorm is bijvoorbeeld een vaak vergeten instrument om extra aandacht een jouw product te trekken. Een mooi voorbeeld daarvan vinden we bij de speciaal vormgegeven parfumflesjes wanneer je de parfumerie binnenstapt. Stuk voor stuk zijn die vormgegeven met als doel jouw aandacht te trekken en je te verleiden jouw andere zintuigen te gebruiken om het product te leren kennen.

FIGUUR 1.3.

Poison van Dior speelt in op onze aangeleerde associatie van 'gif' en 'appel'. Door het opvallende uiterlijk van dit flesje wordt de aandacht van de consument makkelijker aangetrokken.

1.1.2 Kleur

Elk individu hecht belang aan kleur. Een kleur is immers drager van een symbolische, culturele of functionele betekenis. Over de psychologie achter het gebruik van kleuren zijn boeken vol geschreven, maar we willen jou hier graag een aantal belangrijke constanten meegeven. Zo wordt er bijvoorbeeld van uitgegaan dat bepaalde kleuren (vooral de roodtinten) ervoor zorgen dat een consument opgewonden raakt en dat de eetlust wordt aangewakkerd. Andere kleuren, bijvoorbeeld blauw, leiden er dan weer toe dat mensen relaxen en zich meer op hun gemak voelen. Sommige reacties op kleuren kunnen we verklaren door aangeleerde processen. In de westerse wereld linken we zwart bijvoorbeeld aan de kleur van de rouw, waar dat in Japan een link is die ze maken met de kleur wit. Naast rouw, associëren we zwart in de westerse wereld vaak ook met kracht. Een voetbalteam dat in een zwarte outfit speelt wordt vaak gezien als agressiever. Logischerwijs zijn er ook verschillen tussen mannen en vrouwen in de voorkeur voor bepaalde kleuren. Vrouwen zouden zo bijvoorbeeld eerder aangetrokken worden door lichtere kleuren en mannen door donkerdere kleuren. Daarnaast zijn vrouwen gevoeliger voor het volledige kleurenspectrum en worden ze aangetrokken door meer heldere kleuren. Een laatste element waarmee je als marketeer rekening moet houden is het feit dat kleuren anders binnenkomen naarmate we ouder worden. Hoe ouder iemand wordt, hoe geler het beeld wordt dat die binnenkrijgt. Kleuren zien er dus eentoniger uit voor oudere mensen, waardoor ze een voorkeur hebben voor wit en lichtere kleuren. We zien zo bijvoorbeeld dat Lexus, een automerk dat zich doorgaans richt op een iets oudere doelgroep, buitenproportioneel veel lichtgekleurde wagens verkoopt.

FIGUUR 1.4.

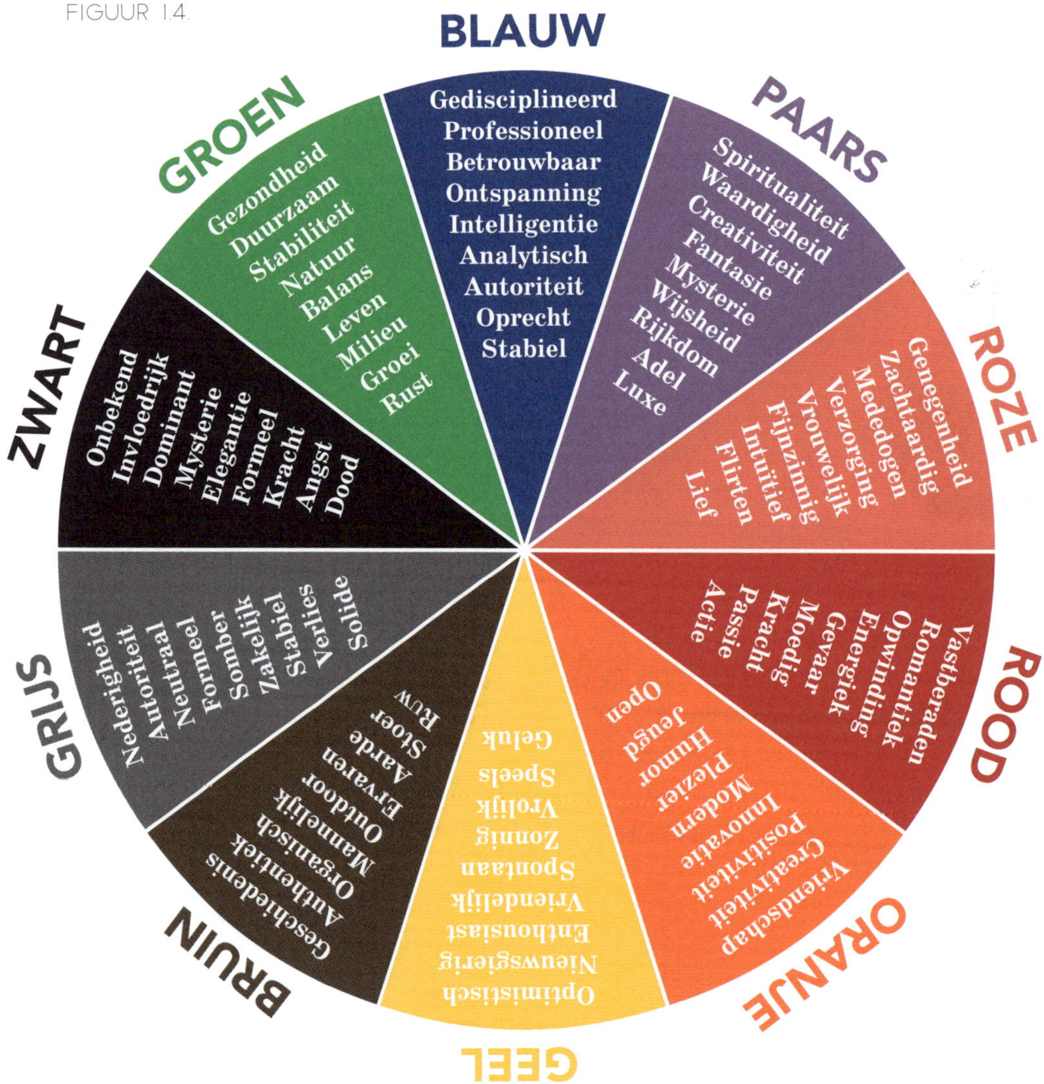

Als marketeer is het kiezen van een kleur dus erg belangrijk. Zo zien we in de praktijk dat bedrijven waar betrouwbaarheid, professionaliteit en autoriteit erg belangrijk zijn vaak voor een blauw logo kiezen. Denk bijvoorbeeld maar aan het logo van Pfizer of het logo van de politie. Ook verschillende sociale netwerken, zoals Facebook, Twitter of LinkedIn spelen hierop in met hun keuze voor een blauw logo. Merken die kracht of passie willen uitstralen zullen eerder kiezen voor een rood logo. Zo kiest Jupiler er bijvoorbeeld voor om naast het symbool van de stier ook de rode kleur te gebruiken. De twee visuele kenmerken versterken hier het krachtige imago dat het bier wil verkrijgen. Rood staat er ook om bekend het honger- en dorstgevoel te stimuleren. Een slimme zet dus van Coca-Cola om voor deze kleur te kiezen.

Niet alleen in een logo is het kiezen van de kleur belangrijk. Door te kiezen voor een rode 'koop nu'-knop op een website kun je de consument een gevoel van urgentie geven waardoor die sneller geneigd is om te klikken dan wanneer er een groene knop zou staan. Ook Colruyt speelt in op dit gevoel van urgentie door gebruik te maken van hun rode prijzen.

Visuele prikkels mogen dan wel belangrijk zijn in een retailomgeving, toch zijn ze zeker niet het enige waarop je als marketeer moet inzetten. We vergaren immers de meeste van onze kennis door gebruik te maken van meer dan één zintuig. Onze zintuigen beïnvloeden elkaar, versterken de gewaarwording én kunnen een belangrijke rol spelen bij het beïnvloeden van de consument.

1.2
AUDITIEVE PRIKKELS

Naast visuele prikkels worden ook auditieve prikkels al van oudsher gebruikt om te communiceren met de consument. Sommige geluiden, zoals die van een voorbijkomende ijskar, worden enkel ingezet om jouw aandacht te trekken. Andere geluiden kunnen echt worden gebruikt om de perceptie te beïnvloeden. Wanneer je in de winkelstraat voorbij een winkel komt en je kunt duidelijk horen dat er klassieke muziek wordt afgespeeld, dan zul je op basis daarvan een heel aantal veronderstellingen maken over de winkel in kwestie.

Geluiden zijn in staat om de consument op een heel aantal vlakken te beïnvloeden. Zo kunnen ze je een aangenaam gevoel geven, veranderen ze hoe je de tijd aanvoelt en kunnen ze er zelfs voor zorgen dat je de producten positiever gaat inschatten. Onderzoek heeft zo bijvoorbeeld aangetoond dat mensen producten uit een bepaald land positiever inschatten wanneer er tegelijkertijd muziek uit het desbetreffende land wordt afgespeeld. Daarnaast kan de juiste muziek mensen het gevoel geven dat ze minder lang moeten wachten en zal muziek ervoor zorgen dat je als consument automatisch je 'tempo' aanpast aan de gespeelde muziek. Een fastfoodrestaurant zal dus gebaat zijn bij een snellere beat terwijl een restaurant dat klanten graag lang binnen wil houden beter kiest voor tragere muziek.

Net zoals in de voorgaande studie werd ook aangetoond dat consumenten in een supermarkt hun loopritme aanpassen aan de gespeelde muziek. Hoe trager de muziek gespeeld werd, hoe trager de consumenten door de supermarkt bewogen en hoe meer impulsaankopen gedaan werden.

Cruciaal in dit verhaal is dat de muziekkeuze wordt afgestemd op de omgeving én op de beoogde doelgroep. Een winkel die tieners als doelgroep heeft zal niet gebaat zijn met het spelen van klassieke muziek, in een chique interieurzaak zal deze klassieke muziek beter tot haar recht komen. Daarnaast is ook het volume van de muziek belangrijk. Zeker wanneer je nog advies wilt geven aan de consument in kwestie is het belangrijk dat de muziek niet te luid staat. Dat wordt ook wel achtergrondmuziek of **muzak** genoemd. Te luide muziek veroorzaakt irritatie waardoor mensen de winkel sneller verlaten en er dus een kleinere kans is op een aankoop.

1.2.1 Sound design

Niet enkel muziek is belangrijk om de koopervaring te beïnvloeden, consumenten worden ook beïnvloed door het geluid dat het product zelf maakt. Studies hebben zo aangetoond dat consumenten meer vertrouwen hebben in het product dat het juiste geluid maakt. In een Lexus IS300h wordt zo bijvoorbeeld gebruikgemaakt van een systeem om een sportief motorgeluid te laten horen binnen in de auto. Dit systeem wordt automatisch uitgeschakeld wanneer de bestuurder kiest voor de ecofunctie omdat het sportieve geluid dan natuurlijk niet meer overeenkomt met hoe de bestuurder de auto wil gebruiken. We definiëren **sound design** dan ook als de kunst om geluiden te maken die kunnen tegemoetkomen aan heel verschillende noden.

1.2.2 Sonic branding

Ook merken zijn zich hoe langer hoe meer bewust van het belang van een auditieve identiteit, naast hun visuele identiteit (logo, huisstijl...). **Sonic branding** is het principe dat een merk naast zijn logo ook een auditieve huisstijl heeft. Het is hier belangrijk om te focussen op geïntegreerde communicatie en dus ook dit auditieve merk door te trekken naar alle communicatie-uitingen van een bedrijf. BMW is een voorbeeld van een bedrijf dat al enige tijd een audiowatermerk heeft toegevoegd aan het einde van elke tv- en radioreclame. Dat geluid is wereldwijd hetzelfde en zou het rijplezier van een BMW moeten benadrukken. Een ander voorbeeld vinden we terug bij HSBC, een mondiale bank. Zij schakelden zelfs een componist in om hun volledige auditieve identiteit te ontwikkelen. Dat ging van wachtmuziekjes in het callcenter tot de toontjes van de app en de geluiden van de geldautomaten tot de soundtrack van de commercials.

1.3 GEURPRIKKELS

Verschillende geuren kunnen ervoor zorgen dat mensen hun omgeving en de producten op een andere manier gaan bekijken. In sommige gevallen wordt de geur bewust waargenomen in een retailomgeving, in andere gevallen is de consument zich niet bewust van de geur waarmee gespeeld wordt in de omgeving. Soms zal de geur ook gelinkt zijn aan het product dat wordt verkocht, bijvoorbeeld de geur van vers brood dat past bij wat de bakker verkoopt of de geur van koffie in de koffieshop. In andere gevallen is er geen directe link tussen het product of de dienst in kwestie en de gebruikte geur. In de auto-industrie wordt zo bijvoorbeeld enorm veel geïnvesteerd in de juiste geur van een nieuwe auto.

Dat geuren ons gedrag beïnvloeden is een zekerheid. Zo hebben studies aangetoond dat gokkers 45% meer muntstukken in de slotmachines in Vegas duwden wanneer de ruimte werd volgepompt met de juiste kunstmatige geur. Als de intensiteit van deze geur verhoogd werd duwden ze zelfs 53% meer muntstukken in de machines. Een andere studie toonde aan dat mensen meer geneigd waren om een paar Nikesneakers te kopen én daar zelfs meer voor wilden betalen als ze de schoenen probeerden in een ruimte waar een bloemengeur werd verspreid.

Dit effect bleef geldig, zelfs wanneer de geur niet bewust werd waargenomen. In de meeste gevallen werkt geurmarketing het beste wanneer de geur niet té indringend is en dus op de achtergrond blijft. Toch zijn er merken, bijvoorbeeld Abercrombie en Fitch die voor een **billboardgeur** kiezen en waar de geur dus allesbehalve op de achtergrond blijft. We spreken van een billboardgeur wanneer je de geur echt als uithangbord gebruikt en er dus allesbehalve subtiel mee omgaat.

Het beïnvloeden van ons gedrag door het gebruik van geuren staat nog in de kinderschoenen. Verdere research zal dan ook nog nodig zijn vooraleer we als marketeer in staat zijn om echt te spelen met geuren die een rechtstreekse invloed hebben op het gedrag van onze potentiële klant. Het zou ideaal zijn mochten we kunnen werken met een geur die je harder doet oefenen in de sportzaal, een geur die je hongerig maakt in een restaurant of een geur die relaxerend werkt in de wachtzaal van de dokter. Voorlopig gaan we dan ook uit van de kenmerken van geuren die we kennen vanuit de aromatherapie. Een aantal voorbeelden daarvan:

- De geur van lavendel werkt eerder rustgevend en kalmerend, het stimuleert het denken.
- De geur van citroen maakt je zelfverzekerd, is opwekkend en stimuleert.
- De geur van groene appel geeft energie en versterkt het concentratievermogen.
- De geur van pompelmoes verlicht stress en verbetert het humeur.

1.4 TACTIELE PRIKKELS

De prikkels die we binnenkrijgen via tast zijn nog maar weinig onderzocht in een marketingcontext. Wel staat vast dat consumenten de tastzin vaak gebruiken om extra informatie over een product te verkrijgen, vaak na de verwerking van de visuele stimuli. Dat tast een belangrijke bron van informatie is voor mensen wordt al duidelijk als we het gedrag van een baby bekijken. Kinderen gebruiken al op heel jonge leeftijd tast als belangrijke bron van informatie over hun omgeving. Wanneer we dat doortrekken naar de marketingomgeving dan stellen we vast dat mensen ook meer geneigd zijn om te kopen wanneer ze een product daadwerkelijk kunnen aanraken. Voor marketeers is het dan ook erg belangrijk om ervoor te zorgen dat mensen een product kunnen aanraken. Wanneer dat niet kan omdat producten bijvoorbeeld in een vitrinekast gepresenteerd worden, dan leidt dat in veel gevallen tot een negatievere evaluatie. Consumenten gebruiken hun tastzin vaak om een waardeoordeel te vormen over een bepaald product. Bang en Olufsen maakte zijn afstandsbedieningen bijvoorbeeld bewust zwaarder omdat mensen dat associëren met kwaliteit. Daarnaast zijn er ook merken die bewust inzetten op het belang van de tastzin wanneer het gaat over hun verpakkingen.

Toen Coca-Cola zijn flesje ontwierp wilde het gaan voor een ontwerp dat mensen zelfs in het donker zouden kunnen herkennen. Als we kijken naar de nieuwe Fanta-*bowls* dan zien we dat ze dat zeker hebben verder getrokken en dat de kracht van aanraking niet te onderschatten is. De ronde flesjes van Fanta hebben opnieuw, net zoals het iconische Colaflesje, een heel specifieke vorm. Een Fantadrinker zou dit flesje vast en zeker herkennen in het donker.

Nu mensen steeds meer online winkelen zijn het vooral deze tactiele prikkels die ontbreken. Studies hebben dan ook aangetoond dat je als marketeer eveneens online aandacht moet hebben voor deze prikkels. Wanneer je producten bijvoorbeeld online wilt aanprijzen, loont het om een interactieve interface te gebruiken waarbij een 'aaibeweging' gemaakt kan worden over het product. Dat brengt de realiteit dichter bij de gebruiker en zorgt voor een positievere evaluatie van het product. Ook het gebruik van Augmented Reality is een goed idee. Ikea maakt het zo bijvoorbeeld mogelijk om via jouw smartphone of tablet te zien hoe een bepaalde zetel zou staan in jouw interieur. Natuurlijk zijn tactiele prikkels vooral belangrijk voor die producten waarbij we in een normale omgeving ook onze tastzin zouden gebruiken om er een oordeel over te vormen, zoals schoenen en kleding. Wanneer we een boek of een computerspel kopen kan dat ook perfect online omdat het hier voor de consument niet belangrijk is hoe het product in kwestie aanvoelt.

1.5 SMAAKPRIKKELS

Smaakprikkels zijn doorslaggevend bij de aankoop van drank en eten. Het lijkt dan ook voor de hand liggend om er als marketeer voor te zorgen dat mensen jouw product ook echt kunnen proeven voor ze het kopen. Potentiële klanten een product laten proeven en hen de mogelijkheid bieden het onmiddellijk aan te kopen, blijkt dan ook een succesvolle strategie. Daarnaast is het belangrijk om rekening te houden met een verschuiving in smaakvoorkeuren door de invloed van nieuwe culturen op onze samenleving.

1.6 KRUISMODALITEIT

Natuurlijk staan de prikkels die we binnenkrijgen via onze zintuigen niet allemaal los van elkaar. Zo zien we bijvoorbeeld dat mensen eten dat geserveerd wordt op een rood bord minder lekker vinden dan wanneer hetzelfde eten geserveerd wordt op een andere kleur van bord. Tegelijkertijd vinden ze ook dat chips die harder kraakt lekkerder smaakt. Als marketeer zul je er dan ook telkens voor moeten zorgen dat de verschillende prikkels elkaar positief versterken. Dat noemen we ook wel **congruentie**. Het is dus belangrijk dat de prikkels bij elkaar passen. Onderzoek heeft zo bijvoorbeeld aangetoond dat mensen een winkel aangenamer vinden en van plan zijn om sneller nog eens een bezoek te brengen wanneer de inrichting congruent is met de geur en de muziek. Rustige muziek die gecombineerd wordt met lavendelgeuren zal zo bijvoorbeeld leiden tot een positiever oordeel over een winkel, meer impulsaankopen en een grotere tevredenheid. Hetzelfde kan gezegd worden over de combinatie van citrusachtige geuren en snelle muziek. Klassieke muziek leidt in combinatie met sfeerverlichting dan weer tot hogere verwachtingen, terwijl popmuziek in combinatie met heldere verlichting leidt tot minder hoge verwachtingen.

YOU STAND OUT MORE
BY BEING WEIRD
THAN FITTING IN.

— Tim Tupa,
productmarketingspecialist bij CoSchedule

2.
GEWAARWORDING

Elke marketeer hoopt dat zijn prikkels door een individu worden opgepikt en verwerkt. Welke stimuli er zijn werd in een vorig hoofdstuk beschreven. Wat individuen ermee doen is het onderwerp van de volgende hoofdstukken. In dit deel focussen we op de drempels die overschreden moeten worden vooraleer een individu in staat is aandacht te geven aan stimuli. Het gaat hier dus over fysische wetten die bepalen of we al dan niet op een prikkel reageren. Deze wetten zijn van toepassing op alle eerder beschreven zintuiglijke stimuli.

2.1
DE ABSOLUTE DREMPEL

De absolute drempel is de kleinste eenheid van een prikkel die door een zintuiglijk kanaal geregistreerd kan worden. Wanneer een stimulus onder deze drempel blijft, kunnen we hem als mens niet oppikken en zullen we hem dus niet actief verwerken. Wanneer je op een hondenfluitje blaast ben je misschien verbaast als je de hond ziet reageren op een geluid dat je als mens niet kunt waarnemen. Voor de hond ligt het geluid dus boven de absolute drempel, terwijl het voor ons als mens onder de absolute drempel ligt. Billboards waarvan de tekst te klein geprint wordt zodat we die niet kunnen lezen als we met 70 km per uur voorbijrijden, blijven ook onder de absolute gewaarwordingsdrempel en zullen dus niet worden opgepikt.

2.2

DE DIFFERENTIËLE DREMPEL

De differentiële drempel of relatieve drempel wordt overschreden wanneer consumenten het verschil tussen twee stimuli kunnen waarnemen. Het kleinste waarneembare verschil noemen we hier ook wel het **just noticeable difference (JND).** Wat dat kleinste waarneembare verschil is wordt bepaald door de intensiteit van de aanvankelijke prikkel. Als de aanvankelijke prikkel intenser is, dan moet het verschil groter zijn om te worden opgemerkt. Of iets waarneembaar is of niet wordt dus bepaald door het relatieve verschil tussen de initiële en de nieuwe prikkel. Dat wordt beschreven in de **wet van Weber.** Wanneer we in een ruimte bijvoorbeeld één kaarsje zetten en we voegen er één kaarsje aan toe, dan zijn we in staat om dit ene extra kaarsje op te merken. Wanneer we echter vijfhonderd kaarsjes in een ruimte zetten en we voegen één kaarsje toe, dan zijn we niet meer in staat om dat op te merken. Ook voor marketeers geldt deze wet van Weber. Wanneer je een product wilt afprijzen, dan zul je bijvoorbeeld een paar sokken kunnen afprijzen van 10 euro naar 8 euro en daarmee een effect hebben op je klant. Wanneer je echter een jas van 100 euro wilt afprijzen, dan zal 2 euro korting geen effect hebben op de potentiële klant. Je zult dan ook 20 euro korting moeten geven en de jas dus afprijzen naar 80 euro om de aandacht van de consument te kunnen trekken.

Of je als marketeer nu boven of onder deze differentiële drempel wilt zitten met communicatie- of productaanpassingen is afhankelijk van het beoogde doel. In sommige gevallen wil je als marketeer een kleine aanpassing doen aan een verpakking of logo maar toch de band met je bestaande consumenten niet verliezen. In dat geval zul je er dus voor moeten zorgen dat de aanpassing onder de differentiële drempel blijft. In andere gevallen wil je misschien een herpositionering doen van je merk en wil je dat consumenten zeker zien dat er iets veranderd is. Dan wil je dus boven de differentiële drempel van jouw doelpubliek uitkomen.

FIGUUR 2.1.

Het is voor marketeers van kleinere verpakkingen dus een hele uitdaging om mensen ervan te overtuigen dat ze dezelfde prijs moeten betalen voor een kleinere verpakking. Mensen zien hier immers een duidelijk verschil, maar moeten overtuigd worden van het feit dat er echt evenveel deodorant in een compressed verpakking zit.

In de loop van de tijd zien we ook dat veel merken hun logo hebben aangepast omdat het verouderd was. Wanneer we deze verschillende logo's op een rij zetten, zijn de verschillen voor ons duidelijk zichtbaar en liggen ze boven de differentiële drempel. Doordat de aanpassingen echter stap voor stap gebeurden en er jaren overheen gingen bleven de verschillende stappen onder de differentiële drempel. Dat is belangrijk voor een marketeer omdat er op die manier voor gezorgd wordt dat de positieve productassociaties die mensen hebben met jouw logo niet verloren gaan.

FIGUUR 2.2.

Het logo van Starbucks veranderde in de loop van de jaren, maar de positieve productassociaties gingen niet verloren.

© Starbucks

2.3 SUBLIMINALE PERCEPTIE

Is het dan altijd nodig om boven de absolute drempel te zitten vooraleer je iemand kunt beïnvloeden? Zoals we hebben aangehaald bij geur worden we soms immers ook beïnvloed door elementen die we niet bewust waarnemen. **Subliminale perceptie** is dan ook het onbewust waarnemen en interpreteren van prikkels die net onder de waarnemingsdrempel liggen. De grondslag van subliminale perceptie ligt in een experiment uit 1957 waarin in een bioscoop beelden getoond werden van Coca-Cola en popcorn tijdens de film. Doordat deze beelden maar 1/3000 seconde geprojecteerd werden was dat onvoldoende om bewust waargenomen te worden door de kijkers. Het initiële experiment gaf aan dat de verkoop van cola en popcorn tijdens de pauze gevoelig hoger lag. Omdat een tweede test de resultaten echter niet kon bevestigen hebben marketeers het concept van subliminale perceptie lang links laten liggen. Een recente poging om het concept opnieuw te onderzoeken geeft verrassende resultaten: studenten werd gevraagd om een taak uit te voeren. Tijdens het uitvoeren van de taak werden kort de logo's van IBM en Apple in beeld gebracht. Zo kort, dat de studenten natuurlijk niet bewust het logo konden waarnemen. Na deze blootstelling moesten ze creatief uit de hoek komen. Een jury stelde vast dat de studenten die waren blootgesteld aan het Apple-logo creatiever uit de hoek kwamen dan de studenten die werden blootgesteld aan het IBM-logo. Dat komt overeen met de kernwaarden van IBM en Apple. Daar waar IBM doorgaans meer binnen de lijntjes kleurt staat Apple bekend voor het uitdagen van de status quo. Volgens de onderzoekers in kwestie is dit het eerste harde bewijs voor het bestaan van het verband tussen blootstelling aan subliminale uitingen van een merk en het gedrag van de mensen.

MARKETING IS A COMPETITION
FOR PEOPLE'S ATTENTION.

— Seth Godin,
auteur en voormalig vicepresident
direct marketing van Yahoo!

3. AANDACHT

Zoals beschreven in het vorige hoofdstuk wordt een consument op elk moment gebombardeerd met miljoenen prikkels. Een eerste stap in de actieve verwerking van zo'n prikkel is er aandacht aan geven. Aandacht is in de eerste fase iets wat heel snel gebeurt: er komt een prikkel op ons af en in een fractie van een seconde beslissen we of het de moeite is om er aandacht aan te geven of niet. Voor een marketeer is het natuurlijk belangrijk om de aandacht van iemand te kunnen vasthouden, zodat die de volledige boodschap meekrijgt. **Aandacht** kunnen we dus definiëren als de mentale activiteit die we geven aan een prikkel. Of we aandacht geven aan een bepaalde prikkel is afhankelijk van een aantal factoren die we kunnen onderbrengen in twee grote categorieën: persoonlijke factoren en stimulusfactoren.

3.1 PERSOONLIJKE FACTOREN

De persoonlijke factoren kunnen verder worden onderverdeeld:

- behoefte en motivatie;
- attitudes, waarden en interesses;
- gewenning;
- opwinding.

3.1.1 Behoefte en motivatie

Wanneer je zin hebt in een koffie zul je de geuren van koffie uit de koffieshop sneller oppikken en er meer aandacht aan geven. Wanneer je op dat moment geconfronteerd wordt met een billboard waarop staat dat de dichtstbijzijnde koffieshop zich slechts honderd meter verderop bevindt, zul je hier ook veel aandacht aan geven. Wanneer je voorbij datzelfde billboard loopt op weg naar jouw examen dat binnen vijf minuten begint, zul je daar minder aandacht aan geven. Dat wil dus zeggen dat we automatisch meer aandacht zullen geven aan een bepaalde prikkel als we nood hebben aan het product of de dienst waarvoor marketeers onze aandacht willen trekken. Daarnaast zul je ook meer aandacht geven aan prikkels die verband houden met zaken waarvoor je gemotiveerd bent. Wanneer je bijvoorbeeld binnenkort een huis gaat bouwen zul je meer aandacht geven aan reclame over parket. Motivatie of behoefte zal dus invloed hebben op selectie van een prikkel. Andersom hoeft selectie niet altijd een voorbode te zijn van motivatie of behoefte. Dat wil zeggen dat een reclameboodschap soms in staat is om jouw aandacht te trekken omdat ze 'anders' is dan de andere, zonder dat je daarom per se geïnteresseerd bent in het product in kwestie.

3.1.2 Attitudes, waarden en interesse

Mensen geven eerder aandacht aan producten die stroken met hun eigen attitudes en waarden. Hoe attitudes en waarden gevormd worden komt uitgebreid aan bod in hoofdstuk 6 en 7 van deel 2. Producten of merken waarin je meer geïnteresseerd bent zullen dus sneller aandacht krijgen dan producten of merken waarin je totaal niet geïnteresseerd bent. We noemen dat **perceptuele vigilantie**. Het omgekeerde effect, **perceptuele defensie**, treedt dan op wanneer mensen zich bewust afschermen van informatie die niet overeenkomt met hun attitudes en waarden. Antivaxers zullen minder snel geneigd zijn om aandacht te geven aan artikels die de voordelen van massale vaccinatie met het coronavaccin belichten.

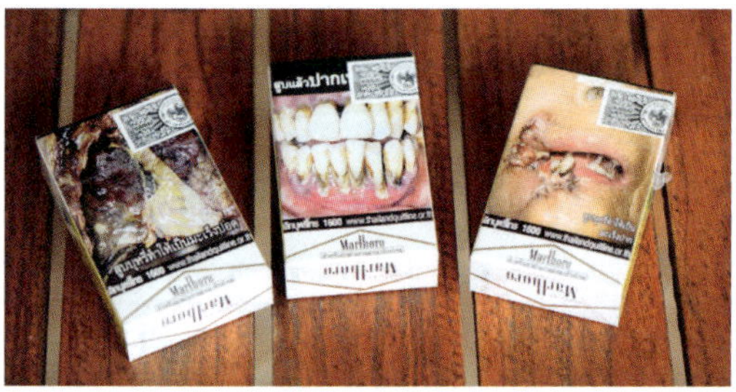

FIGUUR 3.1.

Net door perceptuele defensie hebben de afschrikwekkende afbeeldingen op de verpakkingen van sigaretten weinig effect. Deze informatie komt immers niet overeen met het gedrag van de roker in kwestie.

3.1.3 Gewenning

Wanneer mensen gewend raken aan een bepaalde prikkel dan geven ze er geen aandacht meer aan. Denk maar aan huizen die naast een spoorweg of autosnelweg staan. Voor sommige mensen lijkt het absolute horror om daar te moeten wonen terwijl de bewoners geen aandacht meer schenken aan de omgevingsgeluiden. Een manier om daar als marketeer mee om te gaan is ervoor te zorgen dat jouw prikkels als anders en nieuw genoeg worden ervaren. Dat is een van de stimulusfactoren waarop we in het volgende hoofdstuk terugkomen.

3.1.4 Opwinding

Hoe opgewonden iemand is in een bepaalde situatie bepaalt in welke mate dat individu openstaat om ergens aandacht aan te geven. Research heeft aangetoond dat een gemiddeld opwindingsniveau van een individu optimaal is om aandacht te verkrijgen voor een boodschap. Wanneer iemand zeer weinig opgewonden is of wanneer iemand moe is, is het erg moeilijk om aandacht aan eender wat te geven. Denk maar aan jouw studiemomenten laat in de avond op de dag voor het examen wanneer je eigenlijk te moe bent om te studeren. Aan de andere kant zien we ook dat het moeilijk is voor individuen om aandacht te geven aan een nieuwe prikkel wanneer ze erg opgewonden of overprikkeld zijn. Individuen zijn dan slechts in staat om kleine eenheden van informatie te verwerken. De ideale situatie vinden we dus terug in het midden van de curve (zie figuur 3.2), wanneer individuen matig opgewonden zijn. Alleen dan zijn ze in staat om voldoende aandacht aan bepaade stimuli te geven om die actief te verwerken.

FIGUUR 3.2.

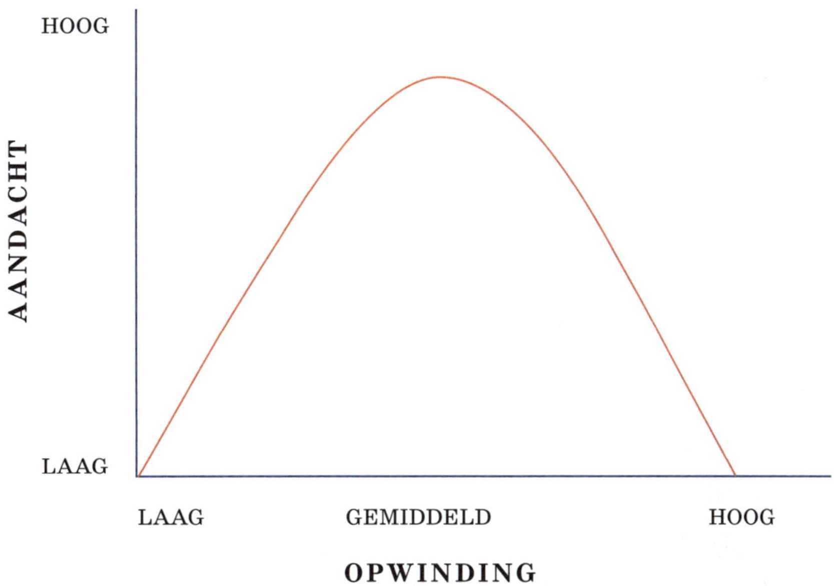

De omgekeerde U-vormige curve die het verband toont tussen aandacht en opwinding geeft aan dat het voor marketeers belangrijk is om mensen te bereiken op het moment dat ze waarschijnlijk een middelmatig niveau van opwinding ervaren.

3.2 STIMULUSFACTOREN

Ook deze factoren kunnen verder worden onderverdeeld:
- grootte en intensiteit;
- kleur;
- positie;
- nieuwheid en contrast;
- beweging.

3.2.1 Grootte en intensiteit

Hoe groter een bepaalde stimulus is in verhouding tot de concurrerende stimuli, hoe sneller die in staat zal zijn om onze aandacht te trekken. Een advertentie in een magazine zal dus eerder onze aandacht trekken wanneer ze een volledige pagina inneemt dan wanneer het maar een kleine advertentie is tussen tientallen andere elementen.

3.2.2 Kleur

Marketingstimuli die volledig in kleur geprint worden slagen er vaker in de aandacht te trekken dan andere stimuli. Door het juiste gebruik van kleuren kan ook hier de juiste stemming gecreëerd worden. Welke kleuren welke reactie ontlokken bij de consument werd al besproken in hoofdstuk 1 rond exposure.

FIGUUR 3.3.

Contrast leidt vaak tot aandacht. Black&Decker lanceerde zo een professioneel gamma dat ze DeWalt noemden, maar gaf de tools een opvallende gele kleur. Op die manier is er een duidelijk verschil met de traditionele zwarte tools die een professional gebruikt.

© Black&Decker

3.2.3 Positie

Natuurlijk hebben stimuli meer kans om onze aandacht te trekken als ze op een plaats staan waarnaar we gemakkelijker kijken, maar wat is nu die plaats? In een supermarkt is er een intense competitie om producten op ooghoogte te mogen plaatsen. In een magazine loont het om ervoor te zorgen dat jouw advertentie op de rechterpagina staat. Ook bij het online adverteren is positie erg belangrijk. Google introduceerde zo het begrip **golden triangle**. Wanneer iemand naar de zoekresultaten kijkt dan kijkt men gewoonlijk eerst bovenaan links op de pagina, dan naar rechtsboven, zo terug naar links en dan verder naar beneden. Mensen zullen in veel gevallen ook niet verder naar beneden scrollen.

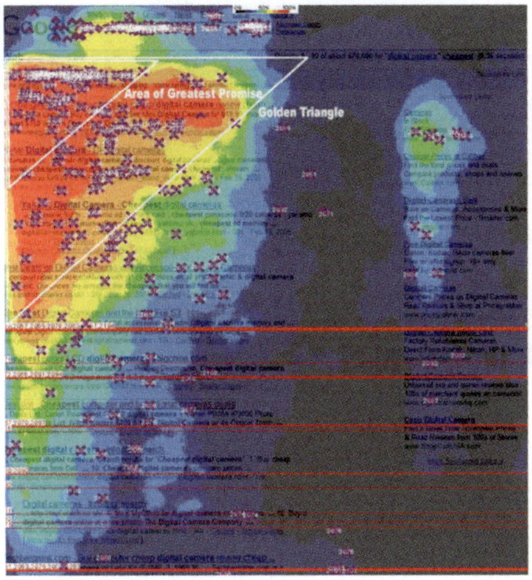

FIGUUR 3.4.

De golden triangle wordt duidelijk weergegeven op deze heatmap. De heatmap geeft in dit geval aan hoelang mensen kijken naar een bepaalde zone. De gebieden in het rood, oranje en geel zijn de gebieden waar iemand het meest naar kijkt wanneer die zoekresultaten bekijkt in Google. Alles boven de verticale rode lijn staat op het scherm zonder dat iemand moet scrollen.

© Peter Morville

3.2.4 Nieuwheid en contrast

Een van de manieren om op te vallen tussen de miljoenen prikkels is het introduceren van nieuwe prikkels. Ons brein is erop getraind om automatisch aandacht te geven aan nieuwe stimuli. Dat verklaart ook waarom nieuwe producten het initieel vaak heel goed doen op de markt en later toch weer verdwijnen. Facebook lanceerde zo bijvoorbeeld Home, een poging om het homescreen van je smartphone over te nemen. Mensen probeerden dat uit nieuwsgierigheid, maar het product verdween al snel van de markt. Niet alleen nieuwe producten slagen erin om onze aandacht te trekken, ook nieuwe marketingstimuli doen dat vaak. Een van de manieren om dat te doen is bijvoorbeeld om een advertentie ondersteboven te printen of om een zwart-witadvertentie te plaatsen in een medium dat normaal full colour geprint wordt. Je moet als designer wel rekening houden met het feit dat een verpakking of advertentie er heel anders uitziet op de computer dan dat ze wordt waargenomen tussen andere producten of advertenties.

FIGUUR 3.5.

Een andere manier om de aandacht van consumenten te trekken is communicatieboodschappen te plaatsen op plekken waar ze het niet verwachten. Een advertentie in de toiletruimte is zo bijvoorbeeld een goed idee.

Ook guerillamarketing speelt in op het feit dat mensen meer aandacht geven aan nieuwe prikkels. Marketeers proberen door gebruik te maken van onconventionele beelden of acties een verrassingseffect te creëren. Wanneer je bijvoorbeeld voorbij een billboard komt dat ineens begint te zingen, zal je hier automatisch aandacht aan geven.

3.2.5 **Beweging**

Bewegende stimuli zullen sneller en makkelijker onze aandacht trekken dan stilstaande beelden. Billboards naast de weg waarop een video wordt afgespeeld zullen dus succesvoller zijn dan die met stilstaande advertenties. Korte filmpjes op sociale media zullen zo ook beter in staat zijn om de aandacht van de consument te trekken dan foto's.

BRAND IS JUST A PERCEPTION. AND PERCEPTION WILL MATCH REALITY OVER TIME.

— Elon Musk, medeoprichter en CEO SpaceX

4. INTERPRETATIE

Wanneer een stimulus erin geslaagd is om onze aandacht vast te houden, zullen we proberen daaraan een betekenis te geven. Deze betekenistoekenning is wat we **interpretatie** noemen. Wanneer we dus kijken naar een bepaald object of wanneer er iets gebeurt geven we er zelf een betekenis aan.

Allereerst focussen we hier op de identificatie van datgene wat we waarnemen en het ordenen van die waarnemingen in een patroon of **gestalt**. Volgens de gestaltpsychologie hangt de manier waarop mensen interpreteren wat ze zien in de wereld om zich heen af van wat ze verwachten te zien. Wanneer we bijvoorbeeld in een bocht op de weg lichten zien die om de beurt knipperen, dan lijkt het voor ons alsof we beweging zien. Mensen zullen zoeken naar patronen in alle stimuli waarmee ze geconfronteerd worden. Andere elementen die de interpretatie beïnvloeden worden verder in dit hoofdstuk besproken.

4.1 GESTALTPSYCHOLOGIE

De gestaltpsychologie houdt zich bezig met de manier waarop mensen objecten waarnemen. We gaan er hier van uit dat mensen eerder gehelen zien dan aparte onderdelen. Wanneer we naar een huis kijken zien we dus een huis en niet de deur, de ramen, het dak, de stenen... Volgens deze theorie streven mensen naar een goede gestalt, dus naar patronen die simpel, volledig en betekenisvol zijn.

4.1.1 Principe van nabijheid

Het eerste principe binnen de gestaltpsychologie stelt dat we als mens elementen die dicht bij elkaar staan zien als een geheel. Als letters dicht bij elkaar staan gaan we er bijvoorbeeld van uit dat ze een woord vormen. Bij marketing zien we dat ook terug in de opbouw van een winkel. Alcoholische dranken en chips staan vaak dicht bij elkaar, omdat die voor ons in een feestelijke sfeer passen en geassocieerd worden met een ontspannen vrijetijdssituatie. De schoonmaakartikelen vinden we vaak in een volledig andere rayon omdat die (in ons hoofd) daar niet bij horen.

4.1.2 Principe van volledigheid of aanvulling

Dit principe stelt dat mensen een incompleet beeld zelf aanvullen tot een volledig beeld, vaak op basis van eerdere ervaringen. Dat wil ook zeggen dat we figuren vaak als gehelen beschouwen, zoals je in figuur 4.3 kunt zien. Dit principe zorgt ervoor dat we een lichtreclame toch kunnen lezen, zelfs wanneer twee letters niet meer oplichten. Een andere toepassing in marketing zien we wanneer mensen zelf een jingle moeten aanvullen omdat die in de reclame niet volledig wordt meegegeven.

4.1.3 Principe van gelijkheid

Het derde principe gaat ervan uit dat we elementen die visueel op elkaar lijken zien als één geheel. Wanneer we een hamburgerrestaurant binnenstappen en het personeel draagt allemaal dezelfde outfit dan zien we hen als een geheel. Als marketeer kan het daarom ook belangrijk zijn om bepaalde kenmerken van producten binnen een uitgebreide productlijn hetzelfde te houden, zodat mensen nog altijd duidelijk zien dat ze een product van jouw merk kopen. Zo kiest Lays voor zijn chips bijvoorbeeld voor dezelfde vorm van verpakking of zorgen ze ervoor dat het merk altijd op dezelfde manier geprint wordt, zodat mensen het zien als één geheel.

4.1.4 Principe van continuïteit

Een ander principe gaat ervan uit dat we als mens liever een doorlopende lijn of een beweging zien dan een aantal losse elementen. In de natuur zien we dat bij dieren die gebruikmaken van camouflage. Het lijkt dan of het dier opgaat in zijn omgeving. Als marketeer moet je daarop inspelen bij de opbouw van een winkel. Wanneer een consument van de dames- naar de herenafdeling loopt en hij of zij ineens geconfronteerd wordt met een andere indeling of opbouw, dan leidt dat tot verwarring.

4.1.5 Figuur-achtergrondprincipe

Dit laatste principe stelt dat we als mens de neiging hebben om stimuli waarin we een duidelijke figuur zien naar voren te halen en al de rest als achtergrond te bekijken. De betekenis van de figuur of de achtergrond kan variëren, afhankelijk van de individuele consument en van andere factoren. Als marketeer wil je er natuurlijk voor zorgen dat de merknaam van jouw product naar de voorgrond gebracht wordt. Wanneer dat om een of andere reden niet het geval is, dan zie je dat mensen de achtergrond of de context van de reclame wel kunnen navertellen, maar die niet linken aan het juiste merk. Stel bijvoorbeeld dat je humor gebruikt in je reclame om de aandacht van de consument te trekken, dan bestaat het gevaar dat de consument de humor als figuur gaat bekijken en het merk slechts als de achtergrond. Zorg er daarom steeds voor dat alles wat je gebruikt om aandacht te trekken, zoals humor, maar ook muziek of beelden niet los gezien kunnen worden van het merk. Door hier gebruik te maken van het principe van nabijheid, en het product duidelijk onderdeel te laten uitmaken van de humor zal de consument het product en de humor als één geheel zien en het dus beter onthouden.

FIGUUR 4.1.

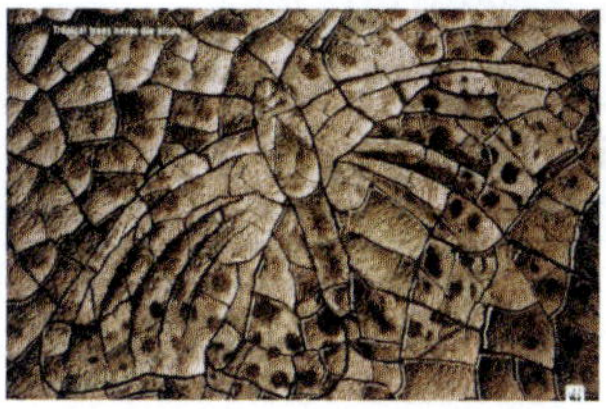

Het WWF speelt in deze campagne met het principe van figuur en achtergrond om aan te geven dat tropische bomen nooit alleen sterven maar ook altijd de 'inwoners' met zich meenemen. Je ziet hier de schors van de boom, maar tegelijkertijd ook de contouren van een vlinder.

© WWF

PRINCIPE VAN NABIJHEID We hebben de neiging om in de figuur letters te zien in plaats van losse punten.	USA DiscoverAmerica.com
PRINCIPE VAN VOLLEDIGHEID OF AANVULLING We zien een panda, ook al zijn niet alle lijnen ervan echt getekend.	WWF
PRINCIPE VAN GELIJKHEID We zijn geneigd om kolommen te maken van dezelfde figuren. Zo zien we kolommen met vierkantjes die van elkaar worden gescheiden door een kolom met cirkeltjes.	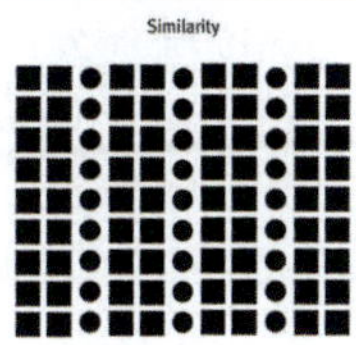
PRINCIPE VAN CONTINUÏTEIT We zien een doorlopende lijn met een pijlpunt.	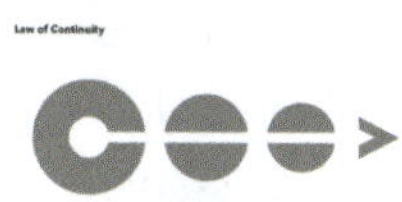
FIGUUR-ACHTERGRONDPRINCIPE We zien twee gezichten of een vaas.	

4.2

COGNITIEVE VERWERKING VAN STIMULI

Hoe men stimuli interpreteert is afhankelijk van persoon tot persoon. Afhankelijk van eerdere ervaringen, voorkeuren, kennis en verwachtingen kennen mensen een andere betekenis toe aan eenzelfde stimulus. Ook de cultuur of subcultuur waartoe iemand behoort kan daarin een rol spelen. Competitieve gezelschapsspelletjes worden in onze westerse wereld gezien als leuk, terwijl competitie in een oosterse cultuur negatiever geïnterpreteerd zal worden.

- *De invloed van behoeften, wensen en verlangens.* Die beïnvloeden hoe we naar de wereld kijken en hoe we informatie rondom ons interpreteren. Op het moment dat we honger hebben zullen we een advertentie voor een snelle hap positiever interpreteren dan wanneer we geen honger hebben.
- *De invloed van verwachtingen.* Onze perceptie wordt beïnvloed door wat we verwachten. Een oudere, Italiaanse oma met een schort kan vast en zeker een lekkere authentieke spaghettisaus klaarmaken. Wanneer we een jonge vrouw zouden zien in de reclame verwachten we eerder een recept voor spaghettisaus die sneller klaar te maken is dan een authentieke saus. Marketeers maken dan ook veelvuldig gebruik van dit soort stereotypen, omdat ze dan met slechts één of enkele kenmerken duidelijk kunnen maken wat ze precies bedoelen.
- *De invloed van attitudes en waarden.* Als we informatie krijgen over zaken waar we positief tegenover staan hebben we de neiging om die ook positiever te beoordelen dan informatie over zaken waar we negatief tegenover staan. Iemand die van dieren houdt zal een advertentie voor een bontjas negatiever bekijken dan een echte bontliefhebber.

Net doordat interpretatie van persoon tot persoon verschilt zijn er ook verschillende heuristieken of vuistregels die gebruikt worden om sneller tot een bepaald oordeel te komen. **Afleidingen** zijn zo bijvoorbeeld interpretaties die een individu maakt op basis van een aantal veronderstellingen. Een duur product wordt zo vaak automatisch als beter gezien. Ook **irrelevante cues** kunnen mensen die moeilijkheden hebben om een mening te vormen over een bepaald product helpen. Deze mensen gebruiken dan irrelevante, onbelangrijke elementen om een keuze te maken tussen twee alternatieven. Mensen kiezen dan bijvoorbeeld voor een fles wijn omdat ze de fles op zich mooi vinden.

In deze context plaatsen we ook het **halo-effect**. Dat houdt in dat een consument op basis van een bepaald, vaak irrelevant kenmerk, allerlei andere gunstige kenmerken toeschrijft aan een stimulus. Een consument stelt dan bijvoorbeeld vast dat een laptop een mooi design heeft en denkt op basis daarvan dat de laptop ook kwalitatief of makkelijk te bedienen is. Als marketeer kun je ook gebruikmaken van dit halo-effect bij het introduceren van lijnextensies. Wanneer mensen dan al een positieve eigenschap kennen van het merk zullen ze sneller geneigd zijn om dat ook te projecteren op andere producten die je toevoegt aan het gamma (bv. iedereen was enthousiast over de iPod, dus iPhone moest ook wel goed zijn).

Het **horn-effect** is het tegengestelde van het halo-effect. Dat wil dus zeggen dat mensen een individu of product erg negatief beoordelen omdat ze een negatieve eerste indruk hebben. Op basis daarvan dichten ze dan een aantal negatieve eigenschappen toe aan het product of het individu. Deze beide effecten tonen dus nog maar eens aan hoe belangrijk een eerste indruk kan zijn.

4.3 SEMIOTIEK

Het mag ondertussen duidelijk zijn dat hoe mensen een merk percipiëren een heel individueel verhaal is. De communicatieboodschappen van een merk, maar ook de manier waarop een winkel wordt vormgegeven of zelfs de verpakking van een product beïnvloeden onze perceptie van een merk. Zoals we in een volgend hoofdstuk zullen bespreken gebruiken we vaak shortcuts om een beeld te vormen en de wereld rondom ons te kunnen begrijpen. We vertrouwen op eerdere ervaringen, bestaande kennis, cultuur en sociale voorkeuren om een oordeel te vellen.

De associatie die Coca-Cola probeert te maken met kerst is daar een mooi voorbeeld van. Wanneer we aan Kerstmis denken dan denken we aan een gezellige familiebijeenkomst, lekker eten en fijn samen zijn met anderen. Marketingcommunicatie rond kerst maakt vaak gebruik van de kleuren rood, groen en goud. In 1931 gaf

Coca-Cola de opdracht aan een artiest om 'de kerstman' uit te vinden. Er werd bewust gekozen voor een karakter met een baard die eruitziet als een opa. De kleur rood, die we associëren met kerst maar die ook bij Coca-Cola hoort, werd gekozen voor de outfit van de man. Het bedrijf profiteert op die manier al jaren van de links die zo gelegd werden tussen Coca-Cola en de familiale sfeer die we associëren met kerst.

Dat is een mooi voorbeeld van semiotiek. Semiotiek behandelt de links die we leggen als mens tussen tekens of symbolen en de betekenis ervan. We gaan hier uit van een triade of driehoeksverhouding tussen een teken, een object en de interpretatie ervan.

FIGUUR 4.2.

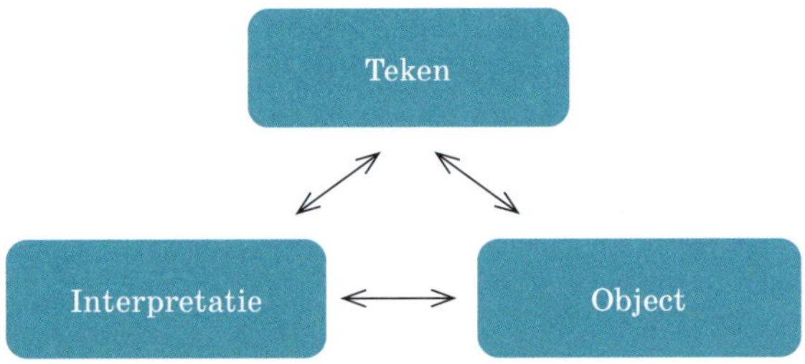

Een teken is slechts een klein element. Dat kan een woord zijn, een kleur, een geur of een bepaalde smaak. Op zich hoeft dit teken niks te betekenen, tenminste niet voordat het gelinkt wordt aan iets anders. Het teken staat dan voor iets specifieks in het hoofd van de consument in een specifieke context of cultuur en is op die manier gelinkt aan de interpretatie. Rood is enkel een kleur, maar betekent verschillende dingen voor verschillende mensen. Voor een kleuter kan het bijvoorbeeld betekenen dat hij de deur met het rode handje erop niet mag openen, voor jou betekent het stoppen aan het rood licht, maar iemand anders associeert het misschien met liefde. De interpretatie is dus het gevolg van het beeld dat iemand vormt op basis van blootstelling aan het teken op zich. Dat vertaalt zich dan verder in een nieuw teken. Als we kijken naar de bekende kerstreclame's van Cola-Cola dan is het teken hier de kerstman en de bijbehorende rode kleur. Het object dat in deze reclame gelinkt wordt aan dit teken is het flesje Coca-Cola. De hoop is dan dat dit geïnterpreteerd wordt als een gezellige familiegebeurtenis waar cadeautjes worden uitgewisseld en waar een feeststemming heerst.

Als marketeer moet je er in deze context wel rekening mee houden dat de functie van een product of dienst kan verschillen naargelang de gebruikscontext of de cultuur waarin het gebruikt wordt. Toen DeBeers in 1994 de Chinese markt wilde betreden met zijn diamanten ringen werden de diamanten niet gebruikt als symbool voor romantiek of trouw in China. In China werd het huwelijk immers geassocieerd met doorzetten en duurzaamheid. Door de diamant te associeren met deze waarden zien we dat DeBeers ook de Chinese markt succesvol kon betreden.

4.4 PERCEPTIEDIAGRAM

Als marketeer is het belangrijk om te controleren of jouw consumenten een goed beeld hebben van wat jij over je merk wilt vertellen. Een van de manieren om dat in kaart te brengen is het opstellen van een perceptiediagram. Dat wil dus zeggen dat je door middel van marktonderzoek aan je consumenten gaat vragen wat ze vinden van jouw merk of product. Die visuele weergave noemen we een **perceptiediagram.** Meestal wordt gekozen voor twee assen waarop je je eigen merk of product maar ook dat van je concurrenten een score geeft. Je zou er echter ook voor kunnen kiezen om meerdere elementen op het assenstelsel weer te geven of om in 3D te werken. In een perceptiediagram breng je dus vooral in kaart wat mensen op dit moment denken over jouw merk of product.

In een volgende stap zou je dit perceptiediagram dan kunnen vergelijken met een positioneringsdiagram. Een **positioneringsdiagram** ziet er hetzelfde uit als een perceptiediagram maar is het resultaat van een strategische oefening binnen het bedrijf. Het bedrijf geeft hier dan aan wat de huidige positie is en eventueel wat de ideale positie is naar de toekomst toe. Ook hier wordt gewerkt met een assenstelsel waarop je als bedrijf zelf criteria kunt zetten waarvan je vindt dat ze voor jou belangrijk zijn. Vaak is het echter geen goed idee om de verhouding tussen prijs en kwaliteit weer te geven. In de meeste gevallen zul je dan immers zien dat hogere prijs gelijk is aan hogere kwaliteit en dat het moeilijk is om een 'gat in de markt te vinden' dat realistisch is. Wanneer je dit positioneringsdiagram dan vergelijkt met het perceptiediagram, dan kun je zien waar de problemen zitten en hoe je eventueel op basis van communicatie of een herpositionering van het merk of product de ideale positie kunt benaderen.

Stel dat je bijvoorbeeld als marketeer voor het merk Levi's werkt. In het marketingplan wordt vooropgesteld dat je als merk gepercipieerd wilt worden als een toegankelijk en trendy merk. Het positioneringsdiagram zou er in dat geval als volgt kunnen uitzien.

FIGUUR 4.3.

Na marktonderzoek zou het merk Levi's dan een perceptiediagram kunnen opmaken. Om het overzicht te bewaren is op figuur 4.4. enkel de perceptie van Levi's veranderd ten opzichte van het positioneringsdiagram. In realiteit zal dat natuurlijk niet zo zijn. Mocht dat wel zo zijn, dan zou dat willen zeggen dat alle andere merken er perfect in slagen om te communiceren wat ze willen communiceren en dat de consumenten een ideaalbeeld hebben van alle andere merken. Voor Levi's is er een verschil tussen de gewenste positionering en de huidige perceptie. De reden daarvoor kan een communicatieprobleem zijn – in dat geval zou een samenwerking met de juiste influencers er misschien voor zorgen dat ze als meer trendy ervaren worden door de consument. Het zou echter ook kunnen dat het verschil tussen gewenste positionering en perceptie te wijten is aan het design van de jeans. In dat geval is er een productprobleem en geen communicatieprobleem. Dat zou moeten worden opgelost door nieuwe designs, samenwerkingen met andere ontwerpers of iets dergelijks. Doorgedreven marktonderzoek brengt deze problemen aan het licht, waardoor het merk precies weet wat te ondernemen.

FIGUUR 4.4.

I'VE LEARNED THAT PEOPLE WILL FORGET WHAT YOU SAID, PEOPLE WILL FORGET WHAT YOU DID, BUT PEOPLE WILL NEVER FORGET HOW YOU MADE THEM FEEL.

— *Maya Angelou*

5.
LEREN

In dit hoofdstuk focussen we op hoe ons geheugen werkt en op welke verschillende manieren iemand iets kan opslaan in zijn of haar geheugen. Wanneer we als consument blootgesteld worden aan een stimulus, daar onze aandacht aan hebben gegeven en die geïnterpreteerd hebben dan wil dat niet automatisch zeggen dat we die ook opslaan in ons geheugen. Wanneer we iets opslaan in ons geheugen is er dus een leereffect. Verder in dit hoofdstuk zullen we bespreken dat een leereffect niet alleen via denken te bereiken is. In sommige gevallen kun je ook iemand gewoon iets laten doen en volgt er daarna een leereffect. Marketeers hebben er natuurlijk alle belang bij om inzicht te krijgen in hoe mensen leren over hun producten en diensten. Daarom bekijken we hier ook eerst hoe mensen leren en daarna, in een volgend hoofdstuk, hoe ze dat dan kunnen opslaan in hun geheugen.

5.1
HOE LEREN WE?

Leren is een relatief permanente vorm van gedragsverandering, te verklaren door een ervaring. Zoals we later zullen zien moet degene die leert de ervaring niet per se zelf meemaken, ook observeren hoe een ander een bepaalde ervaring heeft kan leiden tot een leereffect. We hoeven ook niet altijd moeite te doen om te leren. Wanneer we denken aan de jingle van Impermo of van het Kruidvat dan kunnen we die moeiteloos aanvullen, zelfs als we deze producten niet zelf gebruiken. Soms gaat het leren dus over een relatief simpele associatie leggen tussen een logo en een respons (bv. McDonald's – fastfood), in andere gevallen gaat leren over een serie van complexe cognitieve taken (bv. het schrijven van een boek over consumentengedrag).

Vanuit de psychologie zijn er verschillende theorieën die verklaren hoe mensen leren. Deze theorieën vertrekken van de simpele koppeling tussen stimulus en respons (behavioristische theorie) en gaan tot het bekijken van de consument als oplosser van ingewikkelde problemen die abstracte regels en concepten leren (cognitieve theorieën).

5.2 BEHAVORISTISCHE THEORIE

In de **behavioristische theorie** gaan we ervan uit dat er een leereffect plaatsvindt als gevolg van een respons op een externe gebeurtenis. We focussen hier dus niet op wat er allemaal in het hoofd van de consument plaatsvindt en bekijken het ook wel als een 'black box'. Er wordt hier wel gefocust op de elementen die we kunnen observeren die in de box gaan en op de dingen die uit de box komen, de reactie op de stimuli.

FIGUUR 5.1.

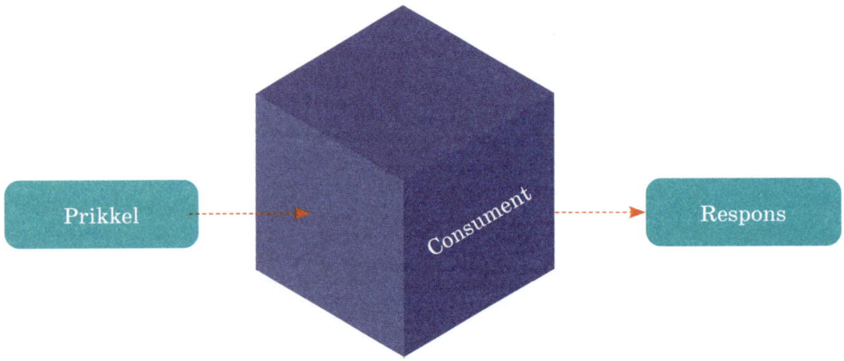

In deze behavoristische theorie horen twee benaderingen thuis: klassieke conditionering en instrumentele conditionering.

5.2.1 Klassieke conditionering

Klassieke conditionering vindt plaats wanneer een stimulus die een respons opwekt gekoppeld wordt aan een stimulus die initieel geen respons opwekt. Na de conditionering zien we dan dat deze tweede stimulus dezelfde respons opwekt als de eerste stimulus, omdat we die associëren met de eerste stimulus. Het experiment van **Pavlov** ligt aan de basis van deze klassieke conditionering. In een experiment met honden toonde hij aan dat wanneer een hond een hongergevoel ervaart en eten ruikt, hij als respons daarop speeksel produceert. Dat is een automatische associatie die niet enkel bij honden maar ook bij ons als mens optreedt, omdat het speeksel ons zal helpen het eten te verteren. Het eten is dus de stimulus die in dit geval automatisch de respons veroorzaakt, namelijk het aanmaken van speeksel. We noemen dat daarom ook de **ongeconditioneerde respons**. In het experiment liet Pavlov telkens wanneer de honden eten kregen een belletje rinkelen. Dit belletje, de tweede stimulus, heeft initieel geen effect op de honden. Door de hond echter enkele keren het belletje te laten horen terwijl er eten werd voorgehouden trad er bij de hond een geconditioneerde respons op. Later produceerde de hond al speeksel wanneer hij enkel de bel hoorde, zonder dat er eten in het spel was. Dat noemen we de **geconditioneerde respons**. Deze geconditioneerde respons is duidelijk aangeleerd: geen enkele hond die niet heeft deelgenomen aan een dergelijk experiment produceert immers speeksel bij het horen van een belletje.

FIGUUR 5.2.

FASEN IN KLASSIEKE CONDITIONERING

FASE 1	Ongeconditioneerde stimulus → ongeconditioneerde respons
FASE 2	Ongeconditioneerde stimulus + geconditioneerde stimulus → ongeconditioneerde respons
FASE 3	Geconditioneerde stimulus → geconditioneerde respons

We kunnen dus besluiten dat klassieke conditionering een passief en onvrijwillig proces is. Doordat er een initiële ongeconditioneerde respons nodig is werkt deze manier van leren vooral bij geuren of visuele prikkels die automatisch honger, dorst of seksuele opwinding veroorzaken. Als marketeers systematisch hun merknaam aan deze stimuli koppelen dan kunnen ze mensen leren om honger, dorst of *goesting* te krijgen wanneer ze hun merknaam zien op een later tijdstip.

De koppeling tussen de geconditioneerde stimulus en de geconditioneerde respons blijft natuurlijk niet voor altijd bestaan. **Herhaling** is dan ook essentieel om ervoor te zorgen dat de sterkte van de stimulus-responsreactie blijft. Als je daarvan als marketeer wilt gebruikmaken dan loont het de moeite om systematisch de stimulus en de respons aan elkaar te koppelen. Wanneer je dat slechts sporadisch doet zal de koppeling minder sterk zijn. Wanneer de koppeling uiteindelijk niet vaak genoeg herhaald wordt spreken we over **uitdoving**; daarbij neemt het effect van de vroegere conditionering geleidelijk aan af en zal ze uiteindelijk volledig verdwijnen.

FIGUUR 5.3.

De Lacoste-krokodil is een van de voorbeelden van uitdoving. Door overexposure, en het printen van de krokodil op babyslofjes en andere items, verloor de krokodil zijn cachet.

© Lacoste

Toepassingen van klassieke conditionering

Een eerste item waarbij klassieke conditionering belangrijk is voor marketeers is branding. Zonder klassieke conditionering zouden merknamen zoals Marlboro, Adidas of Coca-Cola immers niks voor ons betekenen. In het geval van McDonald's is de link tussen de clown en het merk zo duidelijk dat de merknaam in sommige advertenties zelfs achterwege wordt gelaten. Deze manier van conditioneren werkt al op heel jonge leeftijd. Studies tonen aan dat het deel van de hersenen dat verantwoordelijk is voor plezier en honger oplicht wanneer we het logo van McDonald's laten zien aan kleine kinderen. We kunnen dus besluiten dat deze geconditioneerde associaties cruciaal zijn voor het in stand houden van een positieve merkwaarde. Het leidt immers tot loyalere consumenten en een hogere *brand equity*, dankzij de positieve associaties.

Een tweede element dat marketeers meenemen uit de klassieke conditionering is **stimulusgeneralisatie**, dat wil zeggen dat een stimulus soortgelijk aan de geconditioneerde stimulus ook leidt tot de geconditioneerde respons. In het geval van de honden zou dat dus willen zeggen dat ze ook speeksel produceren wanneer ze een andere bel horen dan die gebruikt in het experiment. De hond heeft het belgeluid dus veralgemeend. Als marketeer kan je dat zowel in de positieve als in de negatieve zin gebruiken. De volgende vijf strategieën zijn gebaseerd op prikkelgeneralisatie.

1. *Een paraplumerk* waarbij gebruikgemaakt wordt van de positieve associaties die mensen al hebben bij jouw merk om ook andere producten te verkopen. Calvé verkoopt zo bijvoorbeeld pindakaas maar ook sauzen onder dezelfde merknaam.

2. *Productlijnextensies* waarbij wordt gebruikgemaakt van de positieve associaties die mensen al hebben bij jouw merk. Deze keer niet om andere producten te lanceren maar wel om een verwant product te lanceren. Dole, een merk dat we associëren met fruit, lanceerde zo bijvoorbeeld een sappenbar.

3. *Licenties*. Wanneer een merk niet zelf wil gebruikmaken van de positieve associaties, maar de merknaam wel 'verhuurt'. Bentley verhuurt zijn naam zo bijvoorbeeld aan makers van parfum, handtassen en zelfs een hotelkamer in het St. Regis hotel in New York.

FIGUUR 5.4.

Volkswagen geeft een licentie aan Playmobil om zijn merk en typische productvormgeving over te nemen in een speelset voor kinderen.

© Playmobil, Volkswagen

4. *Sluikreclame of productplacement* waarbij marketeers proberen gebruik te maken van de positieve associaties die mensen hebben met een acteur, programma of evenement en dat te koppelen aan hun merk of product.

FIGUUR 5.5.

In de reünieaflevering van Friends zagen we onder andere Nutella, Pringles, M&M's en Stella Artois.

5. *Lookalikeverpakkingen*. B-merken of huismerken proberen vaak mee te surfen op de positieve associaties die mensen hebben met het A-merk door hun verpakkingen daar zo hard mogelijk op te doen lijken.

FIGUUR 5.6.

Buval probeert gebruik te maken van de positieve associaties die mensen hebben met Jupiler door de verpakking van hun blik bier sterk te laten aanleunen bij die van het bekende A-merk.

5.2.2 Operante conditionering

Instrumentele of operante conditionering wil zeggen dat iemand gedrag aanleert dat leidt tot een positief resultaat en gedrag afleert dat leidt tot een negatief resultaat. Aan de basis van deze vorm van conditionering ligt een experiment van Skinner. Die slaagde erin duiven pingpong te laten spelen of te laten dansen door ze systematisch te belonen wanneer ze dit gedrag vertoonden. Daar waar klassieke conditionering een passief proces was is instrumentele conditionering dus een actief proces. We gedragen ons in dit geval immers bewust op een bepaalde manier in de hoop een bepaald doel (bv. een beloning) te bereiken. Het proces waarbij we gedrag in de loop van de tijd aanleren, vaak door tussenstapjes in de gewenste richting te zetten, noemen we **shaping**, dus het geleidelijk vormen van het gewenste gedrag door steeds als het gedrag in de goede richting komt, een beloning toe te kennen. Wanneer een kind leert lopen zal het zich bijvoorbeeld eerst leren overeind trekken aan een stoel. In eerste instantie zal dit nieuwe gedrag erg geprezen worden door de ouders. In een volgend stadium wordt het kind enkel nog geprezen wanneer het de stoel ook even loslaat of een paar stapjes zet. In de laatste fase zal het kind alleen nog aangemoedigd worden om meer stapjes alleen te zetten tot het uiteindelijke doelgedrag, alleen lopen in dit geval, bereikt is. In marketing kan dat bijvoorbeeld gebruikt worden door een webshop. In eerste instantie zou je mensen een beloning kunnen geven wanneer ze een account aanmaken. Je geeft hen dan toegang tot een website waar ze exclusieve content terugvinden. Wanneer daarna een eerste bestelling wordt geplaatst geef je ze punten, waardoor ze bij een tweede aankoop een gratis item kunnen toevoegen aan de bestelling. Op die manier leid je hen dus stapje per stapje naar het gewenste gedrag, namelijk een loyale klant worden.

Een ander duidelijk verschil met klassieke conditionering is de samenhang tussen twee stimuli. In het geval van klassieke conditionering is er een erg nauwe samenhang tussen de stimulus en de bijbehorende respons. Bij instrumentele conditionering zal de beloning echter pas plaatsvinden nadat de persoon in kwestie het gewenste gedrag heeft vertoond. Instrumentele conditionering berust dus op de principes van bekrachtiging en straf. Bekrachtiging zal gedrag versterken en het waarschijnlijker maken dat dit gedrag in de toekomst herhaald wordt, terwijl straf het gedrag zal verzwakken. Consumenten zullen zich dus meer hechten aan producten waarbij ze zich telkens goed voelen wanneer ze die gebruiken (bekrachtiging).

Zowel bekrachtiging als straf kunnen positief of negatief zijn. Dat leidt tot vier mogelijke combinaties:

1. Bij *positieve bekrachtiging* wordt een positieve prikkel aangeboden. We krijgen dus een beloning waardoor de respons wordt versterkt en ons gedrag wordt aangeleerd. Als een baby huilt wordt er bijvoorbeeld voedsel aangeboden of komen de ouders het kind uit het park halen. Op die manier leert de baby dat huilen een goede manier is om aandacht te krijgen.

2. Bij *positieve straf* wordt een negatieve prikkel toegediend waardoor we het gedrag zullen afleren. Wanneer een koe met haar snuit tegen de prikkeldraad duwt en daardoor een stroomstoot krijgt zal ze al snel leren om ver van de draad te blijven.

3. Bij *negatieve straf* wordt een positieve prikkel weggenomen. Daardoor zullen we dus het ongewenste gedrag dat de positieve prikkel doet ophouden of verdwijnen afleren. Wanneer een kind bijvoorbeeld vervelend is en de tv wordt uitgezet is dat een positieve prikkel die wordt weggenomen.

4. Bij *negatieve bekrachtiging* wordt een negatieve prikkel weggenomen. Op deze manier leren we dus dat dit gedrag voor herhaling vatbaar is, aangezien er een vervelend resultaat verdwijnt. Wanneer onze auto blijft piepen tot we onze gordel aandoen leren we al snel om meteen de gordel aan te doen wanneer we instappen, om op die manier het vervelende geluid te vermijden.

Net zoals bij klassieke conditionering is het ook bij instrumentele conditionering nodig om de koppeling tussen een beloning of het uitblijven van een straf en het gedrag te herhalen. Wanneer dat niet voldoende herhaald wordt zal ook hier sprake zijn van **uitdoving.** Het is bij operante conditionering echter niet nodig om elke keer een beloning te geven. In dit geval spreken we van **intermittent reinforcement.** Er zijn verschillende schema's die je als marketeer kunt kiezen om consumenten te conditioneren.

1. *Bekrachtiging in vaste intervallen*: er wordt een beloning gegeven op een vast tijdstip, bijvoorbeeld tijdens de jaarlijkse solden.

2. *Bekrachtiging met variabele tussenpozen*: er wordt een beloning gegeven, maar niemand weet precies hoelang het nog duurt vooraleer de beloning opnieuw wordt gegeven. Dat zorgt er dus voor dat mensen het gedrag moeten volhouden willen ze kans maken op de bekrachtiging. Dat is de filosofie die bijvoorbeeld achter mysteryshoppers zit. Omdat een bedrijf nooit weet wanneer de mysteryshopper komt moeten ze hun kwaliteit elke dag even hoog houden.

3. *Bekrachtiging na vast aantal*: de beloning of bekrachtiging treedt alleen op na een vast aantal gebeurtenissen. Wanneer iemand tien broodjes gekocht heeft in de snackbar is het elfde broodje gratis.

4. *Bekrachtiging na variabel aantal*: er volgt een beloning na een variabel aantal responsen. Dat is bijvoorbeeld hoe een gokautomaat werkt: af en toe komt er een beloning, je weet alleen niet hoeveel muntjes je er nog moet insteken.

Toepassingen van operante conditionering

Marketeers maken gretig gebruik van instrumentele conditionering. Een van de vormen waarin dat gebruikt wordt is in de vorm van **frequency marketing**. Mensen sparen dan elke keer wanneer ze in jouw winkel komen, punten of zegeltjes die ze later kunnen omruilen tegen een beloning. Deze strategie werd initieel gebruikt in de luchtvaartindustrie in de vorm van airmiles, maar is ondertussen wijdverspreid.

Een nieuwe manier om mensen te motiveren meer te kopen die gebruikmaakt van instrumentele conditionering is **gamificatie**. Die verandert routinematige acties in echte ervaringen door gamingelementen toe te voegen aan deze taken. De jongere generaties zijn al gamend groot geworden, dus voor hen past dat perfect bij hun manier van leren. Enkele belangrijke elementen in deze gamificatietrend zijn:

- een dynamische, digitale omgeving die lijkt op een spelplatform;
- meerdere doelen, zowel op korte als lange termijn;
- snelle en frequente feedback;
- een beloning voor bijna alle effort die geleverd wordt in de vorm van een badge of een virtueel product;
- gemiddelde competitie in een omgeving met een laag risico;
- een beheersbaar niveau van onzekerheid.

Deze gamificatie zien we al in de praktijk, bijvoorbeeld in de app Foursquare die een tijdje de mogelijkheid gaf om 'mayor' te worden van een bepaalde plek als je ergens vaak incheckte. Ook dan zien we dat mensen gedrag stellen om een bepaalde beloning te verkrijgen.

FIGUUR 5.7.

Foursquare zette mensen aan om hun locatie met anderen te delen. Op die manier werden punten verzameld en kon je badges verdienen. Natuurlijk is het voor marketeers ook heel interessant om te weten wie waar vaak incheckt. Foursquare bestaat intussen niet meer maar blijft wel een schoolvoorbeeld van hoe gamificatie menselijk gedrag kan beïnvloeden.

5.3 COGNITIEVE THEORIE

In de behavioristische theorie die we tot nu toe hebben besproken, keken we vooral naar zichtbaar gedrag. In de cognitieve theorie wordt daarentegen meer gefocust op interne mentale processen. We gaan hier uit van mensen als probleemoplossers die actief informatie uit hun omgeving gebruiken om zo hun omgeving te beheersen.

5.3.1 Observationeel leren

Observationeel leren of **modeling** vindt plaats wanneer we acties van anderen waarnemen en de beloning of reactie die zij op hun gedrag krijgen zien. Kleine kinderen leren heel veel van hun skills door hun volwassen medemens te observeren. Maar ook consumenten leren veel door puur te observeren. Vooraleer dit gedrag kan plaatsvinden zijn er echter een aantal voorwaarden waaraan voldaan moet worden.

Een eerste voorwaarde is dat de andere persoon erin moet slagen onze aandacht te trekken. Redenen hiervoor kunnen zijn:

- we vinden het model fysiek aantrekkelijk;
- we vinden het model competent;
- het model heeft status;
- we lijken op het model.

Wanneer het model erin slaagt om onze aandacht te trekken, dan is een volgende voorwaarde om tot observationeel leren te komen dat we ons kunnen herinneren wat het model zegt of doet. Daarna moeten we deze kennis zelf kunnen omzetten in acties en moeten we ook nog voldoende motivatie hebben om zelf deze acties te ondernemen. Deze motivatie wordt bepaald door tal van factoren waarop we in een volgend hoofdstuk verder zullen ingaan. Modeling of observationeel leren lijkt dus op operante conditionering, in die zin dat er telkens een beloning is voor het gedrag. Dat noemen we ook wel **vicarious learning** omdat er sprake is van een *vicarious* of plaatsvervangende beloning.

Toepassingen van observationeel leren

Als marketeer moeten we niet onmiddellijk mensen straffen of belonen wanneer ze onze producten al dan niet kopen. Het kan voldoende zijn om in een reclamespot te laten zien welke status iemand kan bereiken door jouw product te gebruiken. Op die manier hopen we dan dat consumenten op een later moment hetzelfde gedrag zullen vertonen, in de hoop op die manier dezelfde uitkomst te verkrijgen. Een andere manier om daar als marketeer op in te zetten is door bewust aan te geven hoeveel stuks er al van een bepaald product verkocht zijn.

FIGUUR 5.8.

McDonald's gaf op zijn oude borden aan hoeveel burgers er al verkocht werden. Een vorm van observationeel leren.

Het begrip **sociale facilitatie** is ook belangrijk om in het achterhoofd te houden. Het wil zeggen dat mensen meer kopen als ze met mensen gaan winkelen die veel kopen. Zien kopen doet kopen dus.

FIGUUR 5.9.

Een vriendinnenactie kan een goed idee zijn om in te spelen op sociale facilitatie. Vrouwen kopen automatisch meer als ze andere vrouwen ook zien kopen, een vorm van observationeel leren dus.

5.3.2 Contactconditionering

Bij **contactconditionering** gaan we ervan uit dat we dingen waaraan we vaker blootgesteld worden positiever beoordelen. Dat wordt ook het **mere exposure effect** genoemd. Dat fenomeen lijkt op operationeel conditioneren, maar er is een belangrijk verschil: bij contactconditionering wordt immers geen koppeling gemaakt met een positieve of negatieve ongeconditioneerde stimulus. De herhaalde blootstelling waarvan sprake kan bewust of onbewust zijn. Zo zien we bijvoorbeeld dat woorden of letters die vaker voorkomen in onze taal als positiever bestempeld worden. Maar ook kinderen die vaker blootgesteld worden aan een bepaald soort voedsel zullen dit positiever bestempelen. Onderzoek heeft zo zelfs aangetoond dat deelnemers aan het songfestival die al te zien waren in de halve finale positiever werden beoordeeld dan deelnemers die rechtstreeks mochten deelnemen aan de finale.

Het resultaat van dit *mere exposure effect* is dat we vaak een suboptimale beslissing nemen. We kiezen immers voor wat we al kennen en dat is niet noodzakelijk de beste oplossing voor ons probleem. Daarnaast kan er ook verveling optreden wanneer mensen té vaak aan een bepaalde prikkel worden blootgesteld. We kennen allemaal wel een liedje dat we in eerste instantie erg goed vonden, maar doordat we er te veel naar geluisterd hebben ineens vervelend wordt. Als marketeer kan het daarom belangrijk zijn om voldoende afwisseling en nieuwe prikkels aan te bieden, zodat mensen niet verveeld raken met jouw merk of product.

Toepassingen van mere exposure

Als marketeer is het belangrijk om ook in te zetten op deze 'toevallige' blootstelling. Eén keer een merk zien voorbijkomen zal waarschijnlijk weinig effect hebben op een consument, maar wanneer ze vaker aan een merk worden blootgesteld zien we dat de effecten positief zijn.

Dat is natuurlijk een belangrijk gegeven in het onlinemarketingverhaal. Zo blijkt dat *retargeting efforts* ook een positief effect behalen wanneer mensen er niet meer op klikken. Maar ook offline blijft het *mere exposure effect* van toepassing. Het is dan ook een kwestie van consistent hetzelfde verhaal te brengen over de verschillende media heen. Om verveling te voorkomen is het wel belangrijk om daar creatief mee om te gaan. De boodschap net iets anders vormgeven kan zo bijvoorbeeld al helpen om toch telkens de aandacht van de consument even vast te kunnen houden.

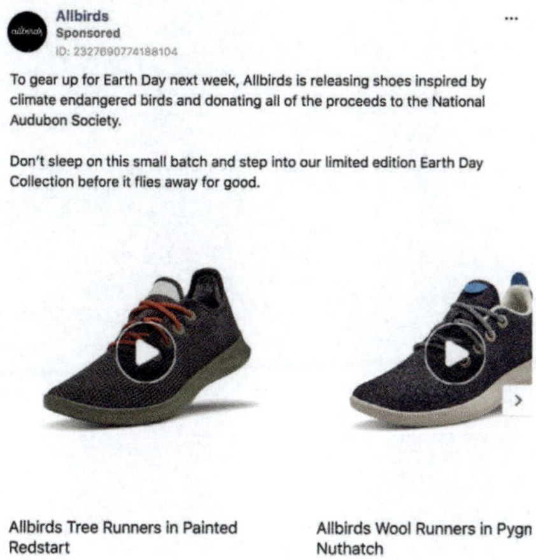

FIGUUR 5.10.

Retargeting op Facebook, waarbij je een advertentie te zien krijgt van een merk waarmee je recent interactie gehad hebt, blijkt effectief. Zelfs wanneer je er niet meer op klikt bewerkstelligt het mere exposure-effect een positief gevoel ten opzichte van het merk.

THE ATTITUDE IS VERY IMPORTANT. BECAUSE, YOUR BEHAVIOR RADIATES HOW YOU FEEL.

— *Lou Ferrigno*

6. ATTITUDES

6.1 ABC-MODEL

Gedrag van mensen kan vaak verklaard worden door hun attitude ten opzichte van een bepaald object. Een **attitude** is een aangeleerde evaluatieve reactie op informatie waaraan een individu wordt blootgesteld. Een attitude kan zo betrekking hebben op een persoon, een situatie, een idee of een instantie. In het algemeen kunnen we stellen dat de kans dat een consument een product koopt toeneemt wanneer hij positiever ten opzichte van het merk of product in kwestie staat. We zullen dus zien dat veel marketingcommunicatiecampagnes gericht zijn op het verbeteren van de attitude ten opzichte van het merk of product. Maar ook wanneer de overheid een campagne lanceert om kinderen veilig vast te klikken in de auto is dat gericht op het bijsturen van mensen hun attitude.

Een attitude is niet direct waarneembaar. In ons dagelijks taalgebruik spreken we ook wel over onze gevoelens, meningen, overtuigingen of voorkeuren. Het feit dat onze attitude niet direct waarneembaar is uit zich in het feit dat we moeten kijken naar waarneembaar gedrag om iemand zijn attitude te kennen. We noemen attitude daarom een **latent construct.**

Schematisch kunnen we attitude weergeven zoals in figuur 6.1. Links zien we stimuli die waarneembaar zijn. Dat kan het product zelf zijn, of een foto ervan in een reclamecampagne. Op basis daarvan wordt iemand zijn attitude gevormd. Daarna uit zich dat in een evaluatieve respons. Deze evaluatieve respons kan drie vormen aannemen: een cognitieve respons, een affectieve respons of een gedragsmatige respons. Volgens het **ABC-model** zijn dit de drie componenten van attitude: *affect*, *behavior* en *cognition*.

Een cognitieve respons gaat over wat er in ons hoofd gebeurt, dus over wat we denken over het object in kwestie. Om dingen te weten te komen over een specifiek product kan een consument informatie uit tal van verschillende informatiebronnen halen. Met behulp van deze informatie zal de consument het product of het merk in kwestie beoordelen. Een affectieve respons verwijst naar onze gevoelens en emoties. We kunnen dat eventueel benoemen, maar soms zien we het ook louter aan fysiologische reacties. Een laatste categorie is de gedragsmatige respons. Dat is de neiging om gedrag te stellen op basis van een bepaalde attitude. Hier leidt een attitude dan tot bijvoorbeeld aankoopgedrag.

FIGUUR 6.1.

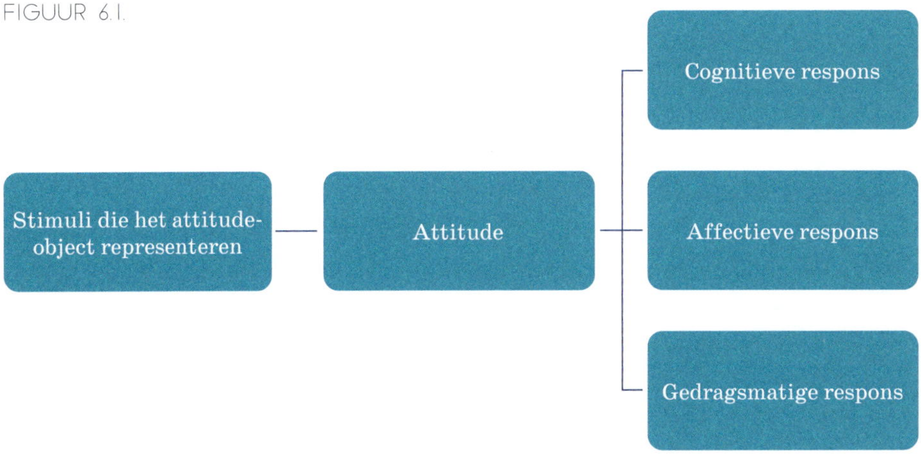

Een voorbeeld van attitude en de verschillende soorten respons en die er zijn kunnen we vinden wanneer we reclame zien van een nieuwe hamburger van een fastfoodketen. De afbeelding van de hamburger is dan de stimulus die het attitudeobject afbeeldt. Onze attitude wordt gevormd wanneer we naar deze afbeelding kijken. Dat is echter iets wat in ons hoofd gebeurt en wat dus niet direct waarneembaar is. Een cognitieve respons zou kunnen zijn dat we de hamburger positief beoordelen en ons misschien voornemen om hem eens te proeven. Een affectieve respons zou bijvoorbeeld de productie van speeksel kunnen zijn, omdat je trek krijgt in de hamburger die je ziet. Een gedragsmatige respons zou kunnen zijn dat je in je auto stapt om de hamburger te gaan kopen.

Zoals je in het voorgaande voorbeeld al aanvoelt hangen de affectieve en cognitieve componenten van een attitude vaak samen. Het is dan ook moeilijk om de verschillende responsen altijd los van elkaar te zien.

6.2

KENMERKEN VAN ATTITUDES

Hierna bespreken we de diverse kenmerken van attitudes:

- ze zijn grotendeels aangeleerd;
- ze zijn consistent;
- het zijn goede gedragsvoorspellers;
- ze zijn objectgebonden.

6.2.1 Attitudes zijn grotendeels aangeleerd

Een baby wordt niet geboren met een voorkeur voor Olvaritfruitpap. Dat is een belangrijk inzicht voor een marketeer, omdat het wil zeggen dat attitudes voor een groot deel aangeleerd zijn. Ze worden beïnvloed door informatie uit de omgeving en door eerder opgedane ervaringen met het merk of product. Het feit dat attitudes dus aangeleerd zijn in plaats van aangeboren wil zeggen dat ze beïnvloed kunnen worden door marketingcommunicatie en dat ook een negatieve attitude kan worden omgebogen naar een positievere attitude.

6.2.2 Attitudes zijn consistent

Hoewel attitudes aangeleerd zijn en dus beïnvloedbaar wil dat niet zeggen dat ze heel volatiel zijn. Attitudes blijven gedurende langere periodes hetzelfde en wanneer ze toch veranderen gaat daar een leerproces aan vooraf. Deze leerprocessen worden uitgebreid besproken in hoofdstuk 5.

Daarnaast geldt binnen het construct van attitudes ook het **consistentieprincipe** waarbij consumenten streven naar evenwicht in hun attitudes, gedrag, emoties en gedachten. Wanneer dit evenwicht verstoord wordt, dan zien we dat consumenten dat als vervelend ervaren en waarschijnlijk actie zullen ondernemen om het evenwicht te herstellen. Je zult waarschijnlijk weinig vrouwen horen zeggen: 'Ik hou van mijn man, hij is de grootste idioot die ik ooit ben tegengekomen!'. Dat komt omdat ons gedrag in dit geval niet consistent is met onze gevoelens en attitudes. Waarschijnlijk vindt de vrouw wel een manier om haar man die af en toe iets idioots doet, te vergeven of wordt de relatie uiteindelijk beëindigd. Het consistentieprincipe is dus een belangrijke reminder die aangeeft dat attitudes niet in een vacuüm gevormd worden. Nieuwe attitudes zullen dus consistent moeten zijn met bestaande attitudes. De balanstheorie van Heider, die we verder in dit hoofdstuk zullen bespreken, bouwt daarop verder.

6.2.3 Attitudes zijn goede gedragsvoorspellers

Een positieve attitude ten opzichte van een merk of product vergroot de kans dat er in de koopfase daadwerkelijk voor dit merk of product gekozen zal worden. Natuurlijk is enkel en alleen een positieve attitude niet voldoende. In punt 6.8 zullen we hierop terugkomen bij de theorie van gepland gedrag.

6.2.4 Attitudes zijn objectgebonden

Een consument kan een attitude hebben ten opzichte van een persoon (dus ook ten opzichte van zichzelf), een merk, een product, een winkel, bepaald gedrag... Alles waarop een attitude in dit geval betrekking kan hebben, noemen we een attitudeobject. Vaak wordt deze attitude ook nog gekoppeld aan een attitudeobject in een bepaalde situatie. Een consument kan zo bijvoorbeeld een positieve attitude hebben ten opzichte van Aiki Noodles op de camping. In andere omstandigheden kan de attitude ten opzichte van de noedels dan eerder negatief zijn. Dat zijn natuurlijk belangrijke inzichten wanneer je straks een communicatiecampagne moet opstarten.

6.3 FUNCTIES VAN ATTITUDES

Voor jou als marketeer is het begrijpen van attitudes erg belangrijk omdat het een voorspeller is van het consumentengedrag. Maar ook voor de consument heeft een attitude natuurlijk een functie. Deze functies worden beschreven in de **functionele attitudetheorie van Katz** en kunnen worden onderverdeeld in vier categorieën: kennis-, instrumentele, egodefensieve en waarde-expressieve functie.

6.3.1 Kennisfunctie

Een attitude ten opzichte van een bepaald object zorgt ervoor dat de consument nieuwe informatie over dat object makkelijker kan begrijpen en kan integreren in de kennisstructuur. Een consument met een positieve attitude ten opzichte van het milieu zal zo bijvoorbeeld het afschaffen van de plastic zakjes anders interpreteren dan iemand die minder begaan is met het milieu.

6.3.2 Instrumentele functie

Deze functie van attitude is gebaseerd op genot en straf. De focus ligt hier wel echt op het product zelf. Je kan zo bijvoorbeeld een positieve attitude aannemen ten opzichte van Domino's Pizza omdat je erg kan genieten van hun geleverde pizza.

6.3.3 Egodefensieve functie

Soms nemen mensen een attitude aan om hun eigen zelfbeeld te beschermen. Vooroordelen zijn hier een voorbeeld van. Mensen nemen zo bijvoorbeeld een negatieve attitude aan ten opzichte van anderen die bij Zeeman of Wibra winkelen om op die manier hun eigen zelfbeeld te beschermen. Ze zullen zich onderscheiden van deze groep en dat helpt hen om zich zelfverzekerder te voelen.

6.3.4 Waarde-expressieve functie

Mensen nemen deze attitudes aan omdat het hen helpt met communicatie over hun zelfbeeld en identiteit. Iemand met een positieve attitude ten opzichte van dreadlocks kan zo duidelijk maken wat voor persoon hij of zij is. Ook attitudes ten opzichte van merken en producten kunnen een waarde-expressieve functie hebben. Als een consument bijvoorbeeld een positieve attitude heeft ten opzichte van Chanel en Gucci dan zal dat waarschijnlijk een ander type consument zijn dan iemand met een positieve attitude ten opzichte van Primark.

FIGUUR 6.2.

Als marketeer kun je inspelen op deze waarde-expressieve functie van attitudes door rondom het merk een bepaald imago te creëren. Een consument met een luxueus en chique zelfbeeld zal zo een positieve attitude ontwikkelen ten opzichte van Prada.

6.4
HIËRARCHIE VAN EFFECTEN

In de inleiding van dit hoofdstuk werd al aangehaald dat een attitude bestaat uit drie componenten: *affect* of gevoel, *behavior* of gedrag en cognitie. Maar wat gebeurt er nu het eerst? De volgorde waarin we door deze drie stappen gaan bij de vorming van een attitude is afhankelijk van de situatie en wordt beschreven in de **hiërarchie van effecten**.

6.4.1 De hiërarchie in het geval van hoge betrokkenheid

denken → voelen → doen

Deze hiërarchie gaat ervan uit dat mensen alle stappen doorlopen die worden beschreven in deel 3 van dit boek. Ze worden geconfronteerd met een probleem en gaan er in eerste instantie informatie over opzoeken (denken). Daarna volgt een evaluatie van de informatie en wordt er een gevoel gevormd bij de producten in kwestie (voelen). Als laatste komt de consument tot gedrag (doen). Deze hiërarchie zal enkel worden doorlopen in het geval van hoge betrokkenheid, wanneer mensen dus erg gemotiveerd zijn om veel informatie op te zoeken en te verwerken om zo tot een weloverwogen beslissing te komen. Het gevolg daarvan is dus het vormen van een attitude die gebaseerd is op de cognitieve verwerking van informatie.

FIGUUR 6.3.

6.4.2 De hiërarchie in het geval van lage betrokkenheid

denken → doen → voelen

Deze hiërarchie vertrekt van de veronderstelling dat mensen geen sterke voorkeur hebben voor een bepaald merk. Er wordt dan een keuze gemaakt gebaseerd op de beperkt beschikbare informatie (denken) en het product wordt pas na de daadwerkelijke koop (doen) geëvalueerd op basis van de ervaring met het product (voelen). Mensen zijn in dit geval dus niet voldoende gemotiveerd om veel informatie te verwerken over het product in kwestie. De attitude die gevormd wordt op basis van deze hiërarchie is er dus eentje die gebaseerd is op gedragsmatig leren.

Voor marketeers is het misschien moeilijk om te begrijpen dat mensen onvoldoende gemotiveerd zijn om veel tijd of moeite te doen voor jouw product. Wat echter belangrijk is om in je achterhoofd te houden is dat je mensen vaak met typische marketingtrucjes kunt overtuigen om toch voor jouw product te kiezen. We komen daar verder in het hoofdstuk nog op terug.

FIGUUR 6.4.

6.4.3 De ervaringshiërarchie

voelen → doen → denken

In dit geval wordt er gekocht zonder na te denken. We gaan hier vooral uit van een emotionele reactie op een product of communicatieprikkel. We kopen bijvoorbeeld omdat de verpakking ons aanspreekt of omdat we vinden dat iets lekker ruikt. Over de technische aspecten wordt in dit geval niet gecommuniceerd, daar komt de consument pas achter na de daadwerkelijke koop. Het gaat dus vooral om producten die worden gekocht omwille van het plezier of genot en niet zozeer vanwege de technische eigenschappen. We spreken in deze context dan ook van een attitude gebaseerd op hedonistische consumptie.

FIGUUR 6.5.

6.5

CONSISTENTIEPRINCIPE EN DE BALANSTHEORIE VAN HEIDER

Wanneer een consument een onevenwicht ervaart tussen verschillende attitudes zal dat voor de persoon in kwestie onplezierig aanvoelen. Hoe sterker de attitude ten opzichte van de verschillende objecten, hoe vervelender het gevoel zal worden. De **balanstheorie van Heider** zegt dus ook dat mensen streven naar een evenwicht, net zoals ze dat doen volgens het consistentieprincipe dat eerder besproken werd.

De balanstheorie wordt in figuur **6.6** schematisch weergegeven. In deze driehoek of triade wordt het verband gelegd tussen P, de te analyseren persoon, O, een andere persoon en X, het attitudeobject. Zoals je kunt zien kunnen de relaties tussen de elementen positief of negatief zijn. Volgens de balanstheorie zal een individu er echter altijd naar streven om de relaties in evenwicht te houden.

FIGUUR 6.6.

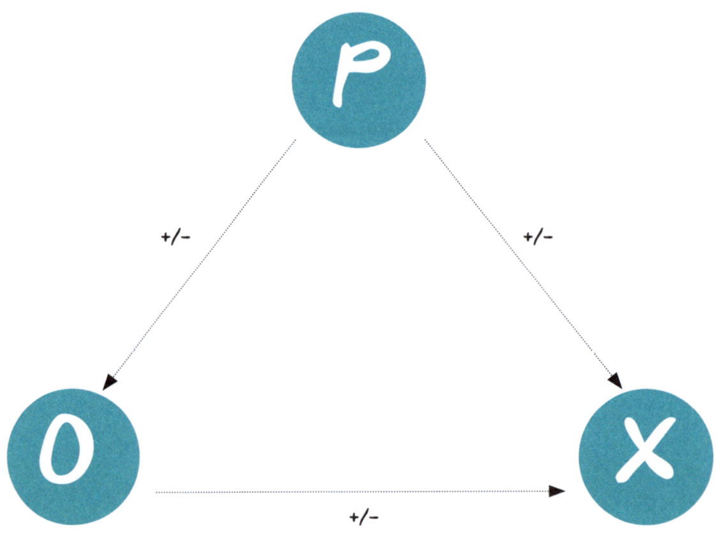

Stel nu dat we Elise invullen als de te analyseren persoon (P), Louis gebruiken als de andere persoon (O) en het object in kwestie (X) roken is. In het geval dat Elise een positieve attitude heeft ten opzichte van Louis, Louis rookt en dus een positieve houding heeft ten opzichte van roken en Elise roken maar helemaal niets vindt, dan zal Elise geconfronteerd worden met een onevenwichtige triade. Er zijn dan een aantal oplossingen om deze triade weer in evenwicht te brengen:

- Optie 1: Elise vindt Louis zo leuk dat ze misschien haar attitude ten opzichte van roken moet bijsturen.
- Optie 2: Elise vindt roken zo vies dat ze haar positieve attitude ten opzichte van Louis bijstuurt.
- Optie 3: Louis stopt met roken, de attitudes van Elise moeten dan niet worden bijgestuurd.
- Optie 4: de relatie tussen Louis en Elise wordt verbroken.

Inzicht in deze balanstheorie is belangrijk voor een marketeer omdat het de werking van *celebrity endorsement* verklaart. De consument die getarget wordt door de advertentie is in dit geval P, de gebruikte celebrity O en het attitudeobject (X) is dan het merk in kwestie. Stel bijvoorbeeld dat Nike samenwerkt met Serena Williams om hun tennislijn te promoten. In een dergelijke advertentie wordt Serena Williams dan ingezet als O en Nike is hier het attitudeobject, in dit geval dus een merk. De reden dat Nike kiest voor een samenwerking met Serena kunnen we uitleggen op basis van de balanstheorie. De samenwerking tussen Serena en Nike geeft duidelijk een positieve attitude of relatie tussen O en X weer. Als we er nu van uitgaan dat jij als consument een positieve attitude hebt ten opzichte van Serena, dan zul je ook een positieve attitude aannemen ten opzichte van Nike om jouw triade in evenwicht te brengen. Dat werkt echter ook omgekeerd! Stel dat je een negatieve attitude hebt ten opzichte van Serena Williams, en Serena en Nike geven aan dat er een positieve relatie is, dan kan dat de attitude van de consument ten opzichte van het merk ook negatief beïnvloeden. Een merk moet de beroemdheden met wie ze samenwerken dus erg goed kiezen.

6.6

MULTI-ATTRIBUUTMODELLEN

Wanneer je als marketeer attitudes van jouw doelpubliek in kaart wilt brengen zal het niet volstaan om mensen te vragen wat ze van jouw product vinden. Attitudes worden immers beïnvloed door tal van factoren en een eenvoudig antwoord op de vraag 'Wat vind je van de nieuwe Jumbo supermarkt?' zal dus wel aangeven in welke richting de attitude van de respondent gaat, maar zal onvoldoende inzicht geven in de factoren op basis waarvan de respondenten tot een attitude komen.

Omdat een attitude uit veel verschillende factoren bestaat gebruiken we binnen consumentengedrag **multi-attribuutmodellen**. Het belangrijkste multiattribuutmodel heet het **Fishbein**model, vernoemd naar zijn uitvinder. In zo'n multiattribuutmodel zijn er drie elementen waarmee we rekening houden:

- attributen of kenmerken van het merk in kwestie;
- overtuigingen over de mate waarin een specifiek merk een kenmerk bezit;
- gewicht dat aangeeft hoe belangrijk een bepaald kenmerk is voor een specifieke consument.

De **totale attitudescore** wordt dan verkregen door de score van de consument voor elk attribuut te vermenigvuldigen met de wegingsfactor voor dat attribuut. Het merk dat de hoogste attitudescore krijgt wordt dan gekozen door de consument. De overtuigingen van de consument worden weergegeven op een schaal van 1 tot 10 waarbij 10 staat voor de beste beoordeling en 1 voor de slechtste beoordeling. Voor een negatief attribuut, zoals prijs, duidt een hogere score op een betere prestatie (dus goedkoper).

Stel dat een consument zo bijvoorbeeld naar de supermarkt moet gaan. Hij vergelijkt daarvoor Jumbo, Delhaize en Aldi en geeft een score op prijs, reputatie, toegankelijkheid, kwaliteit en sfeer. De hypothetische scores worden weergegeven in tabel 6.1.

TABEL 6.1.

Overtuigingen				
Attribuut	Weegfactor	Jumbo	Delhaize	Aldi
Prijs	9	7	5	9
Reputatie	6	7	9	5
Toegankelijkheid	7	8	8	7
Kwaliteit	8	6	8	7
Sfeer	4	8	8	5
Attitudescore		241	251	236

Op basis van dit multiattribuutmodel zou de consument in kwestie dus de meest positieve attitude hebben ten opzichte van de supermarkt Delhaize. Dat kun je berekenen door de weegfactor van elk attribuut te vermenigvuldigen met de score van de supermarkt in kwestie. Wanneer je deze attitudescores dan bij elkaar optelt zie je dat Delhaize de hoogste attitudescore heeft, namelijk 251. Dat wil, zoals je in het volgend punt kunt lezen, echter niet zeggen dat de consument altijd bij Delhaize zal gaan winkelen.

6.7 ZIJN ATTITUDES EEN GOEDE VOORSPELLER VAN GEDRAG?

Attitudes worden door marketeers vooral in kaart gebracht omdat ze gedrag zouden kunnen voorspellen. Nochtans is er zeker geen een-op-eenrelatie tussen een positieve attitude en koopgedrag. Zo zien we dat in sommige gevallen mensen wel een positieve attitude hebben ten opzichte van een bepaald product, maar het niet kopen omdat hun budget beperkt is of omdat ze een nog positievere attitude hebben ten opzichte van een concurrerend product. Ik kan zo bijvoorbeeld een positieve attitude hebben ten opzichte van een Breitlinghorloge, maar kan dit als gevolg van een beperkt budget niet kopen. Daarnaast kan het ook zijn dat ik een positieve attitude heb ten opzichte van Nike maar een nog positievere attitude ten opzichte van Adidas. Wanneer ik dan sportschoenen moet kopen zal ik eerder voor Adidas kiezen.

Ook sociale effecten spelen hier een rol. Wanneer een consument bijvoorbeeld een positieve attitude heeft ten opzichte van een tv-feuilleton zoals *Thuis* of *Familie*, dan wordt er misschien toch niet gekeken omdat vrienden negatief reageren als ze weten dat er gekeken wordt.

Daarnaast wil een negatieve attitude ook niet altijd zeggen dat er niet gekocht wordt. De meeste mensen zullen een negatieve attitude hebben ten opzichte van verzekeringen aangezien het niet meteen een positief effect met zich brengt, hoogstens een vermindering van een negatief effect. Ondanks deze negatieve attitude sluiten de meeste mensen echter toch een heel aantal verzekeringen af.

6.8 DE THEORIE VAN GEPLAND GEDRAG

De **theorie van gepland gedrag** geeft verder aan waarom een positieve attitude niet per se leidt tot het gewenste gedrag. Deze theorie werd ontwikkeld door Ajzen en Fishbein en stelt dat de attitude in het beste geval de gedragsintentie kan voorspellen en niet per se het werkelijke gedrag. Wanneer een consument bijvoorbeeld een handtas van het merk Nathan wil kopen maar die is nergens te verkrijgen in de omgeving, dan zal dat ertoe leiden dat er een ander merk of zelfs helemaal niets gekocht wordt. In dit geval spreken we dus over een positieve attitude, een positieve intentie maar het gewenste gedrag, de daadwerkelijke aankoop, vindt nooit plaats. Wanneer je als marketeer ziet dat het gedrag nooit plaatsvindt, ondanks de positieve attitude en het positieve gedrag, is het natuurlijk jouw taak om ervoor te zorgen dat de consument wel in staat is om het gedrag te stellen. Dat kan in dit geval door in extra verkooppunten of een grotere voorraad te voorzien.

Ten tweede stelt de theorie van gepland gedrag dat een positieve attitude niet per se moet leiden tot een positieve gedragsintentie. Een man kan bijvoorbeeld een positieve attitude hebben ten opzichte van een jacht maar als hij weet dat zijn vrouw snel zeeziek wordt dan is er waarschijnlijk helemaal geen intentie om over te gaan tot echte aankoop. In de theorie van beredeneerd gedrag wordt dat de **subjectieve norm** genoemd. Consumenten laten zich dus niet enkel door hun eigen attitude leiden, maar ook door hun sociale omgeving. De mate waarin deze subjectieve norm belangrijk is, is afhankelijk van de mate waarin die consument wil conformeren aan de groep in kwestie. Sommige referentiepersonen of -groepen zullen zo erg belangrijk zijn, terwijl anderen misschien minder doorslaggevend zijn. De man in het voorbeeld van het jacht zal de attitude van zijn vrouw waarschijnlijk erg belangrijk vinden. Als zijn schoonmoeder echter aangeeft dat ze een jacht veel te gevaarlijk vindt, dan is haar negatieve attitude waarschijnlijk minder doorslaggevend voor de gedragsintentie.

Een laatste element binnen de theorie van gepland gedrag is de **waargenomen controle**. Deze factor geeft aan of de consument in kwestie veel of weinig moeite zal moeten doen om het gedrag te vertonen. We bekijken hier dus eigenlijk of de consument zichzelf in staat acht om het gedrag te stellen. Het gaat in dit geval over de perceptie van het individu in kwestie: acht ik mezelf in staat om het gedrag te stellen? Vaak is dat ook gebaseerd op eerdere ervaringen. Wanneer iemand al twee keer een huis heeft verbouwd, dan zal hij of zij zich dus waarschijnlijk in staat achten dit gedrag nog een derde keer te stellen. Als iemand nog nooit verbouwd heeft, dan ligt dat waarschijnlijk iets moeilijker.

FIGUUR 6.7.

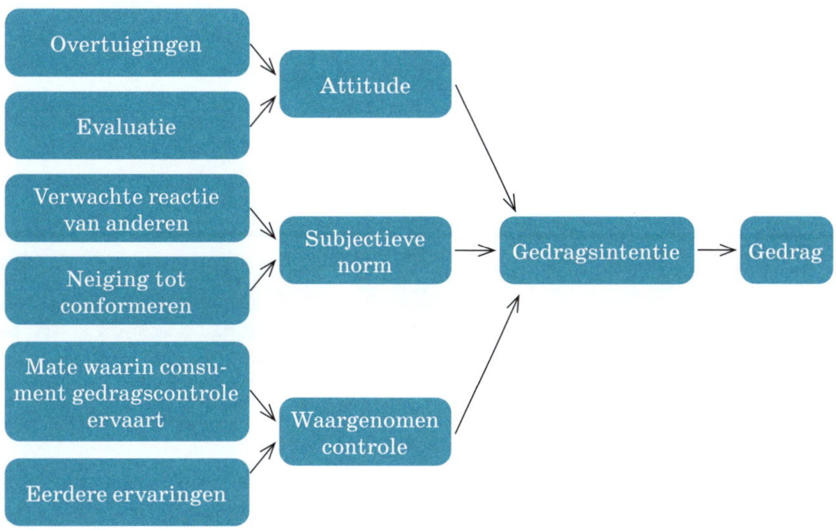

6.9

ATTITUDES BEÏNVLOEDEN

Een marketeer kan attitudes proberen te ontwikkelen of te beïnvloeden. In het geval van een nieuw product willen we natuurlijk een positieve attitude ontwikkelen. In het andere geval willen we bestaande negatieve attitudes proberen te verbeteren of willen we bestaande positieve attitudes versterken. Dat alles doen we door middel van marketingcommunicatie. De mate waarin de consument gemotiveerd is om onze boodschap te verwerken zal echter bepalen hoe attitudes het best beïnvloed worden. Zoals eerder aangehaald zijn consumenten in sommige situaties erg betrokken bij de aankoop en zijn ze ook gemotiveerd om informatie te verwerken. In vele andere situaties zal de consument echter minder betrokken zijn en zal er nauwelijks informatie worden ingewonnen vooraleer de consument tot de koop overgaat.

FIGUUR 6.8.

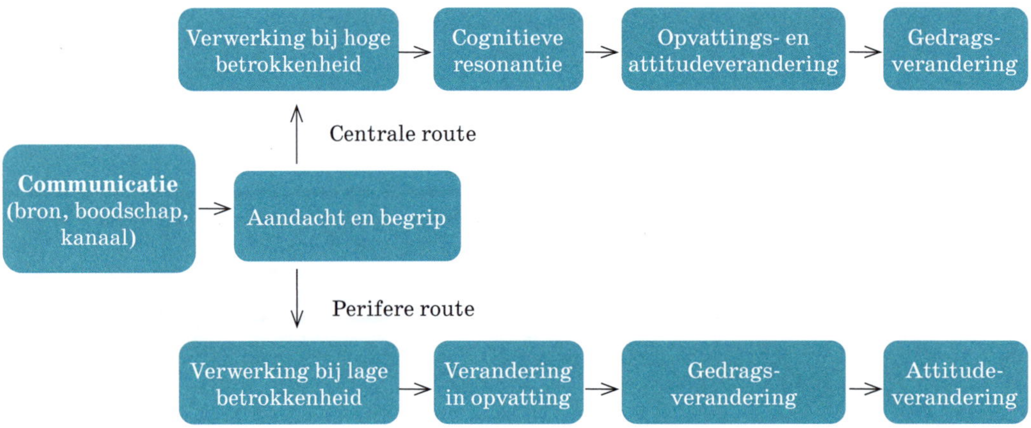

Volgens het **elaboration likelihood model** zijn er twee routes die mensen volgen om tot een overtuiging en de daarbij horende attitude te komen. De eerste route is de centrale route die wordt gebruikt bij grote betrokkenheid. In dit geval bekijken we de boodschap kritisch en zijn we bereid om er hard over na te denken.

Op basis daarvan komen we tot sterke argumenten die onze overtuigingen of attitudes kunnen veranderen. Het gedrag dat we daarna stellen zal dan gebaseerd zijn op onze nieuwe overtuigingen of attitudes. Als marketeer moet je in dat geval dus kiezen voor reclame waarin je duidelijke, overtuigende argumenten naar voren brengt.

Een tweede route is de perifere route. Mensen volgen deze route in het geval van een beperkte betrokkenheid. De verwerking van de informatie gebeurt dan aan de hand van een aantal simpele vuistregels. Degene die de boodschap vertelt komt bijvoorbeeld betrouwbaar over, er wordt aangename muziek gebruikt in de reclame of er wordt een beroemdheid gebruikt. Mensen vormen dan attitudes op basis van perifere, minder belangrijke kenmerken. Als marketeer moet je in dit geval dus vooral inzetten op vormgeving van de reclame aangezien er minder aandacht gegeven wordt aan de inhoudelijke aspecten. Je moet mensen een goed gevoel geven door hen te amuseren of je moet beroemdheden of deskundigen gebruiken om jouw boodschap over te brengen.

FIGUUR 6.9.

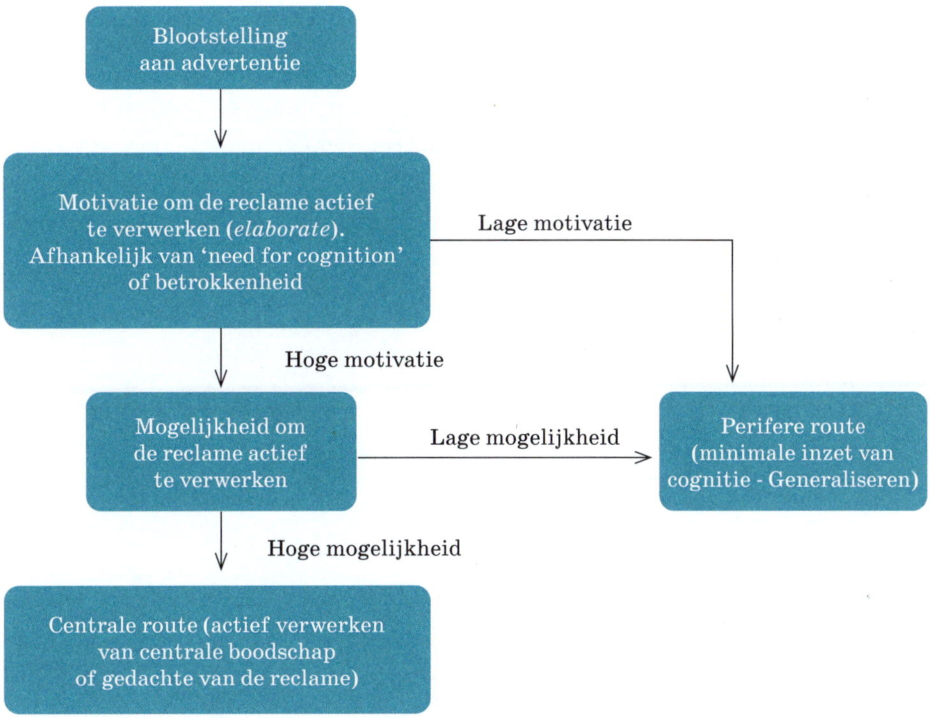

Of mensen kiezen voor een verwerking via de centrale route of via de perifere route is niet alleen afhankelijk van de betrokkenheid. Naast een hoge betrokkenheid kan ook een 'need for cognition' ertoe leiden dat mensen kiezen voor een verwerking via de centrale route. In dat geval voelen mensen zich er goed bij om een boodschap actief te verwerken en er kritisch over na te denken.

Een tweede element dat doorslaggevend is in dit geval is de mogelijkheid om de reclame actief te verwerken. Wanneer je een radiospotje hoort terwijl je in centrum Brussel rijdt en nog op heel veel andere dingen moet letten zal het waarschijnlijk moeilijk zijn om de spot via de centrale route te verwerken en daar hard over na te denken. Maar ook wanneer je helemaal niets kent over een bepaald product kan het moeilijk zijn om de boodschap via de centrale route te verwerken. Wanneer je bijvoorbeeld een nieuw huis gaat bouwen en je geconfronteerd wordt met reclame over thuisbatterijen, dan kun je erg gemotiveerd zijn om deze boodschap via de centrale route te verwerken, maar als je er niets van begrijpt zal er toch vaak gekozen worden voor de perifere route.

Naast het nagaan of verwerking bij de consument via de centrale of perifere route gebeurt moet ook worden gekeken naar de basis waarop attitudes zijn gebaseerd. Dit kan op basis van cognitie (denken) of affectie (voelen) zijn. Vaak zijn beide componenten aanwezig, maar zal één van beide de bovenhand nemen. Bij complexe producten zoals een pc zal vaak een cognitieve attitudevorming plaatsvinden, bij zaken waarbij een consument nauwer betrokken is, zoals de keuze van een nieuwe woning, zal eerder de affectieve component doorslaggevend zijn. Voor elke combinatie van route uit het elaboration likelihood model en basis waarom een attitude wordt gevormd kan een andere strategie worden gekozen om de consument optimaal te bereiken.

TABEL 6.2.

		Attitudes zijn gebaseerd op...	
		Cognitie (denken)	**Affectie (voelen)**
Route in het *elaboration likelihood model*	Centrale route (hoge betrokkenheid)	*Expectancy-value model*	Emotionele boodschappen
	Perifere route (lage betrokkenheid)	*Simple beliefs*	*Mere exposure effect* Klassieke conditionering

6.9.1 Cognitieve attitudevorming

Bij cognitieve attitudevorming zal de focus gelegd worden op inhoudelijke informatie. De emotionele component van een boodschap zal in mindere mate aanwezig zijn. Bij een hoge betrokkenheid kan gebruikgemaakt worden van het *expectancy-value model*. Bij een lage betrokkenheid worden voornamelijk *simple beliefs* gebruikt om de attitude van een consument te beïnvloeden.

Expectancy-value model

FIGUUR 6.10.

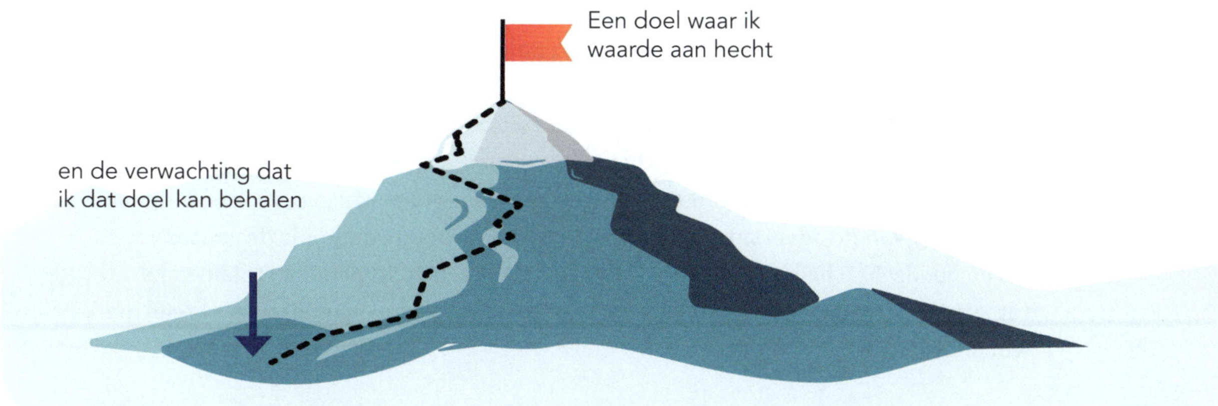

Waarde + verwachting = motivatie

Bij een hoge betrokkenheid en een attitude die gebaseerd is op cognitieve verwerking kan gebruikgemaakt worden van het *expectancy-value model*. In de boodschap wordt een doel vooropgesteld. Dit doel sluit aan bij de waarden (*values*) van de klant. Vervolgens wordt de verwachting geschapen dat het product of de dienst die wordt voorgesteld zal helpen bij het behalen van het doel. Deze cognitieve uitwerking brengt een positieve motivatie tot stand.

Simple beliefs

Bij het gebruikmaken van eenvoudige overtuigingen worden attitudes gebaseerd op enkele eenvoudige overtuigingen. Die zijn vaak niet sterk onderbouwd waardoor marketeers ze redelijk eenvoudig kunnen veranderen. Dat kan door het leggen van eenvoudige associaties (bv. dat het gebruik van metaal duurzamer is dan plastic) en die voldoende te herhalen. Daarnaast kan de boodschap ook het best komen vanuit een bron met voldoende expertise. Denk daarbij aan het gebruiken van onderzoekers in een laboratoriumjas die het effect van een nieuwe huidcrème bevestigen.

6.9.2 Affectieve attitudevorming

Bij affectieve attitudevorming zal de inhoudelijke component van een boodschap ondergeschikt zijn aan de emotionele component. Dat is vooral zo als er een hoge betrokkenheid is. Ongeacht de mate van betrokkenheid zijn er enkele aandachtspunten waarmee rekening moet worden gehouden.

De communicatiebron moet voldoende aantrekkelijk zijn. Dat kan door zowel in te spelen op fysieke aantrekkelijkheid door gebruik te maken van beelden die aansluiten bij de voorkeuren van de consument, als ook het zorgen voor een algehele *likeability* van de advertentie. Daarbij is zowel de boodschap, als de context rondom de boodschap belangrijk. Zo zal bijvoorbeeld een rustgevende reclamespot niet tot zijn recht komen als die wordt omringd door storende elementen zoals een druk winkelcentrum.

Emotionele boodschappen

Bij hoge affectieve betrokkenheid kunnen consumenten relatief sterke emotionele reacties op een stimulus ervaren. Het is dan ook belangrijk om voldoende emotionele elementen in de boodschap te verwerken. Deze gevoelens fungeren als bron van informatie en consumenten vertrouwen op deze gevoelens om de stimulus te evalueren.

Emotionele appeals kunnen zowel in de boodschap als in de bron worden verwerkt. Zo zal bijvoorbeeld de boodschap die Nespresso heeft veel aantrekkelijker overkomen als ze door George Clooney wordt gegeven dan als een onbekende persoon ze zou brengen. Niet alleen positieve emoties zoals blijdschap of geluk kunnen worden gebruikt. Ook angstappeals kunnen in bepaalde situaties een sterke indruk nalaten. Denk maar aan de BOB-campagne waarbij er sleutelhangers met de namen van overleden kindjes worden uitgedeeld.

Mere exposure effect

Het *mere exposure effect* houdt in dat de voorkeur voor iets toeneemt naarmate men er meer mee in contact komt en het dus vertrouwder wordt. Er is dus sprake van een lage betrokkenheid, en vooral het gevoel van deze vertrouwdheid zal de attitude beïnvloeden. Deze vertrouwdheid kan dus worden opgebouwd door de consument voldoende in contact te laten komen met een product. Dat gebeurt door een congruente communicatie via verschillende kanalen, met voldoende herhaling tot bij de consument te brengen.

IF PEOPLE BELIEVE THEY SHARE
VALUES WITH A COMPANY,
THEY WILL STAY LOYAL TO THE BRAND.

— ***Howard Schultz***

7. WAARDEN

7.1 WAARDE OF ATTITUDE

Nu we het begrip ‘attitude’ gedefinieerd hebben is het belangrijk om ook de verschillen met andere, gerelateerde begrippen duidelijk te stellen. Een begrip dat wel wat lijkt op dat van attitude is het begrip ‘waarde’. Een **waarde** wordt immers omschreven als iets dat waardevol is om na te streven, een soort maatstaf voor gedrag. Waarden worden vaak overgedragen via een proces van **inculturatie**, namelijk binnen een samenleving, van generatie op generatie. Een andere manier om waarden over te nemen is **acculturatie**, dit wil zeggen doordat je er op een andere manier dan via opvoeding aan wordt blootgesteld. Het kan zo bijvoorbeeld zijn dat je bepaalde waarden overneemt uit een andere cultuur omdat je trouwt met iemand uit die cultuur of omdat je naar het buitenland verhuist. Wanneer je een andere cultuur goed wilt begrijpen zal deze acculturatie erg belangrijk zijn.

Een belangrijk verschil met het begrip ‘attitude’ blijft echter het feit dat een waarde gedeeld wordt door de leden van de samenleving, daar waar een attitude een persoonlijk verhaal is. Een waarde zoals vrijheid of gelijkheid is ook veel algemener dan een attitude. Een attitude is gefocust op één attitudeobject. Zowel waarden als attitudes zijn moeilijk te veranderen. Een waarde is vaak nog stabieler dan een attitude. Beide begrippen zijn echter bepalend voor het gedrag van een individu. Veel producten of diensten worden immers gekocht omdat de consument in kwestie denkt door de consumptie ervan een bepaald waardegerelateerd doel te kunnen bereiken. Mensen kunnen zo eenzelfde gedrag vertonen (bv. een minerale zonnecrème gebruiken) maar de onderliggende waarde kan heel erg verschillen. Daar waar de ene consument kiest voor een minerale zonnecrème omdat hij of zij het milieu niet wil belasten, kiest een andere consument voor dezelfde zonnecrème omdat hij of zij een gevoeligere huid heeft en geen kunstmatige filters wil smeren.

7.2

INSTRUMENTELE WAARDEN EN EINDWAARDEN

Milton Rokeach leverde een belangrijke bijdrage aan het in kaart brengen van de waarden van consumenten. Hij legde het verband tussen eindwaarden en instrumentele waarden die we in een volgend deel gaan koppelen aan een specifiek product. **Eindwaarden** zijn gewenste eindtoestanden die in mindere of meerdere mate gelden in alle culturen. Het gaat hier dan bijvoorbeeld over vrijheid, geluk of vriendschap. Deze eindwaarden worden nagestreefd door alle individuen in de maatschappij. Om deze eindwaarden te bereiken maakt een individu gebruik van **instrumentele waarden** zoals opgewekt, behulpzaam of beleefd zijn. Iemand zal bijvoorbeeld de eindwaarde 'volwassen liefde' proberen na te streven door de instrumentele waarde 'liefhebbend zijn'.

FIGUUR 7.1.

Eindwaarden	Instrumentele waarden
1. Vriendschap	1. Ambitie
2. Comfortabel leven	2. Behulpzaamheid
3. Een zuiver milieu	3. Beleefdheid
4. Een stimulerend leven	4. Competentie
5. Lang leven (eeuwig)	5. Eerlijkheid
6. Iets bereiken	6. Gehoorzaamheid
7. Gelijkheid	7. Intelligentie
8. Geluk	8. Liefde
9. Innerlijke harmonie	9. Logica
10. Nationale veiligheid	10. Moed
11. Plezier	11. Netheid
12. Sociale erkenning	12. Onafhankelijkheid
13. Volwassen liefde	13. Opgewektheid
14. Vrijheid	14. Ruimdenkendheid
15. Wereldvrede	15. Verantwoordelijkheid
16. Wijsheid	16. Verbeelding
17. Zekerheid voor je gezin	17. Vergevingsgezindheid
18. Zelfrespect	18. Zelfbeheersing

7.3

DE MIDDEL-DOELKETEN

Het onderscheid tussen eindwaarden en instrumentele waarden is belangrijk wanneer we de vertaalslag maken naar de **middel-doelketen** of de **means-end chain (MEC)**. In deze keten koppelen we producten in een toenemend abstractieniveau aan eindwaarden. Om van een product tot de bijbehorende eindwaarde te komen, gebruiken we een techniek die **laddering** genoemd wordt. De consument moet als het ware een ladder beklimmen die functionele productkenmerken verbindt met de gewenste eindwaarde. Dat kan door telkens aan de consument te vragen 'waarom' een bepaalde keuze gemaakt wordt. Door deze vraag telkens te herhalen komen we dan uiteindelijk tot de eindwaarden zoals eerder geformuleerd.

Zoals je in figuur 7.1 kunt zien vertrekken we van **concrete attributen** van het product. Dat zijn vaak fysieke kenmerken van het product of in elk geval zaken die we direct kunnen waarnemen. Deze concrete attributen zijn makkelijk te beschrijven door de consument. Daarna kijken we naar de **abstracte attributen**. Die zijn subjectief en niet direct meetbaar. Ze kunnen ook niet direct door onze vijf zintuigen worden waargenomen waardoor ze moeilijker te beschrijven zijn. Wanneer je bijvoorbeeld denkt aan kwaliteit van een product, dan is dat doorgaans een abstract kenmerk. Het is pas door het te gebruiken dat je de kwaliteit immers kunt inschatten; dat is niet in één oogopslag duidelijk.

Na de concrete en de abstracte attributen zetten we de stap naar de gevolgen. Allereerst kijken we naar de **functionele gevolgen** van het gebruik van het product. Dat zijn de tastbare en onmiddellijke gevolgen. Wat doet het product? En is dat wat het zou moeten doen? Welke functies vervult het product voor de consument? Een veel gebruikt functioneel gevolg van een product vandaag de dag is gemak, maar ook kwaliteit kan een gevolg zijn. Na de functionele gevolgen kijken we naar de **psychosociale gevolgen**. Daarbij gaat het over de psychologische (hoe voel ik me?) en de sociale (wat vinden anderen van mij?) gevolgen van het productgebruik.

Een laatste stap in de *means-end chain* is dan de koppeling met de waarden. Via de instrumentele waarden komen we tot de eindwaarden, de gewenste uiteindelijke toestand van de consument. Deze eindwaarden zijn erg abstracte gevolgen van productgebruik.

FIGUUR 7.2.

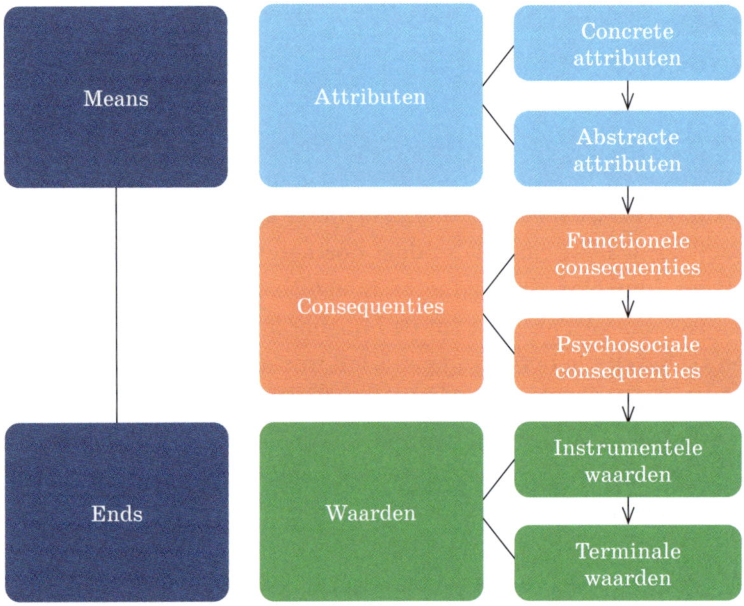

Wanneer we deze *means-end chain* nu concreet willen invullen, moeten we telkens vragen waarom een bepaald element belangrijk is voor een consument. Stel dat we willen weten welke eindwaarden belangrijk zijn bij de aankoop van een pak Pampers, dan kan de middel-doelketen er als volgt uitzien.

Stel dat je aan een jonge mama vraagt waarom ze kiest voor Pampers. Je krijgt dan als antwoord dat ze voor dit merk kiest vanwege de goede sluiting aan de rug, de elastische rand of als gevolg van de gelkorrels die pipi absorberen. Dat zijn dan de concrete attributen. Wanneer je vraagt waarom deze gelkorrels belangrijk zijn, dan krijg je bijvoorbeeld als antwoord dat het absorberende vermogen van een pamper een belangrijk abstract attribuut is. Als je opnieuw zou vragen waarom dat zo is, dan zie je dat droge billetjes essentieel zijn. Dat is een functioneel gevolg van het gebruik van het product in kwestie. Maar waarom zijn die droge billetjes dan zo belangrijk? Wel, als de baby tevreden is en zich prettig voelt, dan leidt dat tot een blije en tevreden mama. Dat is een psychosociaal gevolg van het gebruik van het product in kwestie. Waarom is dat zo belangrijk? Als zowel baby als mama zich blij voelen, dan leidt dat tot harmonie (een instrumentele waarde) en uiteindelijk tot een gelukkig gezin (een eindwaarde).

FIGUUR 7.3.

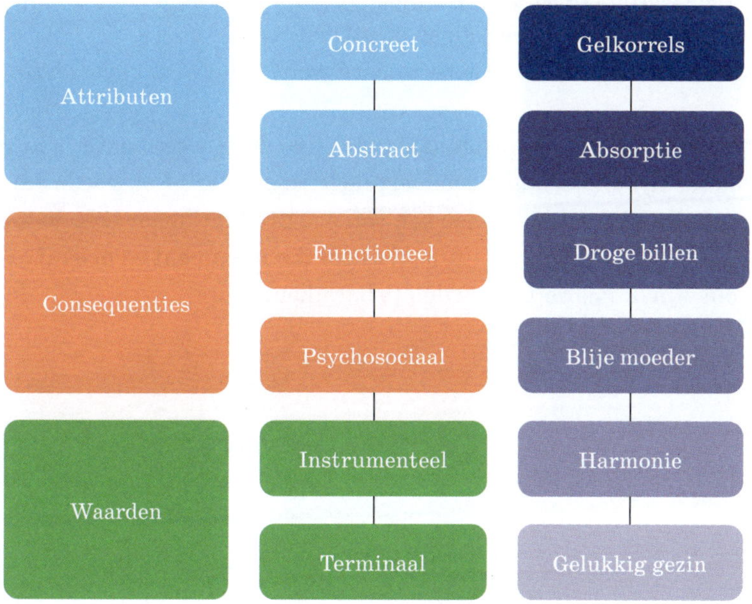

7.4 MECCAS

De *means-end chain* die we net hebben opgebouwd is een cruciaal element wanneer we een reclamestrategie willen opbouwen. De **means-end conceptualization of the components of advertising strategy (MECCAS)** vertrekt van de middel-doelketen en koppelt daaraan een reclamestrategie waarin de volgende elementen thuishoren.

- *Boodschap*: de specifieke elementen of attributen vanuit de *means-end chain* die moeten worden overgebracht.
- *Voordeel voor de consument*: de gevolgen zoals ze gedefinieerd werden in de middel-doelketen.
- *Uitvoering*: de look-and-feel van de reclameboodschap.

- *Aangrijpingspunt*: de manier waarop de marketingcommunicatieboodschap de eindwaarde zal activeren. Deze activatie gebeurt door een koppeling te maken tussen de specifieke productkenmerken en de attributen.
- *Doelwaarde*: de eindwaarde zoals ze gedefinieerd werd in de *means-end chain*.

De vijf elementen die hier worden aangehaald zijn dus de vijf elementen die volgens dit model nodig zijn om een goede advertentie te creëren. Een goede advertentie gaat immers niet uit van de kenmerken van een product, maar legt de focus op hoe het merk in kwestie een voordeel kan zijn voor de consument en hoe hij of zij geholpen wordt om zijn of haar eindwaarden te bereiken.

MEMORY IS DECEPTIVE
BECAUSE IT IS COLORED
BY TODAY'S EVENTS.

— Albert Einstein,
Duits-Zwitsers-Amerikaanse theoretisch natuurkundige

8. GEHEUGEN

Een laatste stap in het proces is opslag in het geheugen. We hebben nu besproken welke stimuli er zijn, wanneer we er aandacht aan geven, op welke manier we ze interpreteren en hoe we dan kunnen leren. Opslag in het geheugen is dan de laatste stap. Het wel of niet opslaan in het geheugen is natuurlijk erg belangrijk voor marketeers. Hun streefdoel is immers dat een consument op het juiste moment het juiste merk kan oproepen uit zijn of haar geheugen om zo een goede koopbeslissing te nemen.

8.1 HOE WERKT ONS GEHEUGEN?

In ons **geheugen** vindt een proces van verkrijgen en opslaan van informatie plaats, zodat je daarvan wanneer nodig kunt gebruikmaken. Het is essentieel om als marketeer te begrijpen hoe ons geheugen werkt. Enkel zo kun je inschatten hoe een consument denkt, beslissingen neemt en problemen oplost.

Consumptiebeslissingen worden zelden gemaakt op het moment dat een consument aan een marketingcommunicatieboodschap wordt blootgesteld. Vaak gaan er dagen of zelfs weken overheen vooraleer een consument echt tot een koopbeslissing komt. Het is dus voor merken van essentieel belang dat een consument informatie over het geadverteerde product of dienst opslaat in zijn of haar geheugen. Dit opslagproces bestaat uit drie stappen en vertrekt vanuit de stimuli waaraan iemand wordt blootgesteld.

FIGUUR 8.1.

Eerst en vooral moet een individu dus worden blootgesteld aan externe stimuli. Dat vertrekt vanuit stimuli en vereist aandacht en leren, zoals besproken in de vorige hoofdstukken. Wanneer dat plaatsvindt zal een volgende stap het coderen van de informatie zijn. **Coderen** wil zeggen dat een consument de prikkel vertaalt naar een vorm die hij of zijn kan opslaan in het geheugen. Het is hier erg belangrijk dat ze de prikkel waarmee ze geconfronteerd werden goed hebben begrepen. Daarnaast helpt het ook als we al vertrouwd zijn met een prikkel. Wanneer we een merknaam bijvoorbeeld al kennen zullen we er makkelijker informatie over opslaan. Een **ambigue prikkel** is een prikkel waaraan iemand meerdere betekenissen kan koppelen. Het is dan bijgevolg moeilijk voor de consument om te beslissen wat de marketeer daarmee precies wil zeggen en het zal dus minder waarschijnlijk zijn dat deze prikkel wordt opgeslagen in het geheugen. Wanneer de informatie gecodeerd is zal ze opgeslagen worden in het geheugen. Dat alles heeft de bedoeling de informatie uiteindelijk opnieuw te kunnen oproepen wanneer we ze nodig hebben.

8.2 VERSCHILLENDE SOORTEN GEHEUGEN

Een veelgebruikt framework gaat ervan uit dat ons geheugen uit drie delen bestaat. Waarschijnlijk is dat niet echt het geval, maar het geeft wel een duidelijk inzicht in hoe ons geheugen werkt en welke fases er worden doorlopen.

8.2.1 Zintuiglijk geheugen

Ons zintuiglijk geheugen wordt constant gebombardeerd met miljoenen prikkels. Zoals eerder besproken geven we echter niet aan elk van deze prikkels evenveel aandacht. Visuele prikkels in ons zintuiglijk geheugen houden we ongeveer een halve seconde vast, auditieve prikkels ongeveer twee seconden. Het is pas wanneer we beslissen om er aandacht aan te geven dat de prikkel overgaat naar ons kortetermijngeheugen. Vandaar dus dat aandacht de eerste poort is die ons beschermt tegen overstimulatie. Wanneer we ergens aandacht aan geven werd al eerder besproken.

8.2.2 Kortetermijngeheugen

Ons kortetermijngeheugen heeft een beperkte capaciteit en zal stimuli voor ongeveer twintig seconden opslaan. Het onthoudt de informatie waarop we op dat moment de aandacht richten. Onderzoek heeft aangetoond dat deze capaciteit ongeveer beperkt is tot zeven tekens. Sommige mensen kunnen er twee meer onthouden, anderen slechts vijf. Dat wil dus zeggen dat wanneer mensen met veel informatie geconfronteerd worden ze manieren zoeken om daarmee om te gaan. Een van die manieren is **chunking**: ze kunnen meer onthouden in hun kortetermijngeheugen wanneer deze informatie gegroepeerd wordt in betekenisvolle groepen. Wanneer je bijvoorbeeld een boodschappenlijstje wil memoriseren kan het helpen om de verschillende items op te delen in grotere categorieën die samenhoren zoals melkproducten of snacks. Een ander effect waarmee we rekening moeten houden is het **primacy effect**: dat houdt in dat mensen makkelijk informatie opslaan waarmee ze als allereerste geconfronteerd worden. Wanneer iemand daarop focust is het immers al mogelijk deze stimuli te herhalen waardoor ze zelfs al kunnen worden opgeslagen in het langetermijngeheugen. Het omgekeerde van het *primacy effect* is het **recency effect**: dat stelt dat mensen makkelijker de laatste informatie kunnen oproepen waaraan ze werden blootgesteld. De reden daarvoor is dat die nog vers in het kortetermijngeheugen zit waardoor ze makkelijker kan worden opgeroepen. Als marketeer moet je daarmee natuurlijk rekening houden wanneer je een reclameboodschap opstelt.

8.2.3 Langetermijngeheugen

Het langetermijngeheugen is de laatste stap in het proces. Dit geheugen is zo goed als oneindig en zodra de prikkels dit geheugen bereiken worden ze min of meer permanent opgeslagen. Om in dit langetermijngeheugen te komen vanuit het kortetermijngeheugen is herhaling belangrijk. Daarnaast helpt het ook wanneer de informatie past bij andere informatie die we al hebben opgeslagen in ons langetermijngeheugen. Dat werkt namelijk op basis van **kennisstructuren** of associatieve netwerken; dat zijn spinnenwebben van brokjes informatie die aan elkaar hangen. Wanneer je bijvoorbeeld denkt aan het merk ‘Ferrari’ dan is het eerste wat bij jou naar boven komt misschien ‘exclusieve auto’s’. Wanneer je er echter langer over nadenkt dan denk je misschien aan formule 1-races, aan Schumacher en kom je zo bij ski-ongevallen. Zo zie je ook dat het laatste idee van ski-ongevallen al erg ver weg staat van het merk Ferrari, maar dat we door Schumacher toch een link vinden. Hoe snel we een bepaald concept aan een merk kunnen linken kunnen we weten door de responstijd te meten. In dit soort testen wordt aan respondenten gevraagd om zo snel mogelijk aan te geven of een stelling juist of fout is. Hoe langer iemand daarover moet nadenken, hoe verder de begrippen van elkaar verwijderd zijn in de kennisstructuur van de respondent.

FIGUUR 8.2.

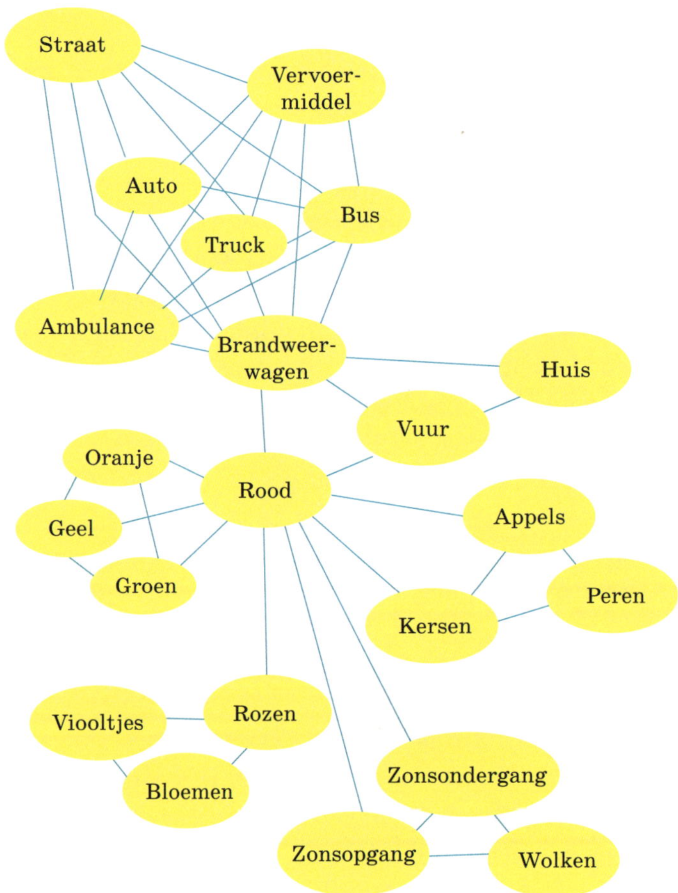

De Zwitserse psycholoog Piaget ontdekte dat we door twee processen deze kennisstructuren kunnen uitbreiden, namelijk door assimilatie en door accommodatie.

- **Assimilatie** wil zeggen dat we iets waarnemen en dat opnemen in een bestaande kennisstructuur. Een kind heeft bijvoorbeeld een kennisstructuur rond dieren en weet dat een hond een dier is. Wanneer het later leert dat ook een paard een dier is dan wordt het begrip paard ondergebracht in de bestaande kennisstructuur rond dieren. Assimilatie wil dus zeggen dat er nieuwe kennis wordt opgenomen in de al bestaande kennisstructuur.
- **Accommodatie** daarentegen wil zeggen dat de bestaande kennisstructuur wordt aangepast en dat er in sommige gevallen zelfs een nieuw schema wordt aangemaakt. Wanneer een kind bijvoorbeeld weet dat alle spinnen acht poten hebben dan zou het de eerste keer dat het een inktvis ziet dit dier kunnen benoemen als spin op basis van de acht tentakels. Wanneer het kind dan door een volwassene gecorrigeerd wordt dan zal het zijn huidige kennisstructuur bijsturen (niet alle dieren met acht poten zijn spinnen) en misschien zelfs een heel nieuwe kennisstructuur aanmaken rond inktvissen.

Associaties in kennisstructuren kunnen gevormd worden door heel uiteenlopende elementen. Door simpelweg tegelijkertijd aan twee dingen te denken kan er al een link gevormd worden tussen twee elementen die aanvankelijk niks met elkaar te maken hadden. Dat speelt ook een belangrijke rol in het **primingeffect** waarbij we bestaande informatie uit ons geheugen gebruiken om nieuwe informatie te beoordelen. Wanneer je bijvoorbeeld op date gaat met iemand die hetzelfde parfum gebruikt als jouw ex dan zal je deze persoon negatief beoordelen als je ook een negatieve ervaring had met je ex-lief.

8.2.4 Episodisch en semantisch geheugen

Volgens sommige wetenschappers is er in het langetermijngeheugen nog een onderscheid tussen het episodische geheugen en het semantische geheugen. In het **episodische geheugen** slaan we herinneringen op die gelinkt zijn aan een specifieke plaats en die zijn gebeurd op een specifiek tijdstip. Het **semantische geheugen** wordt dan gebruikt voor de opslag van algemene kennis. Marketeers proberen in te spelen op dit verschil door specifieke episodes van het leven te gebruiken in reclamespotjes. Doordat deze episodes herkenbaar zijn voor veel mensen proberen ze hun product te associëren met die specifieke episode in iemands geheugen.

8.3

INFORMATIE OPROEPEN UIT HET GEHEUGEN

Wanneer een consument een aankoopbeslissing wil maken zal hij of zij proberen om informatie op te roepen uit het geheugen. Deze informatie zal dus uit het langetermijngeheugen worden gehaald, maar is niet altijd even gemakkelijk beschikbaar. Iedereen die naar een quiz op tv heeft gekeken weet dat het niet vanzelfsprekend is om de juiste informatie op het juiste moment op te halen uit ons geheugen. Daarnaast zal ook leeftijd een doorslaggevende rol spelen in het gemak waarmee we dingen kunnen oproepen uit ons geheugen. Als marketeer zijn er dus een aantal elementen waarmee je in dit geval rekening moet houden.

Ten eerste is er het **spreidingseffect**. Dat houdt in dat we een boodschap die meer gespreid wordt in de tijd beter zullen onthouden dan een boodschap die vaak herhaald wordt binnen een korte tijdsspanne. Daaraan gelinkt is ook **herhaling**. Hoe vaker we worden blootgesteld aan een marketingstimulus, hoe makkelijker we de informatie opnieuw kunnen oproepen. Een klein verschil in de advertenties helpt vaak om verveling tegen te gaan.

Ten tweede moet je rekening houden met het **stemming-congruentie-effect**. Dat wil zeggen dat we informatie makkelijker kunnen ophalen vanuit ons langetermijngeheugen als de stemming waarin we verkeren op het moment dat we geconfronteerd worden met de reclameboodschap en de boodschap in de reclame met elkaar overeenkomen. Wanneer je dus geconfronteerd wordt met reclame over een nieuw bungalowpark op het moment dat je een deadline hebt op het werk zal die minder makkelijk blijven hangen dan wanneer je rustig thuis op de bank zit.

Als laatste zijn de kenmerken van de advertentie zelf natuurlijk ook doorslaggevend. Het gebruik van beeld is vaak een goed idee aangezien ervan uitgegaan wordt dat het visuele geheugen superieur is aan het verbale geheugen. Daarnaast trekken ook prikkels die anders zijn dan hun omgeving de aandacht. Dat staat bekend als het **isolation effect** of **Von Restorffeffect**.

FIGUUR 8.3.

Wanneer er meerdere, soortgelijke dingen naast elkaar staan, zal datgene wat het meest verschillend is van de andere het makkelijkst worden onthouden. Op deze manier maken marketeers dus gebruik van het Von Restorffeffect.

8.4

HOE VERGETEN WE?

Elke marketeer hoopt dat potentiële consumenten zijn of haar merk niet vergeten. De resultaten zijn echter weinig hoopgevend. In een studie uitgevoerd bij 13.000 respondenten kon meer dan de helft geen enkele reclamespot opnoemen die ze de laatste dertig dagen gehoord of gezien hadden. Een van de redenen waarom we vergeten is dat de herinneringen simpelweg vervagen. Wat we ooit geleerd hebben verdwijnt stilaan uit ons geheugen omdat we er geen beroep op doen en omdat het onvoldoende herhaald wordt. Ook **interferentie** speelt daarbij een rol. Dat wil zeggen dat nieuwe informatie die we leren eenvoudig de oude vervangt.

DEEL 3. KOOPPROCES

Consumentengedrag is al lang geen synoniem meer voor koopgedrag. De koopbeslissing is immers maar een klein deeltje van het volledige proces. In dit deel zullen we dan ook focussen op een heel aantal elementen die de consument voor, tijdens maar ook na de daadwerkelijke koopbeslissing beïnvloeden.

We focussen in eerste instantie op probleemherkenning, dan op informatieverkenning, evaluatie en selectie om daarna pas tot de werkelijke koop te komen. Verder bekijken we ook welke elementen na de aankoop belangrijk zijn in het consumentengedrag. In het algemeen kunnen we hier dus een onderverdeling maken in drie grote delen: aspecten die de consument beïnvloeden voor de koop, aspecten tijdens de koop en aspecten na de koop. We gaan er hier van uit dat dit een rechtlijnig proces is. In de praktijk zullen we echter zien dat het niet op deze manier verloopt in het hoofd van de consument. Wanneer er bijvoorbeeld in de evaluatiefase toch nog een nieuw alternatief opduikt zal de consument misschien eerst meer informatie opzoeken vooraleer er geselecteerd wordt.

GEDRAG VOOR DE AANKOOP
• Probleemherkenning (hfdst. 1)
• Informatieverkenning (hfdst. 2)
• Evaluatie en selectie (hfdst. 3)
GEDRAG TIJDENS DE AANKOOP
• Aankoop (hfdst. 4)
GEDRAG NA DE AANKOOP
• Post-aankoop (hfdst. 5)

DON'T FIND CUSTOMERS
FOR YOUR PRODUCTS:
FIND PRODUCTS
FOR YOUR CUSTOMERS.

— *Seth Godin*

I. PROBLEEM-HERKENNING

1.1

HET PROBLEEMBESEF EN MOTIVATIE

Een eerste vereiste om tot een aankoop te komen is het herkennen van een probleem. Een probleem voor de consument wil zeggen dat er een verschil is tussen de huidige situatie en de gewenste situatie. In dat geval zal de consument moeite doen om deze spanning weg te werken. Er is dus sprake van **motivatie**, te definiëren als de processen waardoor mensen zich gedragen zoals ze zich gedragen.

Motivatie kan ontstaan vanuit biologisch standpunt. We spreken dan ook wel over de **drangtheorie**. In deze theorie gaan we ervan uit dat motivatie voortkomt uit de drang tot het bevredigen van een biologische behoefte. Wanneer onze maag knort ervaren we bijvoorbeeld een spanning tussen onze huidige toestand (honger!) en de gewenste toestand (verzadigd). Deze drangtheorie is echter geen afdoende verklaring voor al het menselijk gedrag. In sommige gevallen zullen we net bewust gedrag uitstellen omdat we later iets beter verwachten. Zo kan het zijn dat een kind bijvoorbeeld in de namiddag honger heeft, maar de boterham uit zijn of haar brooddoos niet meer opeet omdat hij of zij weet dat er vanavond thuis frietjes op het menu staan. Daarom is motivatie in veel gevallen eerder te verklaren door de **verwachtingstheorie**. Die stelt dat ons gedrag eerder wordt bepaald door de verwachting van de gewenste resultaten dan door krachten van binnenuit.

Wanneer we motivatie bespreken is zowel de motivatiesterkte als de motivatierichting van belang.

1.1.1 Motivatiesterkte

De sterkte van motivatie om een probleem op te lossen is afhankelijk van twee factoren, namelijk de grootte van het verschil en het belang van het probleem.

De grootte van het verschil

De grootte van het verschil tussen de huidige en de gewenste situatie is een eerste factor die zal bepalen of een consument daadwerkelijk gedrag zal stellen om de spanning weg te nemen. Een student kan zo bijvoorbeeld vaststellen dat zijn laptop toch wel véél trager werkt dan die van zijn medestudent. Hij kan dan beslissen om uit te kijken naar een nieuwe laptop, of om zijn prioriteiten anders te stellen en te investeren in een nieuw skateboard. Consumenten zijn constant bezig met deze afweging omdat ze in de meeste gevallen te weinig tijd en geld hebben om alle spanningen aan te pakken. Een verschil tussen de huidige en de gewenste situatie kan op drie verschillende manieren ontstaan.

Ten eerste kan de huidige situatie aan de grondslag van het verschil liggen. De consument ervaart in dat geval de huidige situatie als onaangenaam en wil er iets aan veranderen. Dat gebeurt bijvoorbeeld wanneer er geen voorraad meer is van een bepaald product maar ook wanneer een product als versleten of verouderd wordt ervaren. Wanneer de digibox bijvoorbeeld hapert en je je favoriete tv-programma niet meer kunt oproepen zal dat leiden tot spanning en frustratie.

Een tweede reden wanneer er een verschil kan zijn tussen de huidige en de gewenste situatie is omdat de consument geconfronteerd wordt met een nieuwe ideale situatie. Wanneer Apple een betere iPhone lanceert met een sterkere processor of een betere camera dan zullen mensen daartoe aangetrokken worden. De ideale situatie kan ook worden beïnvloed door bijvoorbeeld een verandering in de gezinssamenstelling. Wanneer er een kindje bij komt wordt de sportieve wagen ingeruild voor een familiewagen. Ook veranderingen in de omgeving kunnen de ideale situatie beïnvloeden. Bij de overgang van de lagere naar de middelbare school laten veel kinderen de traditionele boekentas links liggen en moet die worden ingeruild voor een coolere rugzak. Als laatste kunnen ook veranderingen in het zelfbeeld ertoe leiden dat de ideale situatie verandert waardoor er spanningen ontstaan. Deze veranderingen uiten zich bijvoorbeeld vaak in andere kledingkeuzes naarmate men ouder wordt.

Een derde reden is een combinatie van de twee voorgaande. In het voorbeeld rond de trage laptop kan de student misschien wel vinden dat zijn laptop traag werkt (huidige situatie), wanneer hij die dan vergelijkt met die van anderen ziet hij dat de nieuwe laptops echt wel veel sneller werken (ideale situatie). Probleembesef dat vertrekt vanuit de huidige situatie komt vooral voor bij noodzakelijke producten, probleembesef dat vertrekt vanuit de ideale situatie komt vaker voor bij producten waarbij we meer betrokken zijn. Producten met een hogere betrokkenheid zullen ook leiden tot ander winkelgedrag. Daarop komen we later nog terug.

Het belang van het probleem

Wanneer je laptop opeens niet meer opstart is dat voor de meeste studenten een immens probleem. Het is een urgent probleem waar waarschijnlijk geen duidelijk plan van aanpak voor bestaat. Op dat moment probeer je snel te schakelen en zul je waarschijnlijk niet zo veel informatie inwinnen en kiezen voor de optie waardoor je snel opnieuw aan de slag kunt. Wanneer je echter weet dat jouw laptop binnenkort aan vervanging toe is kun je beter op dit probleem anticiperen. Dat wil zeggen dat je meer moeite zult doen om informatie in te winnen en prijzen te vergelijken en een goed doordachte beslissing zult nemen. Probleembesef kan dus variëren naarmate de urgentie hoger of minder hoog is en naarmate de consument goed of minder goed kan anticiperen op het probleem.

1.1.2 Motivatierichting

De meeste doelen die mensen vooropstellen kunnen op verschillende manieren worden bereikt. De richting of het doel van de consument zal altijd zijn om een specifieke behoefte te bevredigen. Er zijn twee typen van basisbehoeften: biogene behoeften en psychogene behoeften. **Biogene behoeften** zijn aangeboren behoeften. Het gaat om onze essentiële levensbehoeften zoals eten, drinken en een dak boven ons hoofd. Nochtans zijn er ook veel behoeften die niet zijn aangeboren. Dat noemen we **psychogene behoeften**. Vanuit de samenleving waarin we leven krijgen we behoefte aan status, macht, erkenning, zelfwaardering enzovoort. Dat wordt heel sterk beïnvloed door culturele factoren, waarop we in deel 1 van dit boek al zijn ingegaan. Andere zaken die deze psychogene behoeften beïnvloeden zijn bijvoorbeeld de opvoedingsstijl en de contacten met anderen. Binnen deze psychogene factoren kunnen we nog een onderscheid maken tussen utilitaristische behoeften en hedonistische behoeften. **Utilitaristische behoeften** focussen vooral op het functionele nut van een product, daar waar de focus bij **hedonistische behoeften** vooral ligt op het genot dat je ergens van hebt. Je kunt dus een glas water drinken omdat je dorst hebt – dat vertrekt vanuit de utilitaristische behoefte – maar je kunt ook een cocktail bestellen omdat je echt wilt genieten van je drankje.

FIGUUR 1.1.

Utilitaristische behoeften en hedonistische behoeften hoeven elkaar niet uit te sluiten. De wens om spieren te versterken is utilitaristisch, maar wanneer je als fitnesszaak aangeeft dat dit in jouw zaak op een fijne manier kan speel je in op de hedonistische behoefte van de sporter.

Consumenten kunnen vaak duidelijk aangeven wat hun biogene behoeften zijn en wat ze doen om die te bevredigen. Wanneer je na twee uur les honger krijgt kun je dit gevoel makkelijk identificeren en weet je vervolgens ook wat je moet doen om deze spanning te verminderen. Wanneer we echter naar psychogene behoeften kijken wordt het een ander verhaal. Het is voor consumenten veel moeilijker om aan te geven waarom ze naar de groeples spinning gaan. In eerste instantie zullen ze waarschijnlijk aangeven dat ze fitter willen worden, maar waarschijnlijk is aansluiting vinden bij een groep minstens even belangrijk in dit geval.

Daarnaast zien we ook dat consumenten vaak streven naar hogere niveaus van voldoening. Dat wil dus zeggen dat de behoeften door de tijd evolueren. Daar waar iemand initieel tevreden was met een basissmartphone zie je dat de eisen die aan het toestel worden gesteld vaak toenemen in de loop van de tijd.

1.1.3 Intrinsieke en extrinsieke motivatie

Intrinsieke motivatie gaat uit van een individu zelf en wil zeggen dat een individu gedrag stelt omdat hij of zij ervan overtuigd is dat het zinvol is om dat te doen. **Extrinsieke motivatie** wil zeggen dat de motivatie van buitenaf komt. Je kunt bijvoorbeeld goed studeren voor een examen omdat je zelf overtuigd bent dat het halen van een diploma belangrijk is en het vak in kwestie jou zal helpen om jouw kennis verder uit te breiden. Op dat moment haal je de motivatie vanuit jezelf en ben je dus intrinsiek gemotiveerd. Wanneer je echter hard studeert voor een vak omdat je een nieuwe smartphone krijgt als je meer dan 80% haalt, dan ben je extrinsiek gemotiveerd. Het gedrag, hard studeren, is dus telkens hetzelfde, maar de reden waarom je het doet verschilt. Als marketeer is het makkelijker om extrinsieke motivatie door middel van beloningen te beïnvloeden. Hou er echter rekening mee dat wanneer de beloning verdwijnt, het gedrag ook weer zal verdwijnen. Wanneer mensen dus Scottex-wc-papier kopen omdat ze er een schattige knuffel bij krijgen zal dit gedrag weer verdwijnen wanneer ze geen knuffel meer krijgen. Wanneer je dus echt wilt gaan voor klantentrouw is het beter om in te zetten op intrinsieke motivatie.

1.1.4 Positieve en negatieve motivatie

Motivatie kan zowel positief als negatief zijn. In het geval van **positieve motivatie** streven we een gewenste uitkomst na. **Negatieve motivatie** wil dan zeggen dat we een bepaalde uitkomst willen vermijden. Als marketeer kun je daarop inspelen door bijvoorbeeld een slank model te laten zien in een advertentie voor lightproducten. Je hoopt dan dat mensen positief gemotiveerd raken om jouw product te gebruiken om slanker te worden. Aan de andere kant kun je in reclame ook mensen angst aanjagen. Je laat dan bijvoorbeeld zien hoe gemakkelijk inbrekers binnen kunnen komen als je niet het juiste slot geïnstalleerd hebt. Op die manier probeer je mensen aan te zetten om actie te ondernemen om een situatie te vermijden. Je maakt dus gebruik van negatieve motivatie.

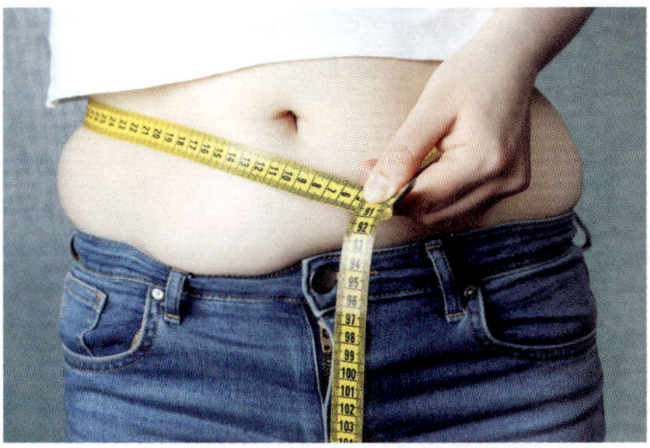

FIGUUR 1.2.

Een fitnesscentrum zou een beeld van iemand met overgewicht kunnen gebruiken om reclame te maken. Het speelt dan in op negatieve motivatie. Wanneer het echter een afgetraind model zou gebruiken in de reclame wordt er ingespeeld op positieve motivatie.

1.1.5 Motivatieconflicten

Een koopbeslissing berust vaak op een combinatie van verschillende soorten motivatie waardoor conflicten kunnen ontstaan. Wanneer dat gebeurt wordt de consument gedwongen om prioriteiten te stellen. Alleen door het stellen van die prioriteiten zal het conflict opgelost kunnen worden. We kunnen deze motivatieconflicten onderverdelen in drie categorieën: *approach – approach*, *approach – avoidance* en *avoidance – avoidance*.

Approach – approach

Dit wil zeggen dat de consument moet kiezen tussen twee alternatieven die allebei aantrekkelijk zijn en die elkaar uitsluiten. Wanneer een pasafgestudeerde moet kiezen tussen twee jobs die beide aantrekkelijk zijn is dit het soort spanning dat optreedt. Als marketeer, of recruiter in het voorgaande voorbeeld, is het belangrijk om te helpen kiezen. Je zou hier bijvoorbeeld kunnen aangeven dat de pasafgestudeerde binnen de aangeboden job ook kan proeven van andere domeinen. Op die manier neem je eventuele negatieve gevoelens weg die ontstaan omdat hij of zij niet voor de andere job kan kiezen.

Approach – avoidance

Dit conflict belicht de negatieve kanten die verbonden zijn met het alternatief waarvoor de consument kiest. Stel dat je bijvoorbeeld graag naar een feestje wilt gaan, maar tegelijk morgen niet uitgeput in de les wilt zitten, dan zijn er zowel negatieve als positieve kanten verbonden aan deze keuze. Dat brengt een stresssituatie teweeg die de consument zal oplossen door te beslissen of de positieve kant het belangrijkste is (een leuke avond) of de negatieve kant (uitgeput in de les). Een ander voorbeeld van een conflict tussen *approach* en *avoidance* is de aankoop van een nieuwe smartphone. Een consument kan bijvoorbeeld heel graag de nieuwe iPhone willen hebben maar tegelijkertijd de prijs wel erg hoog vinden. Als marketeer kun je daar dan op inspelen door de positieve kenmerken van de iPhone te benadrukken zodat de negatieve kenmerken toch worden verzacht.

Avoidance – avoidance

Een conflict tussen *avoidance* en *avoidance* treedt op wanneer mensen moeten kiezen tussen twee onaantrekkelijke alternatieven. Een voorbeeld daarvan zien we wanneer we moeten kiezen tussen nog een dag een verschrikkelijke job uitvoeren of in geldnood komen. Veel mensen reageren op dit conflict door niks te doen en de keuze te vermijden in de hoop dat het probleem zich vanzelf oplost. Als marketeer zou je daarop kunnen inspelen door onvoorziene voordelen te belichten. Op die manier wordt dan de *avoidance* ten opzichte van het ene alternatief kleiner dan het negatieve gevoel ten opzichte van het andere alternatief. Nog beter is het natuurlijk wanneer je de *avoidance* kunt omzetten in een *approach*, door de job bijvoorbeeld opnieuw aantrekkelijk en uitdagend te maken.

1.2
BEHOEFTEHIËRARCHIE

1.2.1 Piramide van Maslow

In de loop van de tijd hebben veel psychologen getracht om de fundamentele behoeften van de mens in kaart te brengen. Het bekendste framework hier is de piramide van Maslow. Maslow deelt de behoeften van de mens op in vijf niveaus en gaat er daarbij telkens van uit dat een hoger niveau pas aan bod komt wanneer de behoeften van een lager niveau bevredigd zijn. Het hoogste doel volgens Maslow is zelfontplooiing of zelfactualisatie.

FIGUUR 1.3.

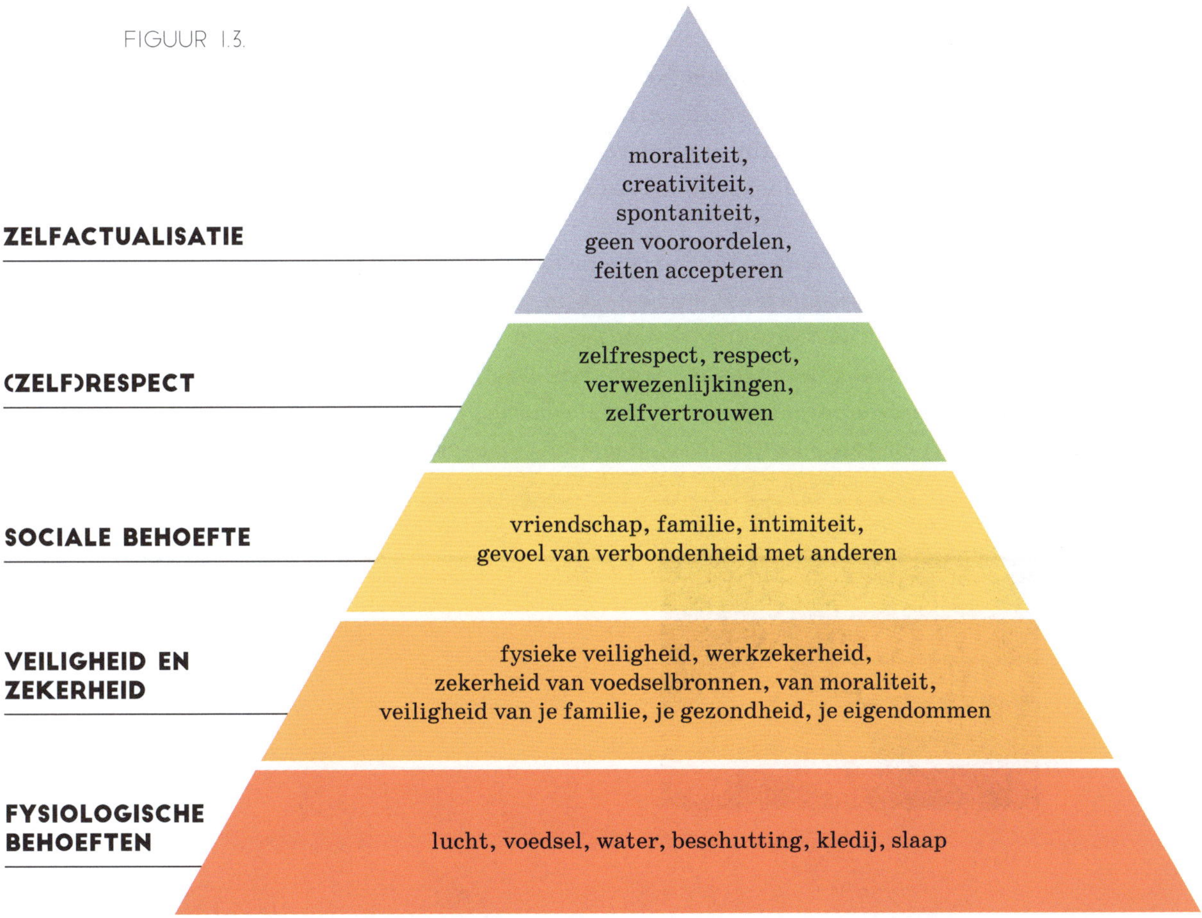

De vijf niveaus volgens deze piramide zijn, van onderen naar boven:

- *Fysiologische behoeften*: zijn behoeften zoals eten, lucht en water. Die komen overeen met de biogene behoeften die we eerder hebben besproken.
- *Behoefte aan veiligheid*: gaat over fysieke veiligheid maar ook over financiële veiligheid en gezondheid.
- *Behoefte aan liefde en genegenheid*: gaat over sociaal contact, over vriendschap en liefde.
- *Behoefte aan zelfrespect en respect voor anderen*: gaat over zelfvertrouwen, over respect voor jezelf.
- *Behoefte aan zelfontplooiing of zelfactualisatie*: focust op de ontwikkeling van jezelf als mens.

De piramide wordt vaak door marketeers gebruikt om gedrag te verklaren. Ze kan ook gebruikt worden om aan te geven dat producten op elk niveau van de piramide kunnen inspelen. Wanneer we bijvoorbeeld kijken naar voedsel dan zien we dat dit al terug te vinden is bij de fysiologische behoeften. Tegelijkertijd kan er ook een sociaal aspect aan verbonden zijn: wanneer je samen eet met vrienden, kan het bijdragen aan status wanneer er gewerkt wordt met dure ingrediënten en kan het zelfs bijdragen tot zelfontplooiing wanneer je zelf creatief aan de slag gaat.

Hoewel deze visie terug te vinden is in de meeste boeken rond consumentengedrag is ze zeker niet zaligmakend. Een eerste punt van kritiek is dat de piramide waarschijnlijk beter past bij individualistische en materialistische westerse culturen dan bij meer collectief ingestelde culturen. Daarnaast is het ook twijfelachtig dat iemand die in erbarmelijke omstandigheden leeft in een derdewereldland nooit nood heeft om een behoefte op een hoger niveau te vervullen.

FIGUUR 1.4.

1.2.2 ERG-model van Alderfer

Een alternatief voor de piramide van Maslow vinden we in het **ERG-model** van Alderfer. Dit model stelt dat gedrag van mensen beter verklaard kan worden door uit te gaan van drie behoeften: existentie, relatie en groei. Existentie staat dan voor het materiële bestaan, relatie voor interpersoonlijke contacten en groei voor de persoonlijke ontwikkeling. We zien dus ook in dit model dat de rode draad uit de piramide van Maslow terugkomt. Alderfer stelt echter wel dat mensen kunnen handelen voor een van deze drie behoeften, maar ook voor alle drie tegelijkertijd. We gaan hier dus niet langer uit van het feit dat de onderliggende behoefte voldaan moet zijn om aan de volgende behoefte te kunnen werken.

1.3 NIET-VERVULDE BEHOEFTEN

Consumenten zullen er steeds naar streven om hun behoeften te bevredigen. In sommige gevallen zal dat echter niet zomaar lukken. Je schrijft je bijvoorbeeld in op een datingsite met als doel de liefde van je leven te vinden, maar na een paar dates merk je op dat het toch niet zo goed werkt. Wanneer je hier niet in je doel slaagt zal er **frustratie** optreden. Wanneer frustratie optreedt kunnen mensen op twee manieren reageren: ze schrijven het falen toe aan zichzelf of ze schrijven het falen toe aan externe omstandigheden. Wanneer de consument het falen toeschrijft aan overmacht dan wordt het zelfbeeld van de consument niet beïnvloed. Mensen gaan er dan van uit dat ze 'pech hebben gehad' en dat het 'iedereen had kunnen overkomen'. In dit geval leidt frustratie ook vaak tot positief, constructief gedrag. Wanneer de oorzaak van het falen echter bij zichzelf gelegd wordt dan kan dat – zeker wanneer de consument meerdere keren na elkaar faalt – een negatiever zelfbeeld veroorzaken. Om dat te voorkomen wordt echter vaak defensief gedrag gesteld. Zowel het constructieve als het defensieve gedrag wordt hierna toegelicht.

1.3.1 Constructief gedrag na frustratie

Constructief gedrag komt voor wanneer de consument de oorzaak van falen buiten zichzelf legt of wanneer de consument ervan overtuigd is dat de eigen gemaakte fout geen tweede keer meer zal gebeuren. Er wordt dan opbouwend nagedacht over hoe de frustratie kan worden weggenomen. In het algemeen zijn daarvoor twee manieren.

- *Het gestelde doel wordt bijgesteld*. Je wilt bijvoorbeeld een elektrische auto kopen met een heleboel technische snufjes. Na het aftasten van de wagenmarkt kom je er echter achter dat je tevreden zult moeten zijn met een basismodel. Wanneer je als consument dan genoegen neemt met dit basismodel zal de frustratie weggewerkt worden zonder dat daarom je zelfbeeld negatief beïnvloed wordt. We spreken in dit geval ook van **substitutie**. Er wordt een nieuw, haalbaarder doel vooropgesteld om frustratie te vermijden.
- *Een andere weg zoeken om toch hetzelfde doel te bereiken*. De tweede optie om toch die elektrische auto te kopen is om een andere weg te zoeken. Je kunt bijvoorbeeld een extra job in het weekend nemen om meer te kunnen sparen en zo toch de extra snufjes te kunnen betalen. Als marketeer kun je daar dan op inspelen door bijvoorbeeld de financieringsmogelijkheden nog eens in de kijker te zetten.

1.3.2 Defensief gedrag na frustratie

Wanneer er frustratie optreedt en de consument ervan overtuigd is dat de reden bij zichzelf ligt, dan zal hij of zij proberen zijn of haar zelfbeeld te beschermen door defensief gedrag te stellen. Het gaat hier dus om een aantal afweermechanismen waarmee je als marketeer in sommige gevallen aan de slag kunt.

- *Agressie*. Iedereen wordt weleens kwaad wanneer iets niet lukt. Vaak richten we onze agressie dan op omstanders. Denk bijvoorbeeld maar aan een verkoper die de volle laag krijgt in een winkel omdat de consument niet in een jeansbroek maat 36 past. Het gaat hier eigenlijk om frustratie die wordt omgezet in agressie naar de verkoper toe.
- *Rationalisatie*. In dit geval bedenkt de consument allerlei redenen waarom het eerder vooropgestelde doel toch niet de moeite waard was om na te streven. Wanneer een limited edition van sneakers uitverkocht is reageert de consument dan door te denken dat ze toch niet zo mooi waren of dat de prijs-kwaliteitsverhouding van de sneakers toch niet zo goed zit.
- *Projectie*. Negatieve gevoelens of eigenschappen worden geprojecteerd op iemand anders. Wanneer je bijvoorbeeld jouw nieuwe smart-tv niet kunt bedienen en daardoor gefrustreerd raakt, is dat de schuld van de verkoper die het zeker niet goed heeft uitgelegd. Als marketeer kun je moeilijk aan de slag met dit afweermechanisme. Het is dus vooral een kwestie om het te vermijden door voldoende info mee te geven bij de aankoop en in duidelijke handleidingen te voorzien.

- *Identificatie*. Dit is net het omgekeerde van projectie. In dit geval proberen mensen zich te identificeren met mensen die wel succesvol zijn. Er worden dus positieve eigenschappen van de ander toegeschreven aan zichzelf. In marketing wordt daar vaak op ingespeeld. De bedoeling is immers dat iemand zijn of haar probleem herkent in de reclame. Het model dat gebruikt wordt heeft echter enkel dat ene probleem en is verder een succesvol en aantrekkelijk persoon. Doordat de consument dan de frustratie herkent zal hij of zij ook de andere positieve eigenschappen van het model aan zichzelf toeschrijven. Dat zien we bijvoorbeeld bij antiroosshampoo. Een erg aantrekkelijk model heeft last van roos; door gebruik van de shampoo in kwestie wordt dit probleem dan opgelost. De consument zal dan geneigd zijn om, net als het model, dit product te gebruiken om het probleem op te lossen. Identificatie zou in dit geval minder snel gebeuren wanneer het model minder aantrekkelijk zou zijn. De shampoo zou dan op basis van andere kenmerken de consument moeten overtuigen.
- *Terugtrekking*. Consumenten die gefrustreerd raken tijdens de gebruiksfase van een product kunnen er ook voor kiezen om het product niet meer te gebruiken. Wanneer je al enkele keren diepvriespizza gekocht hebt en die telkens in de vuilnisbak beland is zul je er waarschijnlijk voor kiezen om in de toekomst geen diepvriespizza meer aan te kopen. Het is hier voor marketeers erg belangrijk om geen té hoge verwachtingen te creëren.

FIGUUR 1.5.

Axe zet in zijn advertenties vaak in op identificatie. Wanneer er weinig aantrekking is van knappe vrouwen kan dat worden opgelost door het gebruik van Axe-deodorant.

1.4

BEÏNVLOEDING VAN BEHOEFTEN ALS MARKETEER

Dat behoeften verschillen van individu tot individu is intussen wel duidelijk. Dat maakt de job van een marketeer natuurlijk niet gemakkelijker. In populaire literatuur wordt daarnaast weleens beweerd dat marketeers behoeften kunnen creëren. Niets is echter minder waar. Een niet-bestaande behoefte creëren is immers zo goed als onmogelijk. Waar marketeers echter wel op kunnen inzetten is het prominenter maken van een latente behoefte. Een **latente behoefte** is een behoefte waarvan een consument zich niet meteen bewust is. De behoefte is er dus wel, maar ze wordt niet duidelijk verwoord door de consument. Dat staat tegenover een **manifeste behoefte**, een behoefte die heel duidelijk aanwezig is en waarvan de consument zich ook echt bewust is. Een latente behoefte komt pas boven wanneer men daar op een of andere manier op gewezen wordt, en dat is natuurlijk waar marketing een verschil kan maken. Denken we bijvoorbeeld aan de introductie van de iPad. Niemand had expliciet om een tablet gevraagd, maar het feit dat er intussen miljoenen iPads verkocht zijn geeft aan dat er duidelijk een latente behoefte was waarop Apple slim heeft ingespeeld.

Hierna bespreken we enkele manieren waarmee een marketeer ervoor kan zorgen dat een latente behoefte manifest wordt. Eerst en vooral kan een marketeer proberen om mensen meer te laten dromen of fantaseren. Door stimuli in de omgeving, zoals een bepaalde televisieserie, kan de consument zich bewust worden van bepaalde noden. Wanneer mensen bijvoorbeeld kijken naar programma's zoals *Ik vertrek!* (een realityshow waarin mensen naar het buitenland vertrekken om daar het geluk te gaan opzoeken) kan dat hun nood aan avontuur of spanning aanwakkeren. Ook door reclameboodschappen op tv kan de consument zich afvragen of hij of zij bepaalde producten ook nodig heeft. Wanneer bijvoorbeeld reclame gemaakt wordt voor tandpasta die jouw tanden witter en gezonder maakt kan het gevolg van de reclame zijn dat de consument zich afvraagt of hij of zij ook geen wittere tanden wil. Als laatste kunnen ook referentiegroepen sociale signalen tot stand brengen die mensen bewust maken van een bepaalde nood. Dat verklaart mee het succes van influencers. De invloed van referentiegroepen zal uitgebreid besproken worden in het volgende hoofdstuk.

1.5 BETROKKENHEID

Voor de aankoop van sommige producten zal de consument erg gemotiveerd zijn. Het product in kwestie wordt uitgebreid vergeleken en getest. Gewoonlijk gaat het hier over producten zoals smartphones of auto's, maar dat verschilt van persoon tot persoon. We kunnen dus stellen dat de betrokkenheid van die individuen hoog is en dat er een grote persoonlijke betekenis aan de producten gekoppeld wordt. Voor deze producten met een hoge betrokkenheid zullen mensen doorgaans gemotiveerder zijn in hun aankoopproces. Wanneer aan een product echter geen persoonlijke betekenis gekoppeld wordt zal de motivatie minder groot zijn. Het is dan aan de marketeer om motivatie te stimuleren.

Betrokkenheid kunnen we definiëren als de relevantie van een object in relatie tot de behoeften, waarden en interesses van de persoon in kwestie. Mensen kunnen betrokken zijn bij een bepaald product, zoals hun auto, maar ook bij een advertentie of bij een aankoopbeslissing in het algemeen.

1.5.1 Betrokkenheid bij een product

Productbetrokkenheid gaat dus over hoe geïnteresseerd iemand is in een bepaald product. Een schoolvoorbeeld van producten met een hoge betrokkenheid zijn auto's. Veel mensen hebben hun auto zelfs een naam gegeven. Wanneer mensen een auto kopen gaan ze ook niet over een nacht ijs. Ze zullen er goed over nadenken en zijn gemotiveerd om verschillende verdelers te bezoeken, actief te onderhandelen over de prijs en zelfs verschillende testritjes te maken. Betrokkenheid heeft ook invloed op het type beslissingsregel dat wordt gebruikt om tot de uiteindelijke keuze te komen; daarover meer in hoofdstuk 3 over evaluatie en selectie.

Marketeers proberen ook actief stappen te ondernemen om betrokkenheid bij een product te vergroten. Een typische manier om de betrokkenheid bij een product te vergroten is door klanten uit te nodigen een bijdrage te leveren aan het ontwerp van een product of door hen een aanpassing te laten doorvoeren. Enkele voorbeelden hiervan:

- *Mass customization* waarbij klanten een persoonlijke toets kunnen toevoegen aan producten die nog steeds massaproductie blijven. Denk bijvoorbeeld aan Nike by you waar je aan sneakers die door Nike ontworpen worden zelf andere kleuren kunt geven of er jouw eigen naam op kunt laten drukken.
- *Co-creation* waarbij bedrijven samen met de klanten actief op zoek gaan naar nieuwe versies of ideeën. Een voorbeeld daarvan was bijvoorbeeld de 'maak je smaak'-campagne van Lays waarbij Lays samen met consumenten op zoek ging naar een nieuwe chipssmaak. Voor andere bedrijven is deze cocreatie een vast onderdeel van hun strategie geworden. Denken we bijvoorbeeld maar aan Ikea met Ikea co-creation of aan Lego met Lego ideas.
- Het *Ikea-effect* waarbij werd aangetoond dat mensen Ikea-meubels overwaarderen omdat ze er zelf aan hebben bijgedragen in de vorm van montage.

FIGUUR 1.6.

Mona heeft al enkele jaren een 'toetje van de maand' waar ze consumenten voorstellen laten doen om tot verrassende smaakcombinaties te komen.

© Mona

1.5.2 Betrokkenheid bij een productboodschap

De consument kan ook erg betrokken zijn bij een productboodschap. Dat kan worden verklaard door persoonlijke factoren zoals behoeften, interesses en waarden maar ook door prikkelfactoren zoals de bron of de inhoud van de communicatie. **Reclamebetrokkenheid** kunnen we dus definiëren als de motivatie, of de interesse van de consument in het verwerken van de marketingcommunicatie-uiting. Ook het gebruikte medium bepaalt, naast de boodschap, of er actief of passief verwerkt wordt. Een actieve verwerking zal leiden tot makkelijker oproepen uit het geheugen en is dus te verkiezen boven een passieve verwerking. Radio en televisie zijn doorgaans kanalen waarbij de inhoud passief geconsumeerd wordt, terwijl de lezer actief betrokken is bij een gesprek met een chatbot of bij het verwerken van de informatie uit printmedia.

Marketeers gebruiken de volgende strategieën om de betrokkenheid bij een productboodschap te verhogen.

- Ze doen een poging om de hedonistische behoeften van de consument aan te spreken. Dat wil zeggen dat ze focussen op het genot. Vaak kan dat door een advertentie te plaatsen die inspeelt op de verschillende zintuigen. Een advertentie voor parfum in een magazine waar je tegelijkertijd ook aan kunt ruiken is daar een mooi voorbeeld van.
- Ook hier geldt dat nieuwe elementen aandacht zullen trekken. Een spotje dat begint met een zwart beeld op tv, dat even stilstaat, of dat heel andere muziek gebruikt dan normaal in reclame zal er makkelijker in slagen om jouw aandacht te trekken. Toen Leon Dumon (toen 64) zich inschreef voor *So you think you can dance* waren alle ogen op hem gericht. Zijn auditie was net niet goed genoeg om door te stoten, maar de boodschap van VLAM (Vlaams Centrum voor Agro- en Visserijmarketing) 'Melk is goed voor elk' had wel erg veel aandacht gekregen op deze manier.
- Prominente, opvallende prikkels zullen er makkelijker in slagen om de aandacht van de consumenten te trekken en zo de betrokkenheid te vergroten. Luide, snelle muziek of flikkerend licht kan daarbij helpen.
- Het gebruiken van beroemdheden kan ook helpen, want mensen kijken dan omdat ze fan zijn van het gebruikte model en luisteren zo automatisch ook naar wat hij of zij te zeggen heeft over het product in kwestie. Het inhuren van George Clooney door Nespresso was dus een goed idee om de betrokkenheid bij de productboodschap te verhogen.
- Het opbouwen van een band met de consument kan eveneens helpen om de betrokkenheid blijvend te vergroten. Het gaat in dat geval dus over het opbouwen van merkloyaliteit, waarop we in een later hoofdstuk nog zullen terugkomen.

1.5.3 Betrokkenheid bij een aankoopbeslissing

Koopsituatiebetrokkenheid betekent dat de betrokkenheid kan wijzigen afhankelijk van de omstandigheden waarin een product gekocht wordt. In dit geval gaat het vooral over het sociale risico dat de consument loopt bij de aankoop van een product. Zo kan het bijvoorbeeld zijn dat iemand nooit veel aandacht besteedt aan het merk van pasta dat wordt gekocht en vaak kiest voor het goedkoopste merk. Wanneer hij of zij echter weet dat de Italiaanse tante op bezoek komt die pasta als heilig beschouwt, dan kan dat ertoe leiden dat de betrokkenheid bij de aankoop van pasta stijgt. De verkeerde pasta zou dan immers een deuk in zijn of haar imago kunnen teweegbrengen.

In deze context kunnen we ook **egobetrokkenheid** plaatsen. In dat geval heeft de aankoop een effect op het zelfbeeld van een consument en is het een belangrijk deel van iemands identiteit. Ook dat kunnen we koppelen aan het zojuist besproken sociale risico.

WE'RE NOT IN AN INFORMATION AGE ANYMORE. WE'RE IN THE INFORMATION MANAGEMENT AGE.

— *Chris Hardwick*

2. INFORMATIE-VERKENNING

Nadat de consument gemotiveerd is om aan een behoefte te voldoen zal vanuit verschillende bronnen informatie worden vergaard, verwerkt en eventueel doorgegeven.

2.1 BETROKKENHEID

Bij betrokkenheid kunnen we een onderscheid maken tussen hoge en lage betrokkenheid, en verder tussen *satisficers* en *optimizers*.

2.1.1 Hoge betrokkenheid

Hoe hoger de oorspronkelijke motivatie van de klant, hoe meer betrokkenheid er zal zijn tijdens de fase van informatieverkenning en hoe actiever de consument zelf gaat zoeken naar bronnen (*cf.* pullmarketing). Dat noemen we ook een **extern zoekproces.** Een uitgebreid extern zoekproces kan zowel voor als na de aankoop plaatsvinden. De **prepurchase search,** die plaatsvindt voor de aankoop, heeft als doel een juiste keuze te kunnen maken. Het kan bijvoorbeeld gaan over een zoektocht naar een juiste oplossing voor een bestaand probleem, zoals het vergelijken van het openbaar vervoer en het gebruik van een eigen auto om een mobiliteitsprobleem op te lossen. Wat verder in het zoekproces kan een consument eerder focussen op de voor- en nadelen van één soort product of dienst bij verschillende aanbieders/merken.

Daarnaast kan het ook voorkomen dat het zoekgedrag niet stopt na de aankoop. Deze **ongoing search** vindt vooral plaats als bevestiging voor de gemaakte aankoop.

Daarnaast kan het onderwerp van dit zoekgedrag eveneens gaan over het gebruik of het afdanken van het product. Als marketeer is het belangrijk om ook vindbaar te zijn met relevante informatie in deze fase. De consument moet bevestigd worden in zijn gemaakte aankoop en alle nodige informatie moet op een overzichtelijke en persoonlijke manier ter beschikking worden gesteld. Een brochure die bij het product wordt geleverd met als titel 'Haal alles uit uw nieuwe aankoop' met daarin tips en tricks en een FAQ kan daarvan een concrete uitwerking zijn.

2.1.2 Lage betrokkenheid

Bij een lage motivatie en betrokkenheid zal er vooral een **intern zoekproces** plaatsvinden en zullen naast persoonlijke/interne bronnen enkel externe bronnen die tot bij de consument worden gebracht (*cf.* pushmarketing) in aanmerking komen voor verwerking. De consument gaat immers niet actief op zoek naar informatie. De persoonlijke bronnen zijn daarbij cruciaal. Die bestaan uit eerdere ervaringen of kennis over een bepaald product of dienst. Als een consument al eens een slechte ervaring heeft gehad met een bepaald merk van make-up zal die minder snel geneigd zijn om het opnieuw te kopen. Alleen bij een status van hoge betrokkenheid zal het merk deze opvatting kunnen veranderen door gebruik te maken van argumenten die de eerdere (slechte) ervaring kunnen weerleggen, door bijvoorbeeld gratis staaltjes of een goede communicatiecampagne die focust op de vernieuwing van het merk.

2.1.3 Satisficers en optimizers

Ongeacht de mate van betrokkenheid kan er ook een onderscheid worden gemaakt tussen consumenten die snel tevreden zijn met een gevonden oplossing en consumenten die streven naar de beste oplossing op de markt. De eerste groep valt onder de noemer **satisficers**, de tweede groep wordt **optimizers** genoemd. De consument valt niet altijd binnen een van deze twee groepen. Welke manier van informatieverkenning de consument toepast is niet alleen afhankelijk van de productgroep, maar ook van het gepercipieerde risico, de motivatie, de beschikbare tijd en eventuele afleiding.

Bij een lagere betrokkenheid voor een productgroep zal een consument sneller tevreden zijn met een oplossing. Er is namelijk geen energie die uit deze motivatie zou moeten voortkomen om uitgebreide vergelijkingen te voeren. We spreken daarbij dus van gedrag dat aanleunt bij de *satisficer*. Op het vlak van gepercipieerd risico kan worden gesteld dat wanneer het risico als hoog wordt ervaren, de consument extra tijd en energie zal vrijmaken om het risico zo klein mogelijk te maken. Dat kan alleen maar door een uitgebreider zoekproces te doorlopen. Dat valt dus onder de noemer *optimizer*. Voor beide voorgaande argumenten is tijd een belangrijke factor.

Als er geen tijd is, doordat de consument bijvoorbeeld gehaast is of een aanbieding maar beperkt geldig is, wordt het onmogelijk om als *optimizer* tot de beste oplossing te komen. De strategie om een consument onder druk te zetten en de factor tijd te verkleinen kan zowel voor- als nadelen hebben. Enerzijds kun je eventuele concurrenten buitenspel zetten door de consument in de richting van *satisficing* te navigeren. Anderzijds kan deze druk het gepercipieerde risico verhogen waardoor de consument afziet van zijn initiële bereidheid tot aankoop en de fase van informatieverkenning wordt verlengd. Ook afleiding speelt daarbij een rol, al is die minder uitgesproken dan de factor tijd. Bij weinig afleiding kan de consument namelijk de tijd nemen om als *optimizer* de meest geschikte oplossing voor het probleem te vinden. Daarnaast zal een *optimizer* ook minder snel afgeleid worden bij zijn zoekproces. Een *satisficer* zal sneller kunnen worden overtuigd om af te wijken van zijn initiële gedachten. Als marketeer kun je de consument daarin sturen door promoties, al dan niet van beperkte duur, te introduceren. Bij beide vormen van consumentengedrag kan er zowel een intern als een extern zoekproces plaatsvinden. Dat zal uiteraard uitgebreider zijn, vooral op het vlak van extern zoekproces, bij de *optimizer*.

TABEL 2.1.

Satisficer	Optimizer
Lagere motivatie voor productgroep	Hogere motivatie voor productgroep
Laag gepercipieerd risico	Hoog gepercipieerd risico
Weinig tijd voor informatieverkenning	Veel tijd voor informatieverkenning
Grotere kans op afleiding	Weinig afleiding
Intern en extern zoekproces	Intern en extern zoekproces

Voorbeeld

Stefan koopt altijd dezelfde ontbijtgranen bij Colruyt. Als hij daar gaat winkelen zal er voor de aankoop van zijn ontbijt dan ook een intern zoekproces plaatsvinden en verloopt de aankoop geautomatiseerd. Als hij echter in een andere winkel ontbijtgranen moet kopen vormt zich een probleem: zijn merk is daar namelijk niet te koop. Stefan kan op twee manieren reageren. Als *satisficer* zal hij op zoek gaan naar een nieuw product dat dicht genoeg aanleunt bij zijn oorspronkelijke ontbijtgranen. De eerste doos die aan enkele basiscriteria voldoet wordt gekozen. Het zoekproces verliep voornamelijk intern. Als *optimizer* zal Stefan alle opties voor ontbijtgranen overlopen. Daarbij kan hij voedingswaarden op de achterzijde van de doos vergelijken en via zijn smartphone zoeken naar een top 10 van beste ontbijtgranen. Zo verloopt het zoekproces zowel intern als extern.

2.2

VERSCHILLENDE SOORTEN BRONNEN

FIGUUR 2.1

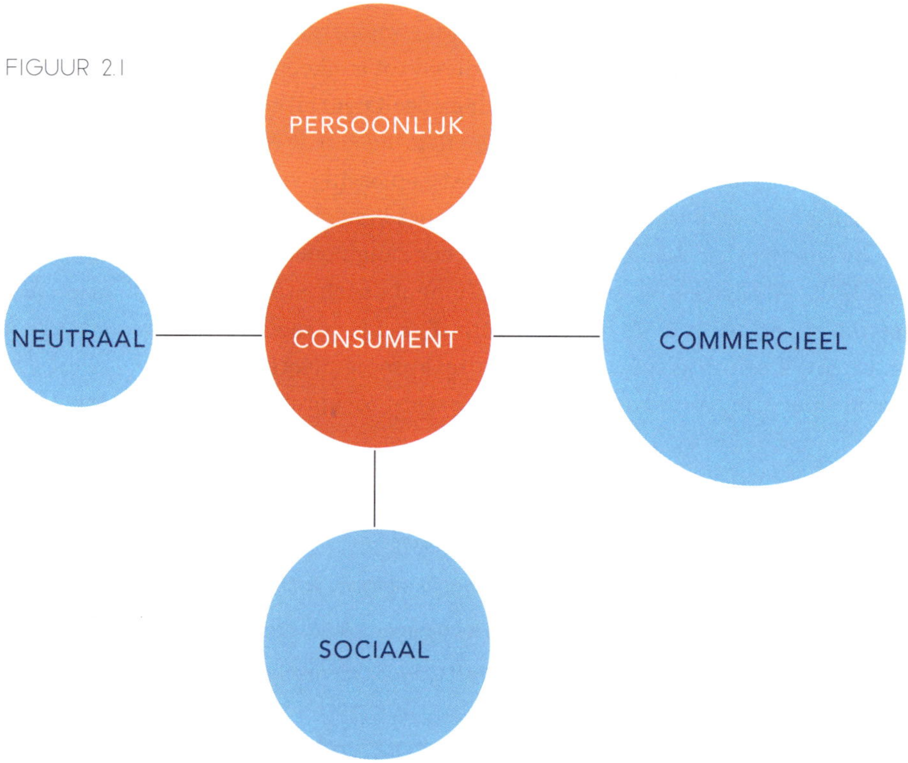

Er kan een onderscheid worden gemaakt tussen vier verschillende bronnen waaruit de consument informatie kan halen: persoonlijke, sociale, neutrale en commerciële bronnen. In figuur 2.1 wordt de invloed van deze bronnen op de consument duidelijk. Hoe dichter de bron bij de consument staat, hoe groter de invloed. Hoe groter de bron wordt weergegeven, hoe meer commerciële prikkels door dit soort bron worden verspreid. De consument wordt dus zeer vaak blootgesteld aan commerciële bronnen, maar die hebben een kleinere invloed op het beslissingsproces. Persoonlijke bronnen hebben daarentegen een zeer sterke invloed op de consument.

2.2.1 Persoonlijk

Persoonlijke bronnen omvatten alle kennis en ervaringen die de consument al heeft opgebouwd tijdens zijn leven. Deze info werd opgeslagen in het geheugen en bevat zowel een rationele als een emotionele component. Zo kan een consument weten (rationeel) dat een bepaalde telecomoperator de goedkoopste is, maar voelt hij (emotioneel) daarbij toch een bepaald wantrouwen. Belangrijk om te weten is dat informatie vanuit het geheugen steeds gekleurd is. Er is namelijk een perceptieproces aan voorafgegaan waardoor altijd vervorming van de oorspronkelijke informatie optreedt.

Gewoontes spelen bij deze bron een zeer belangrijke rol. Een gewoonte is een geautomatiseerde handeling die als status quo wordt beschouwd. Ervan afwijken is vaak zeer moeilijk voor een consument aangezien deze gewoonte vaak een onderdeel vormt van diens persoonlijkheid of levensstijl. Afwijken wordt onbewust ervaren als een stukje opgeven van jezelf. Het herkennen van gewoontes en daarop inspelen is dus een krachtige hefboom voor de marketeer.

Als marketeer is het belangrijk om na te gaan welke informatie al bij de consument aanwezig is over jouw product/dienst. Zo kunnen eventuele misinterpretaties of vooroordelen worden opgespoord en rechtgezet tijdens een communicatiecampagne. Het veranderen van een gewoonte is moeilijker. Daarvoor zal een marketeer vooral moeten inzetten op contactconditionering om de consument te overtuigen van een alternatief.

Persoonlijke bronnen hebben de grootste invloed op een aankoopbeslissing van de klant. Enerzijds omdat men veel belang hecht aan informatie die van jezelf komt, want eigen kennis en ervaring zijn volgens de meesten namelijk het meest betrouwbaar. Anderzijds hebben al bestaande kennis en attitudes een invloed op de verwerking van informatie uit andere bronnen. Denk maar aan de werking van perceptuele defensie, waarbij stellingen die niet aansluiten bij eigen opvattingen sneller worden weerlegd. Als een consument bijvoorbeeld negatief staat tegenover een merk als Apple, zal de lancering van een 100MP-camera in de smartphone onmiddellijk worden weerlegd met argumenten zoals: ‘Megapixels zeggen niet alles’ of ‘Niemand heeft dit écht nodig’.

Het hele perceptieproces in kaart brengen en beïnvloeden waar het kan is dus uitermate belangrijk als marketeer. Dit proces ligt namelijk aan de basis van deze persoonlijke bronnen. Het spreekt voor zich dat het dan ook het best zo snel mogelijk gebeurt. Op het moment dat een nieuwe productgroep interessant wordt voor een gekozen doelgroep moet je er als bedrijf voor zorgen dat de doelgroep informatie uit andere bronnen kan gebruiken om een positieve attitude over jouw product en merk op te bouwen. Zo heb je als marketeer het meest invloed op deze uiterst belangrijke bron.

Voorbeeld

Het initiatief van De Roze Doos speelt daar sterk op in. Voor de doelgroep van zwangere vrouwen wordt een pakket, bestaande uit gesponsorde producten van verschillende aanbieders, op maat van de fase waarin de zwangerschap zich bevindt, samengesteld en opgestuurd. De aangeboden producten zullen dus de referentie vormen voor toekomstige koopbeslissingen in dit thema en gebruikt worden als persoonlijke bron in plaats van een commerciële bron.

2.2.2 Sociaal

Naast het louter focussen op de consument als individu is het ook belangrijk om de bredere sociale bronnen in kaart te brengen. Die heeft namelijk een niet te onderschatten impact op de consument en kan dus ook als bron van informatie worden beschouwd. Daarbij wordt gekeken naar de beïnvloeding van de consument, al vanaf jonge leeftijd maar ook later in het leven door mensen die een rol spelen in zijn/haar leven. Dat is in de eerste plaats het gezin waarin de consument opgroeit of het huishouden waarin die zich bevindt, maar ook vriendengroepen of referentiegroepen spelen een rol. Deze sociale groepen hebben zowel een impact binnen de context van opvoeding, maar ook later in het leven worden allerlei beslissingen blootgesteld aan deze sociale invloeden. Eerst worden de verschillende soorten sociale invloeden gedefinieerd, later in dit hoofdstuk worden de invloeden op de consument via socialisatie en de invloed op consumptieve beslissingen verder toegelicht.

Soorten sociale invloeden

Een **gezin** wordt gedefinieerd als een specifieke relatie tussen twee of meer personen die bij elkaar wonen. De meest klassieke versie daarvan is een tweeoudergezin met enkele kinderen. Een gezin kan echter ook gevormd worden door een gehuwd/samenwonend koppel, door een alleenstaande vader of moeder die onder één dak woont met een kind en een inwonende grootouder of er kan sprake zijn van een uitgebreid of nieuw samengesteld gezin. De specifieke, vaak biologische of opvoedkundige relatie is daarbij belangrijk. In een gezin kunnen vier basisfuncties worden uitgelicht. De leden van een gezin bieden elkaar economische zekerheid. Er is namelijk een bredere verdeling van het inkomen mogelijk waardoor eventuele financiële problemen bij één lid van het gezin door de anderen kan worden opgevangen. Daarbij worden ook kosten gedeeld wat schaalvoordelen kan opleveren. Voorts biedt een gezin elkaar ook emotionele geborgenheid. Die uit zich in de vorm van emotionele of psychologische steun, toegang tot professionele hulp en medische zorg en het bieden van ruimte om zichzelf te kunnen ontspannen. Tot slot zal het gezin ook de primaire drijfveer zijn voor het aanleren van een levensstijl en meer algemeen het socialiseren ondersteunen. Het resultaat daarvan is dat er bij het kind normen en waarden worden opgebouwd. Daardoor spreken we van een **normatieve invloed**.

Een **huishouden** daarentegen kan ruimer worden geïnterpreteerd. Daar primeert voornamelijk het samen beslissen over uitgaven die dienen om een gemeenschappelijk doel te bereiken. Een groep jongeren die samen een appartement huren en een gemeenschappelijke rekening hebben van waaruit gemeenschappelijke kosten worden betaald zoals poetsgerief of voeding vormt ook een huishouden. Deze groep wordt daarentegen niet als een gezin beschouwd. Een gezin vormt in de meeste gevallen dus ook een huishouden – er zijn namelijk gemeenschappelijke uitgaven – maar niet andersom.

Uit cijfers blijkt dat het aantal private huishoudens in Vlaanderen elk jaar toeneemt, maar dat de huishoudgrootte daalt.

FIGUUR 2.2.

Aantal private huishoudens	
Jaar	**Private huishoudens**
2009	2 605 076
2010	2 629 733
2011	2 652 271
2012	2 675 085
2013	2 691 319
2014	2 707 723
2015	2 731 319
2016	2 748 019
2017	2 769 259
2018	2 807 008
2019	2 815 769

FIGUUR 2.2.

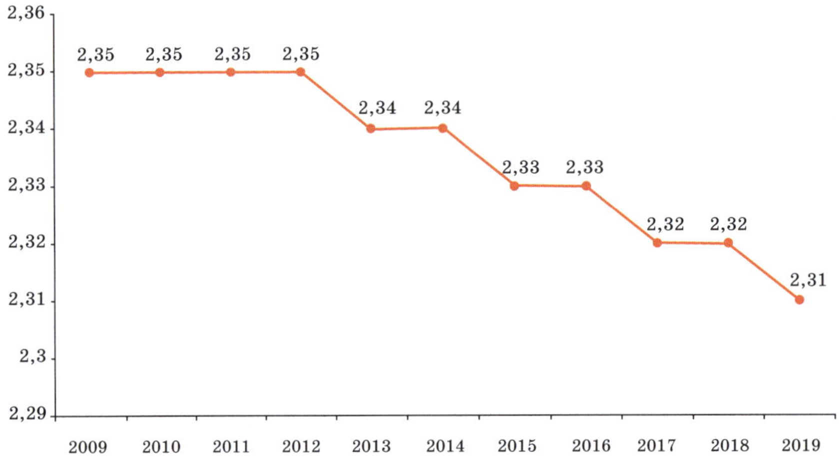

Dat wil zeggen dat er steeds meer een- en tweepersoonshoudens voorkomen ten opzichte van huishoudens met minstens drie personen. In 2019 had een huishouden in Vlaanderen een gemiddelde grootte van 2,31 en was bijna 32% een eenpersoonshuishouden en 34% van de huishoudens bestond uit twee personen.

FIGUUR 2.3.

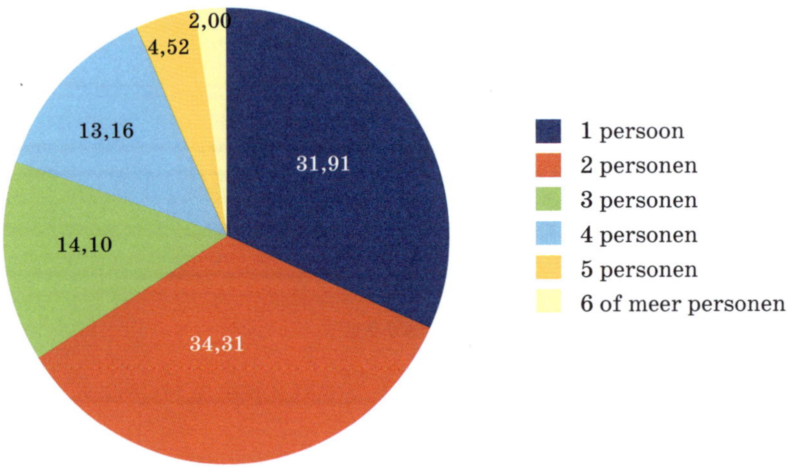

Ondanks de daling in gemiddelde grootte van de huishoudens biedt het vormen van een meerpersoonshuishouden toch enkele belangrijke voordelen. Zo kunnen bijvoorbeeld kosten worden gedeeld en ontstaan er schaalvoordelen maar is er ook steun en toeverlaat beschikbaar wat dan weer een psychologisch voordeel kan bieden.

Referentiegroepen passen in een breder sociaal netwerk. Hoe dichter deze personen bij de leefwereld van de consument staan, hoe groter zijn of haar invloed. Dit is een comparatieve invloed, in tegenstelling tot de normatieve invloed die een gezin vervult. Daarbij zal de consument zichzelf vergelijken met de referentiegroep waardoor die als referentiekader dient voor specifieke waarden, normen of gedrag. Deze leefwereld is contextafhankelijk. Personen uit een vriendengroep die is ontstaan uit een gemeenschappelijke sportieve hobby zullen bijvoorbeeld een grotere invloed uitoefenen op de keuze van sportmateriaal, maar diezelfde consument minder beïnvloeden bij de keuze van diens interieurinrichting. Bij de referentiegroepen kan een onderscheid worden gemaakt tussen vier verschillende subgroepen die worden verdeeld in twee categorieën.

TABEL 2.1.

Directe (feitelijke) groepen		Indirecte (symbolische) groepen	
Groepen waarvan individu zelf deel uitmaakt		Groepen waarvan individu geen deel uitmaakt	
Primaire groep	Secundaire groep	Aspiratiegroep	Dissociatiegroep
Groep waartoe individu automatisch behoort (gezin, leeftijdsgroep, geslacht)	Groep waar individu gewenst deel van uitmaakt (sociale klasse, vereniging, schoolgroep)	Groep waar individu bij zou willen horen	Groep waar individu zich van wil distantiëren

Binnen de **directe of feitelijke groepen** – dat zijn groepen waarvan het individu zelf deel uitmaakt – worden primaire en secundaire groepen van elkaar onderscheiden. Een **primaire groep**, zoals een gezin, een leeftijdsgroep of een verzameling van mensen van eenzelfde geslacht, omvat alle groepen waartoe de consument automatisch behoort. Je wordt namelijk geboren in een gezin en kunt niet beslissen binnen welke leeftijdscategorie je valt. Van een **secundaire groep** kiest de consument zelf of die er deel van wil uitmaken of niet. Voorbeelden daarvan zijn verenigingen, school-/klasgroepen of andere lidmaatschappen. Sociale status wordt vaak als criterium binnen de definitie van een secundaire groep geplaatst, maar dat is niet steeds te rechtvaardigen. Afhankelijk van de ingesteldheid die je als persoon hebt over de eigen sociale status en het al dan niet invloed hierop hebben valt het binnen de definitie van een primaire (geen invloed) of een secundaire groep (wel invloed).

Naast deze twee vormen binnen de feitelijke groepen zijn er ook groepen waarvan de consument geen deel uitmaakt. Dat worden **indirecte of symbolische groepen** genoemd. Bij deze groepen is er – ondanks de afwezigheid van een feitelijk lidmaatschap – wel een verband tussen de consument en deze groep en dus ook een mogelijke beïnvloeding. Het verband kan zowel positief als negatief zijn. Een

aspiratiegroep omvat mensen (of zelfs ideeën) waarnaar de consument opkijkt en waarbij hij wil horen. Een favoriete muziekgroep of een bekende youtuber kunnen daaronder vallen. Daar tegenover staat een **dissociatiegroep** waarvan de consument zich zo veel mogelijk probeert te distantiëren. Als je fan bent van een bepaalde voetbalploeg zou je een directe concurrent daarvan als dissociatiegroep kunnen beschouwen. **Virtuele referentiegroepen**, zoals een Facebookpagina of de TikTokaccount van een merk, die je als consument kunt liken of volgen, kunnen, afhankelijk van de mate van interactie met deze groep, worden beschouwd als zowel een directe (veel interactie) als een indirecte groep (weinig interactie).

Socialisatie

Socialisatie komt voornamelijk voor in de fase van de opvoeding. Dat is het proces waarin kinderen zich kennis, vaardigheden, opvattingen, waarden en normen eigen maken om zo als zelfstandig consument te functioneren. Deze socialisatie strekt zich uit over verschillende jaren. Men kan zelfs stellen dat het nooit echt stopt. Je leert als mens immers elke dag bij en past je gedrag aan verschillende situaties aan. John B. Watson ondersteunde het belang van socialisatie met de volgende uitspraak:

Give me a dozen healthy infants, well-formed, and my own specified world to bring them up in and I'll guarantee to take any one at random and train him to become any type of specialist I might select – doctor, lawyer, artist, merchant-chief and, yes, even beggar-man and thief, regardless of his talents, penchants, tendencies, abilities, vocations, and race of his ancestors. (John B. Watson, 1930)

Deze quote vormt tevens de aanleiding voor het nature-nurturedebat waarin de oorsprong van gedrag ter discussie wordt gesteld. Tegenpolen leggen dat volledig aan de biologische (nature) of volledig aan de opvoedkundige zijde (nurture). De realiteit ligt uiteraard ergens tussen beide stellingen. Een deel van het gedrag is te wijten aan puur biologische en genetische factoren, maar anderzijds kan het belang van opvoeding en socialisatie bij de ontwikkeling van gedrag niet worden onderschat.

In de eerste levensjaren neemt vooral het gezin de rol op om een kind vertrouwd te laten worden met de omgeving. **Maatschappelijke waarden en normen** zoals 'niet stelen' of 'beleefdheid' worden al vanaf zeer vroeg opgenomen in de opvoeding. Daarnaast worden ook **religieuze opvattingen** en **sociale vaardigheden** zeer snel overgebracht op het kind. Op latere leeftijd zal het gezin ook zorgen voor socialisatie in thema's die te maken hebben met levensstijl en financiële principes. **Carrièredoelen** worden vaak van ouder op kind overgedragen. Een kind dat is opgegroeid in een gezin waarin ondernemerschap centraal staat zal een grotere kans hebben om later ook als ondernemer in het werkveld actief te worden, uiteraard alleen als deze manier van werken als positief werd ervaren bij de ouders en dat positivisme werd overgedragen op het kind. Indien het kind steeds wordt geconfronteerd met negatieve uitlatingen over een bepaalde carrièrevorm, dan zal het daar net sneller van afzien en zelf voor iets anders kiezen. Ook uitspraken als 'voor wat, hoort wat' en 'hard werken wordt beloond' hebben een duidelijke impact op de manier waarop een kind op latere leeftijd tegenover werk zal staan. Tot slot legt een gezin ook de basis voor het **consumptiepatroon** waarop het kind op latere leeftijd voortbouwt. Besteden leden van het gezin vaak aandacht aan een lage prijs, dan zal dat ook het startpunt zijn van waaruit eigen aankoopbeslissingen worden genomen op latere leeftijd. Datzelfde geldt ook voor andere opvattingen zoals het belang van een goede prijs-kwaliteitsverhouding, het openstaan voor grotere investeringen of het steeds stilstaan bij de noodzakelijkheid van een aankoop. Dit consumptiepatroon wordt op latere leeftijd ook door andere externe invloeden en eigen ervaringen gefinetuned.

Op latere leeftijd hebben ook referentiepersonen een invloed op de socialisatie. Zo worden groepswaarden en -normen, de zogenaamde **subcultuur**, aangeleerd. Dat zijn de overtuigingen en sociale regels die gelden binnen één bepaalde groep. Deze subcultuur kan zowel een aanvulling zijn op de al geleerde set van waarden en normen, maar kan er ook haaks op staan. Zo is het bijvoorbeeld niet sociaal wenselijk om bepaald taalgebruik te hanteren in het bijzijn van ouders, maar kan dit taalgebruik wel worden gebezigd onder vrienden. Deze manier van beïnvloeding, waarbij de consument wil aansluiten, niet alleen bij het gedrag maar ook de waarden en normen van de referentiegroep, wordt **identificatie** genoemd. Als enkel gedrag wordt overgenomen spreekt men van **conformisme**.

Er kan dus worden besloten dat een gezin vooral vorming biedt op het vlak van meer globale thema's binnen de socialisatie, zeker op jongere leeftijd, en dat referentiegroepen vooral op latere leeftijd als belangrijk(st)e factor in de socialisatie optreden.

Consumptieve beslissingen

Behalve op socialisatie, dat beschouwd kan worden als een indirecte invloed op consumptieve beslissingen, hebben sociale groepen ook een directe invloed op wat een consument koopt. Zo zal een consument bijvoorbeeld sneller druk voelen vanuit het gezin om al dan niet een eigen auto te kopen en zullen het merk en het type ervan vooral afhangen van wat als acceptabel wordt gepercipieerd door zijn of haar referentiegroepen. De regelmaat van aankoop van nieuwe kledij zal als gewoonte worden gevormd door socialisatie via het gezin, maar de stijl en het bijbehorend merk zal ook door referentiegroepen worden bepaald. De grootte van deze invloed hangt af van enkele factoren.

Er zijn enkele psychologische effecten die een belangrijk instrument kunnen vormen bij de beïnvloeding vanuit voornamelijk referentiegroepen. Het **bandwagoneffect** geeft de sociale interactie weer waarbij de aantrekkelijkheid van een product of merk stijgt wanneer het vaker voorkomt binnen de groep. Als hoe langer hoe meer leden van een referentiegroep een OnePlussmartphone gebruiken zal de drang bij de andere leden van de groep om ook een dergelijk model te kopen steeds groter worden. Het **snobeffect** is het tegenovergestelde. Daarbij zal de consument zich juist proberen te distantiëren van een groep om zo als uniek te worden beschouwd. Vaak zijn deze consumenten trendsetters en worden zij als referentiepersoon gezien door andere leden van de referentiegroep. Wanneer Louis Vuittonhandtassen (echt en namaak) door alle lagen van de bevolking gebruikt worden, verliest het merk zijn aantrekkingskracht op de erg rijken. Zeker voor een luxemerk is het snobeffect dus iets om rekening mee te houden binnen marketingcampagnes. Het **vebleneffect** uit zich in het consumeren als expressie van status of macht. Het komt vooral voor bij luxeaankopen met een sociaal zichtbaar karakter zoals een horloge, luxekleding, een auto of een smartphone. In deze productgroepen hebben referentiegroepen zowel een invloed op de productgroep zelf, het al dan niet aanschaffen van een dergelijk item, als op het merk. Bij niet sociaal zichtbare producten die wel een luxekarakter hebben zal deze invloed beperkt blijven tot de productgroep en is het gekozen merk minder belangrijk. Het is namelijk wel mogelijk om op te scheppen over het hebben van een pooltafel, maar het merk is daarbij ondergeschikt aangezien het niet dagelijks wordt tentoongesteld. Bij noodzakelijke producten zal er geen invloed zijn door referentiegroepen op het niveau van productgroep. Je hebt dit type van producten namelijk sowieso nodig als consument, anders zou het geen noodzakelijk product zijn. Bij sociaal zichtbare producten zal ook wel weer de keuze van het merk worden beïnvloed.

TABEL 2.2.

	Publiek	**Privé**
Noodzakelijk	Geen invloed op productgroep Invloed op merk bv. kledij	Geen invloed op productgroep Geen invloed op merk bv. wc-papier
Luxe	Invloed op productgroep Invloed op merk bv. ski's	Invloed op productgroep Geen invloed op merk bv. sauna

Al deze invloeden, op verschillende niveaus, moeten door de marketeer zeer goed in kaart worden gebracht. Marktonderzoek biedt daarvoor antwoorden op de belangrijkste vragen. Daarbij wordt zowel gefocust op het niveau van het gezin of het huishouden, maar ook wordt er breder gekeken naar de invloed vanuit referentiegroepen. Deze invloed kan puur informatief zijn, maar zoals eerder aangehaald ook een rechtstreekse invloed hebben op het gedrag (conformisme) of op waarden en normen (identificatie).

Zoals we in deel 1 reeds ontdekten, kan het resultaat van een dergelijk onderzoek worden weergegeven in een **decision making unit (DMU).** Daarbij wordt een onderscheid gemaakt tussen verschillende rollen die een persoon kan aannemen in het beslissingsproces, zoals de initiator, de beïnvloeder en de adviseur. Als marketeer is het belangrijk om deze rollen te onderscheiden en na te gaan welke personen een sociale invloed hebben in elk van deze fases. Al deze rollen samen vormen immers de consument en het is dus niet alleen degene die de aankoop van een product of dienst uitvoert die als belangrijkste doelgroep moet worden gezien. De uiteindelijke beslissing om een aankoop te doen hangt immers af van al deze sociale invloeden. Eén persoon kan verschillende rollen op zich nemen, maar één rol kan ook door verschillende personen worden uitgevoerd.

In elk van deze fases kan er beïnvloeding door een of meer sociale contacten plaatsvinden. In de fase van informatieverkenning zullen vooral de rollen van beïnvloeder en adviseur als sociale bron worden beschouwd. Daarbij is er over het algemeen sprake van **autonoom gedrag.** Iedereen kan en mag zijn of haar mening vrij geven en er is nog geen sprake van het maken van compromissen. Andere rollen worden geactiveerd in de overige fases van het koopproces. Als marketeer is het de bedoeling om ervoor te zorgen dat er voldoende communicatie gebeurt naar alle personen die een rol spelen in deze *decision making unit*. Deze informatiestroom moet bovendien gericht zijn op de specifieke rol die zij vervullen binnen de DMU. De boodschap van deze communicatie moet steeds argumenten bevatten die de leden van de *decision making unit* kunnen gebruiken om in de desbetreffende fase de keuze voor jouw merk te kunnen onderbouwen.

Alle interacties en gesprekken, zij het face-to-face of via een digitale weg, tussen de consument en diens sociale contacten, bestaande uit personen uit het gezin, het huishouden of de referentiegroepen, wordt **sociale communicatie** genoemd. Als marketeer moet je deze sociale communicatie in kaart brengen en het merk daarin positioneren. Dat kan door via andere soorten informatiebronnen, meestal commerciële, een gesprek aan te wakkeren rond jouw merk. Daartoe moet ervoor gezorgd worden dat een communicatie-uiting als speciaal wordt ervaren. Een creatieve insteek en een boodschap die controversie kan voeden of inspeelt op een actueel thema kan daarvoor worden gebruikt.

FIGUUR 2.4.

Denk aan het voorbeeld van Pepsi waarbij Kendall Jenner werd gebruikt in een reclamespot waarbij Pepsi een boodschap van eenheid, vrede en begrip wilde communiceren bij het thema van Black Lives Matter.

© Pepsi

Let daarbij wel op de nadelen die deze manier van adverteren met zich kan brengen. Er is namelijk kans dat een controversieel thema mensen net kan verdelen en dat zich daardoor een negatief kamp tegenover jouw merk kan vormen. Dat gebeurde ook bij Pepsi, dat werd beschuldigd wegens het misbruiken van de Black Lives Matter-situatie voor commercieel gewin. Als marketeer moet je de afweging maken of het risico opweegt tegen de mogelijke groei in merkbekendheid.

Daarnaast kun je als merk ook **opinieleiders**, de personen die de grootste invloed kunnen uitoefenen op andere leden van de groep, benaderen om hen te overtuigen van jouw merk zodat ze op hun beurt deze overtuiging doorgeven aan andere leden van hun sociaal netwerk. Daarvoor is niet altijd een incentive vereist, al kan dat wel worden gebruikt. Als er een voldoende hoge productbetrokkenheid is zal deze communicatie namelijk vanzelf worden opgestart. Deze betrokkenheid kan uiteraard wel worden gevormd door het merk door gebruik te maken van diverse kanalen, waaronder commerciële bronnen. Dat komt omdat mensen steeds op zoek zijn naar zelfbevestiging. Een aankoop van een nieuw paar schoenen zal dan ook snel worden gedeeld met de sociale groep, begeleid door een grondige motivatie waarom net dit goede schoenen zijn. Uiteraard enkel als er in de sociale groep een voldoende hoge betrokkenheid rond schoenen is. Deze motivatie van een zelf gedane aankoop dient ook als **dissonantiereductie**. De consument zal extra focussen op goede eigenschappen van de aankoop om zo eventuele negatieve elementen naar de achtergrond te verdringen. Daarnaast willen mensen ook anderen beschermen tegen het maken van een foutieve keuze. Ook daar dringt, soms ongevraagd, advies zich op.

Wanneer dit sociale netwerk zich ook vormt buiten de fysieke leefomgeving, meer specifiek door gebruik te maken van sociale media, dan spreken we van **influencers**. Het gebruik van influencers verloor de afgelopen jaren echter zijn kracht als sociale bron en kan eerder als neutrale bron worden beschouwd. In het volgende punt wordt daarop verder ingegaan.

2.2.3 Neutraal

Neutrale bronnen worden niet beheerd door een commerciële organisatie en hebben als doel relevante en onafhankelijke informatie te delen met consumenten. Er kan wel gesteld worden dat het aanbieden van neutrale informatie op zich ook een commerciële activiteit is. Zodra ze over zichzelf communiceren spreken we toch van commerciële communicatie. Neutrale bronnen kunnen dus alleen neutraal communiceren over andere organisaties of merken. Voorbeelden daarvan zijn overheidspublicaties, internetsites van onafhankelijke (consumenten)organisaties en redactionele artikelen in kranten en tijdschriften. De informatie wordt vaak gebaseerd op eigen onderzoek en enquêtes bij consumenten.

Toch kunnen ook commerciële bronnen worden gebruikt om deze neutrale informatie op te stellen. Zo kan een persbericht met bijbehorende foto's worden opgesteld door een commercieel bedrijf en (zo goed als) letterlijk overgenomen worden door een krant, tijdschrift of andere neutrale bron. Daarbij is het als consument dus belangrijk om na te gaan wat de oorspronkelijke bron is van de informatie om een juist onderscheid te kunnen maken wat betreft het soort bron. Vaak wordt enkel gekeken naar het platform waarop de informatie beschikbaar wordt gesteld en kleurt die de interpretatie van de inhoud. Neutrale bronnen staan op het vlak van invloed op de consument dus tussen persoonlijke en commerciële bronnen. Ze hebben een grotere invloed op consumenten dan commerciële bronnen, maar kunnen consumenten minder krachtig beïnvloeden dan sociale bronnen.

Als marketeer moet je op twee manieren omgaan met de neutrale bronnen waaraan jouw doelgroep belang hecht. Enerzijds moet je zelf informatie beschikbaar maken over jouw product zodat neutrale bronnen dat kunnen gebruiken. Denk maar aan de 'press'-sectie op vele websites van bedrijven. Daarnaast treed je het best in dialoog met de onderzoekers van deze bronnen om zo samen het aanbod van jouw bedrijf beter op punt te stellen. Zij zijn als het ware vertegenwoordigers van jouw doelgroep. Als een product slecht uit een test komt heb je als marketeer informatie nodig om het product te verbeteren. Als het product niet heeft deelgenomen aan de test zal het voor vele consumenten zelfs niet in aanmerking worden genomen en verlies je als bedrijf dus potentiële klanten. Daarbij is het uiteraard belangrijk dat de focus steeds op de juiste doelgroep ligt. Je kunt namelijk slecht uit een consumententest komen wegens te duur en te ingewikkeld, maar als je een professionele doelgroep voor ogen hebt kan het daar helemaal anders liggen. Zij zijn namelijk bereid om een hogere prijs te betalen als het product voldoet aan hun specifieke noden.

Influencers

Influencers – letterlijk vertaald: beïnvloeders – bestaan al sinds jaar en dag. Eigenlijk kunnen we vrienden op school of andere sociale bronnen die de consument kunnen beïnvloeden categoriseren als opinieleiders en zijn dat dus ook influencers. Met de komst van sociale media heeft deze term echter een andere betekenis gekregen. Door het definiëren en verspreiden van de term 'influencers' is deze groep haar sociale invloed namelijk kwijtgeraakt. Marketeers zijn hen gaan benaderen en gebruiken als een commerciële bron en dat is ook zo overgekomen bij veel consumenten. Vandaag zijn influencers meer open over hun samenwerking met bedrijven en hebben ze een plaats gevonden als neutrale bron met een sociaal karakter dat dichter bij de consumenten staat.

Onder influencers vallen invloedrijke personen die, al dan niet betaald, producten of diensten promoten bij hun doelgroep door gebruik te maken van sociale media. De voordelen die influencers bieden in het overbrengen van een boodschap naar een doelgroep komen overeen met de voordelen van het gebruik van opinieleiders in de fysieke omgeving maar die zijn minder krachtig aangezien ze vaak als neutrale, en niet als sociale bron worden beschouwd.

Hebben influencers een grote doelgroep (vanaf 50.000 volgers), spreken we van macro-influencers, bij een beperktere doelgroep (minder dan 50.000 volgers) spreken we van micro-influencers. Uiteraard is de kwaliteit van deze volgers belangrijker dan de kwantiteit. Een influencer voldoet aan enkele criteria:

- Er is sprake van een grote betrokkenheid bij de productcategorie waarover de influencer communiceert. Een gamer zal beter een gamestoel kunnen aanprijzen dan een professionele voetballer.
- Dankzij deze betrokkenheid, maar ook door continue inspanning zal meer vertrouwdheid en deskundigheid in een domein worden uitgestraald naar de volgers.
- Er heerst een openheid voor nieuwe producten en diensten.
- Vaak zijn influencers sociaal actief in de samenleving. Deze levensstijl wordt vervolgens vertaald en weergegeven via digitale weg.
- Er heerst een sterke focus op het opbouwen van een sociale status van de persoon zelf. Deze sociale status wordt daarna overgedragen op de communicatie die ze voeren.

Influencers halen de informatie uit verschillende bronnen zoals massamedia, eigen sociale bronnen, persoonlijke ervaringen of uit rechtstreeks contact met een bedrijf. Deze informatie wordt vervolgens omgezet naar een format dat aansluit bij de communicatievoorkeuren van hun volgers. Het is zeker geen goed idee om als marketeer te veel invloed te willen uitoefenen op de manier waarop informatie wordt gecommuniceerd. Daardoor zal deze bron namelijk snel als commercieel worden bestempeld en verliest ze beïnvloedingskracht. De laatste jaren zien we echter een verschuiving in de manier waarop bedrijven gebruikmaken van influencers. Daar waar initieel vaak gekozen werd voor macro-influencers wordt nu meer en meer gekozen voor micro-influencers. Zij worden minder snel als commercieel bestempeld en zullen dus een grote invloed kunnen uitoefenen op de gekozen (maar beperktere) doelgroep.

2.2.4 Commercieel

Commerciële bronnen hebben vaak een negatieve connotatie. Ze zijn namelijk in de eerste plaats bedoeld om meer te verkopen. Deze koopdruk wordt door consumenten niet altijd aanvaard. Een belangrijke mindshift om dat te voorkomen is het voorzien van relevante, gepersonaliseerde informatie in de juiste fase van het koopproces en meer specifiek tijdens de fase van de informatieverkenning. Daarbij moet zowel een strategie worden gevormd die inspeelt op pushmarketing, hoewel het belang van pullmarketing niet te onderschatten is en steeds belangrijker wordt. Een combinatie ven beide is uiteraard *the way to go.*

Pushmarketing

Bij pushmarketing wordt een product naar voren geduwd in de winkelrekken. Deze winkelrekken kunnen zowel fysiek als online zijn. Communicatie die pushgericht is heeft als rechtsreeks doel om meer te verkopen. Het plaatsen van displays in een retailomgeving zodat het product beter zichtbaar is of het stimuleren van verkoop via Instagram Shopping behoren tot de mogelijkheden.

Pullmarketing

Pullmarketing heeft als doel de verkoop te ondersteunen. Er wordt vooral gewerkt met communicatie die de merk/productvoorkeur moet verhogen bij de consument. Dat kan op een actieve én een passieve manier. Bij **passieve pullmarketing** wordt de consument blootgesteld aan informatie, ook al gaat die daar niet zelf naar op zoek. Denk aan reclames op tv of andere kanalen waarbij wordt gefocust op de merkidentiteit. Door **actieve pullmarketing** ben je vindbaar voor jouw doelgroep, digitaal, maar ook in de fysieke omgeving. Zo moet je ervoor zorgen dat je als lokaal koffiehuis, dat zeker ook toeristen als klant wil ontvangen, zowel in de fysieke brochure van de toeristische dienst bent opgenomen, als ook tevoorschijn komt als mensen op Google maps zoeken naar koffie in de buurt. Daarnaast is het ook belangrijk om de informatie die uiteindelijk wordt gevonden door de consument voldoende kwalitatief is. Daartoe moet ze inspelen op de noden en vragen die de consument op dat moment heeft en aanleunen bij de communicatiestijl van de doelgroep.

Niet alleen het verspreiden en beschikbaar stellen van informatie is belangrijk. Als marketeer moet je ook steeds nagaan hoe consumenten omgaan met deze informatie. Gebruiken ze die als startpunt in hun zoekproces en zoeken ze verder naar aanvullende informatie? Weerleggen ze jouw bron? Zo ja, waarom? Is de informatie niet relevant of is ze misschien te commercieel getint? Antwoorden op al deze vragen geven inzicht in de stand van zaken en moeten dienen om communicatie-inspanningen steeds verder te detailleren. Het nauwkeurig opvolgen van ratings en reviews, alsook het actief zoeken naar *consumer generated content* helpt hier ook bij.

Voorbeeld

Roel ziet getargete reclame op YouTube voor een nieuwe spelconsole. Daarin wordt vooral de focus gelegd op het plezier van gamen. Het is dus een vorm van passieve pushmarketing. De reclame wekt zijn interesse en hij gaat op zoek naar de specificaties van de console op de website van de fabrikant. Die zijn gelukkig eenvoudig vindbaar. Dit is een voorbeeld van actieve pullmarketing. In de winkel ziet hij een grote display staan waar de console in grote hoeveelheden tentoon wordt gesteld. Daarbij hoort ook nog een actie van 'één gratis game bij aankoop van de console'. Dat is pushmarketing. Door de aanwezigheid van alle vormen van commerciële communicatie zal Roel de aankoop doen.

Gebruik van referentiegroepen in reclame

In het deel rond sociale bronnen werden referentiegroepen al aangehaald. Die hebben een rechtstreekse invloed op de consument. Maar ook onrechtstreeks kunnen deze groepen in een commerciële context worden gebruikt door ze op te maken in reclame. Op die manier stel je de consument via een commerciële bron bloot aan sociale beïnvloeding. Concreet kan dat gebeuren door bekende personen of deskundigen, waarnaar de consument opkijkt en dus als aspiratiegroep beschouwt, in reclames te gebruiken. Denk maar aan het gebruik van tandartsen bij reclame voor tandpasta.

FIGUUR 2.5.

© Oral B

Ook gewone referenten kunnen dienen als referentiekader waarbij het de bedoeling is dat de consument zichzelf herkent. Dat kan zowel op individueel niveau als door het voorstellen van een gezinssituatie waarmee de consument zich kan vereenzelvigen. Colruyt gebruikt dat in hun reclamespots waarbij ze hun klanten interviewen in de winkel.

FIGUUR 2.6.

© Colruyt

Door gebruik van deze sociale invloeden zal niet alleen merkbekendheid worden vergroot maar zal vooral het waargenomen risico voor de consument worden verlaagd. Referentiegroepen hebben in de reclame immers hun voorkeur voor het merk uitgesproken.

Reclame naar kinderen

Kinderen (twaalf jaar of jonger) vormen een specifieke doelgroep die aan commerciële bronnen kunnen worden blootgesteld. Zij nemen vaak niet alleen een rol als gebruiker op zich maar kunnen ook initiator of beïnvloeder zijn in een koopproces. Het is dus zeker een belangrijke doelgroep die niet over het hoofd mag worden gezien. Aangezien deze doelgroep nog volop in de fase van ontwikkeling zit en beïnvloeding daardoor eenvoudig is, dringen ethische dilemma's zich al snel op. Als marketeer is het belangrijk om daar als 'goede huisvader' mee om te springen. Om concrete richtlijnen te verschaffen is er het besluit van de Vlaamse Regering houdende de aanvulling van de Code voor reclame en sponsoring op radio en televisie met specifieke bepalingen over reclame en sponsoring, gericht op kinderen en jongeren, dat van kracht is sinds 2007.

Enkele basisprincipes kunnen wel in het achterhoofd worden gehouden bij het richten van communicatie naar deze doelgroep. Kinderen hebben een groot opname- en herinneringsvermogen en zijn dus uitermate vatbaar voor boodschappen uit reclame. Daarbij wordt het best de focus gelegd op het non-verbale door gebruik te maken van geluid en beelden en wordt het best gewerkt met een eenvoudig en tot de verbeelding sprekend verhaal. Het is onwaar dat kinderen geen onderscheid kunnen maken tussen reclame en andere inhouden. Wel is het belangrijk om het hen niet moeilijk te maken om dat onderscheid te kunnen maken.

Native advertising, het aanbieden van commerciële informatie op een manier die aansluit bij de vormgeving van het gebruikte medium, zoals een korte sketch die lijkt op een kinderprogramma waarbij voordelen van een bepaald product worden aangekaart is bijvoorbeeld bij wet verboden. Het evenwicht tussen *native advertising* en het opstellen van een reclame die op maat van de doelgroep leuk wordt gemaakt is vaak een punt van discussie. Tijdens het winkelen kunnen kinderen over de streep worden gehaald via visuele stimulansen op de verpakking. Het aankondigen van premiums, zoals een gratis speeltje of de aanwezigheid van een spaarsysteem kan daarvan een voorbeeld zijn.

Ook *character merchandising*, waarbij een personage aan een product wordt gekoppeld – denk maar aan de dieren die op verpakkingen van Kellogg's worden gebruikt – maken een product visueel interessanter. Zowel premiums als *character merchandising* kunnen ook inspelen op trends in de leefwereld van het kind, bijvoorbeeld door het aanbieden van stickers of het vermelden van een personage van een favoriet tv-programma.

Kanaal en inhoud

Bij elke soort van bron moet steeds gefocust worden op het gebruikte kanaal én op de over te brengen inhoud. Die hebben namelijk elk hun eigen functie.

Het kanaal zal vooral belangrijk zijn om de juiste doelgroep te kunnen bereiken. Zo zal een advertentie bij een YouTubevideo van een populaire e-sporter een andere doelgroep bereiken dan een radiospot op Klara, een radiozender die focust op klassieke muziek. De inhoud moet dan weer afgestemd zijn op het kanaal en inspelen op de voorkeuren van de consument. De radiospot op Klara zal bijvoorbeeld zeer rustig en duidelijk moeten worden ingesproken. Alle informatie moet puur auditief worden overgebracht. De YouTubeadvertentie heeft zowel een visueel als een auditief karakter en kan veel dynamischer worden opgebouwd met extra aandacht voor de eerste vijf seconden. Daarna heeft de consument namelijk de mogelijkheid om de advertentie over te slaan.

Naast de afstemming van de communicatie op het gebruikte kanaal moet ook de inhoud met de bijbehorende boodschap juist worden overgebracht, in al zijn componenten. Daarvoor zijn er enkele tips:

- Gebruik personen die het ideaalbeeld van jouw doelgroep weerspiegelen.
- Kleuren hebben een betekenis en vertellen ook een deel van het verhaal:
  - zwart straalt luxe uit, rood trekt de aandacht.
- Toon het product bij gebruik, maar ook hoe het in de winkel te vinden is.
- Gebruik aanvullende elementen om sfeer te creëren:
  - waterdruppels brengen verfrissing (*cf.* Sprite), beweging meer dynamiek.
- Let op details:
  - wijzers van een horloge staan vaak op tien voor twee, zo vormen ze een positiever beeld omdat de wijzers een lachende mond vormen;
  - backlighting geeft een luxueuzere uitstraling dan alleen frontale belichting.

Optimaliseren van inhoud en kanaal is niet enkel toe te passen bij commerciële bronnen, maar zeker ook bij neutrale en sociale bronnen. Als marketeer kun je het deze groepen makkelijker maken om te communiceren over jouw product door in *shareable content* te voorzien: visuals, productomschrijvingen, specificaties... De inhoud van deze informatie kan dus wel worden gefinetuned om het beste resultaat bij de doelgroep te bereiken. Als algemene regel geldt: hoe moeilijker een bron te controleren/beïnvloeden is door een commerciële instelling, hoe meer belang klanten daaraan hechten doordat de waarheidsperceptie groter is. Iets wat een bedrijf zegt kan namelijk snel worden afgedaan als een verkooppraatje.

CHOOSE LESS
AND FEEL BETTER

— Barry Schwartz,
The Paradox of choice: Why more is less

3. EVALUATIE EN SELECTIE

Na het verkennen van de informatie zal de consument een aantal manieren kennen waarop de spanning kan worden verminderd. De consument zal een aantal alternatieven zijn tegengekomen waarover hij of zij graag meer informatie wil of die misschien al bekend waren. Het is voor jou als marketeer natuurlijk erg belangrijk om ervoor te zorgen dat jouw merk op zijn minst bekend is bij de consument. Maar is dat wel voldoende? In het volgende deel zullen we verder ingaan op welke alternatieven een consument verder zal onderzoeken en hoe hij of zij een eerder vastgesteld probleem zal oplossen.

3.1 OVERWEGINGSSETS

Er bestaan diverse overwegingssets, die allemaal een Engelse naam dragen, maar in het Nederlands gaat het respectievelijk om de totale verzameling, de verzameling waarvan men zich bewust is dat ze bestaat, de verzameling waarvan men niet helemaal op de hoogte is, de eigenlijke overwegingsverzameling, de verzameling waarvan men denkt dat ze geen oplossing biedt, de verzameling waaruit men uiteindelijk kiest, en ten slotte de verzameling waarvan men beslist ze aan te kopen.

3.1.1 Total set

Wanneer consumenten een beslissing nemen moeten ze vaak kiezen tussen een heel aantal merken. We kunnen dit proces eigenlijk zien als een soort trechter (*funnel*) waarbij we vertrekken met heel veel merken en we uiteindelijk tot een 'uitverkoren' merk komen. De manieren waarop deze beslissingen genomen worden verschillen van product tot product en van situatie tot situatie en zullen verder in dit hoofdstuk aan bod komen. Wanneer een consument bijvoorbeeld shampoo wil kopen dan zullen er een aantal merken zijn die hij of zij al kent, en een aantal merken waarvan hij of zij nog nooit gehoord heeft. Deze set van alle mogelijke merken noemen we de **total set**.

3.1.2 Awareness set

Een eerste voorwaarde wil een consument jouw merk in overweging nemen is dat hij/zij het kent of er minstens al eens van gehoord heeft. De **awareness set** is dus de verzameling van producten of merken waarvan de consument zich bewust is dat ze bestaan in een bepaalde categorie. In de literatuur wordt hier soms ook over de **evoked set** gesproken.

In deze *awareness set* willen marketeers graag *top of mind* zijn. Dat wil zeggen dat ze het eerste merk zijn dat iemand noemt wanneer we een bepaalde productcategorie bekijken. Wanneer je bijvoorbeeld aan shampoomerken denkt dan zal voor sommigen het merk L'Oréal het eerste merk zijn waar je aan denkt. Voor anderen is dat dan Garnier of Nivea. Er zijn misschien ook shampoomerken waarvan je het bestaan niet kent, die vallen dan buiten jouw persoonlijke *awareness set*. Stel echter dat je geconfronteerd wordt met een specifiek probleem en op zoek gaat naar speciale shampoo, dan kan het zijn dat er ook andere merken aan jouw *awareness set* worden toegevoegd. Wanneer je bijvoorbeeld blond haar hebt maar absoluut niet wilt dat het geel wordt, dan kun je op zoek gaan naar een zilvershampoo. Wanneer je online zoekt komt Kérastase zo bijvoorbeeld naar voren als zilvershampoo. Na wat research kan Kérastase in dit voorbeeld dus ook aan jouw *awareness set* worden toegevoegd. Nochtans zullen er altijd merken zijn die buiten de *awareness set* van een consument blijven. Marketeers doen er echter alles aan om ervoor te zorgen dat merken op zijn minst opgemerkt worden en dus toegevoegd worden aan deze set. Het gaat in dit geval dan vooral over aandacht trekken van de consument om zo tot naamsbekendheid te komen. Er zijn tal van manieren waarop een marketeer ervoor kan zorgen dat zijn of haar merk aandacht krijgt van de consument. De belangrijkste manieren werden besproken in het hoofdstuk rond aandacht.

3.1.3 Inert set

De **inert set** zijn merken binnen de *awareness set* waarover de consument geen mening heeft. Meestal zijn dat merken die hij of zij niet goed genoeg kent om er een uitgesproken positieve of een negatieve mening over te hebben. Wanneer je bijvoorbeeld een nieuwe smartphone wilt kopen dan kunnen Apple en Samsung in jouw *awareness set* zitten. Je weet wel dat er ook Huaweismartphones zijn maar verder weet je misschien weinig over dat merk. Als je nu in de telefoonwinkel binnenstapt en je ziet dat het nieuwste Huaweimodel in promotie staat en de verkoper in de winkel is ook helemaal overtuigd van het merk, dan zou het kunnen dat je daar uiteindelijk toch voor kiest. Zoals het voorbeeld aangeeft is er dus wel een extra *marketing effort* om ervoor te zorgen dat een product van de *inert set* naar de *consideration set* kan verhuizen om zo uiteindelijk toch gekocht te worden.

3.1.4 Consideration set

Wanneer we weten welke merken een mogelijke oplossing zijn voor ons probleem zullen we daaruit een aantal merken selecteren. Deze selectie gebeurt op basis van een aantal beslissingsregels waarop we later in dit hoofdstuk zullen terugkomen. De keuzemogelijkheden die de consument bij de aankoop overweegt noemen we de **consideration set**. Die bestaat dus uit merken die de consument al kende, maar ook uit merken die na een actief zoekproces aan de *awareness set* werden toegevoegd.

3.1.5 Inept set

De **inept set** zijn merken binnen de *awareness set* waarvan de consument overtuigd is dat ze geen oplossing zijn voor zijn of haar probleem. In de meeste gevallen zal de consument het merk uitsluiten op basis van een negatieve ervaring in het verleden. Zo kan het bijvoorbeeld zijn dat diezelfde Huaweismartphone in promotie staat maar dat de consument eerder al een Huaweitelefoon heeft gehad en dat die niet naar behoren functioneerde of snel kapot was. Een extra *marketing effort* zal dan meestal ook niet voldoende zijn om de consument toch te overtuigen om het merk weer op te nemen in de *consideration set*. Het merk in kwestie zal dan erg veel moeite moeten doen om uit deze *inept set* te raken.

3.1.6 Choice set

Uiteindelijk zullen een aantal merken uit de *consideration set* de **choice set** vormen. Deze set is dus beperkter dan de *consideration set* en vormt de merken die we echt in overweging zullen nemen. Meestal moet de consument nog extra informatie verzamelen over deze merken vooraleer de uiteindelijke beslissing genomen kan worden. Wanneer een consument dus een keuze moet maken tussen de eerder genoemde smartphones kan het zijn dat hij of zij kiest om alleen Samsung en Huawei verder te bekijken omdat de consument in kwestie bijvoorbeeld toch liever werkt met Android. Als marketeer is het in deze fase erg belangrijk om in te zetten op die eigenschappen die belangrijk worden gevonden door de consument in kwestie. Wanneer je dat succesvol realiseert in jouw marketingcommunicatiecampagne dan zul je er waarschijnlijk in slagen om van de *consideration set* in de *choice set* te raken.

3.1.7 Decision set

De allerlaatste set is dan de uiteindelijke **decision set**. Op basis van een heel beslissingsproces is de consument erin geslaagd om van de *total set* de alternatieven te reduceren tot één bepaald merk of product. Dat zal dan daadwerkelijk worden aangekocht.

FIGUUR 3.1.

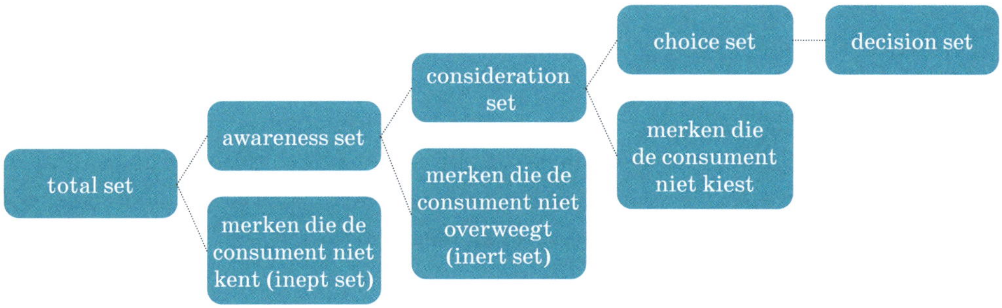

3.2 PROBLEEMOPLOSSEND GEDRAG

Wanneer de consument zich bewust geworden is van een probleem en voldoende motivatie heeft om het op te lossen zal hij overgaan tot het verkennen van de informatie. Nadat hij of zij beschikt over voldoende informatie zal de consument vervolgens deze informatie moeten doornemen om tot de evaluatie- en selectiefase in het koopproces te komen. De betrokkenheid bij een aankoop bepaalt in grote mate op welke manier een consument zal omgaan met de gevonden informatie en op welke manier hij of zij tot de uiteindelijke beslissing zal komen. Betrokkenheid werd eerder al besproken, maar in het algemeen kunnen we stellen dat de betrokkenheid hoger zal zijn wanneer er een hoger risico gepaard gaat met de aankoop.

In het geval van hoge betrokkenheid zal de consument dus veel risico ervaren en meer tijd en moeite steken in de evaluatie en selectie van het product in kwestie. We spreken in dat geval ook van **uitgebreid probleemoplossend gedrag**. Wanneer er weinig gepercipieerd risico is zal de consument minder moeite steken in evaluatie en selectie, waardoor we tot **beperkt probleemoplossend gedrag** komen. Wanneer de consument wél veel risico ervaart maar de beslissing al heel vaak heeft genomen kan het zijn dat we tot **routinematig gedrag** komen. Een bedrijf dat al jaar en dag met dezelfde leverancier werkt en daar erg tevreden over is zal niet elke keer alle andere alternatieven bekijken vooraleer er een bestelling geplaatst wordt. Er wordt van uitgegaan dat ze een klein risico nemen omdat men het product in kwestie al goed kent. De verschillende manieren van omgaan met de verkregen informatie worden hierna uitgebreid besproken, maar eerst bekijken we kort wat het risico nu precies inhoudt.

3.2.1 Risico

Een doorslaggevende factor in het probleemoplossend gedrag van de consument is het door hem of haar gepercipieerde risico. Risico kan echter verschillende vormen aannemen:

- *Fysiek risico* is het risico dat een product schadelijk is voor de gezondheid. Van sommige producten is dit risico erg duidelijk, voor andere producten ligt het misschien minder voor de hand. Daarnaast is de grootte van dit risico ook afhankelijk van persoon tot persoon. Een slechte kebab kan voor een gezonde jongere leiden tot een dagje last aan de maag terwijl een zwakke oudere een ziekenhuisopname riskeert.

- *Financieel risico* is het risico dat we nemen met betrekking tot onze financiën. Zeker bij dure aankopen lopen we een risico dat we uiteindelijk een kat in een zak gekocht hebben. Voor mensen met minder besteedbaar inkomen speelt dit financiële risico een belangrijke rol in hun besluitvormingsproces.

- *Sociaal risico* treedt vooral op bij publiek zichtbare producten zoals kleding, juwelen, handtassen of rugzakken, auto's... Het gaat hier om wat anderen van jou denken wanneer je kiest voor een bepaald merk.

- *Functioneel risico* is het risico dat het product niet werkt zoals het hoort. Zeker wanneer er niet meteen een alternatief voorhanden is wordt dit risico belangrijk. Wanneer je bijvoorbeeld kiest voor een bepaalde vorm van verwarming en die laat het afweten, dan kan het wel erg koud worden in je nieuwe woning.

- *Tijdrisico* is het risico dat iemand neemt wanneer erg veel tijd in de beslissing wordt gestoken. Loont het de moeite om ook nog eens in de andere winkel langs te gaan?

- *Psychologisch risico* is het risico dat een bepaald product niet bij de consument in kwestie zal passen of dat er druk wordt ervaren door de aankoop. Past die dure Pradahandtas wel bij mij? Past dat fitnessabonnement wel bij mij?

In sommige aankoopsituaties zal het voor een marketeer essentieel zijn om het gepercipieerde risico te verminderen. Wanneer de consument immers te veel risico ervaart wordt dat als onaangenaam ervaren en kan de koop uiteindelijk uitgesteld worden of zelfs helemaal nooit plaatsvinden. Om functioneel risico te verminderen kan zo bijvoorbeeld gekozen worden voor het aanbieden van garanties. Het tijdrisico kun je beperken door aan te geven dat consumenten gegarandeerd binnen een bepaalde tijd bediend worden; ook dat is dan een vorm van garantie geven.

FIGUUR 3.2.

Jumbo heeft goed begrepen dat mensen zo weinig mogelijk tijd willen verspillen met winkelen. Wanneer je vierde in de rij bent aan de kassa krijg je je boodschappen dan ook gratis mee naar huis. Een mooie garantie!

© Jumbo

Ook het merk op zich kan ervoor zorgen dat er minder risico wordt ervaren. Wanneer je bijvoorbeeld voor het eerst gaat voetballen dan zullen schoenen van Nike of Adidas wel goed zijn. Het imago van het merk, ondersteund door *celebrity endorsements* en sponsordeals met grote voetbalploegen, vermindert hier het risico. Ook reviews kunnen een stuk van het gepercipieerde risico verminderen. Wanneer je als hotel duizenden positieve reviews op booking.com hebt dan zal dat het maken van een keuze door de consument gemakkelijker maken. Het risico dat iemand neemt wordt dan immers serieus beperkt doordat die een onafhankelijke en eerlijke mening terugvindt.

In al deze voorbeelden proberen we als marketeer het gepercipieerde risico te verminderen om zo mensen aan te zetten tot kopen. Nochtans zijn er ook studies die aangeven dat soms een omgekeerde strategie kan werken. Wanneer de consument erg verveeld is en je je als marketeer op een monotone markt bevindt kan het soms een goed idee zijn om het risico net te verhogen. Consumenten vinden dan opnieuw een uitdaging en zullen net sneller overgaan tot koop.

3.2.2 Uitgebreid probleemoplossend gedrag

In het geval van een hoge betrokkenheid en een hoog gepercipieerd risico spreken we van uitgebreid probleemoplossend gedrag. De consument zal in dat geval erg veel moeite doen om de informatie te vergaren, maar ook om ze te vergelijken en te analyseren. Vaak gaat het in dat geval over nieuwe producten of innovaties, maar ook producten die we nog nooit eerder hebben gekocht kunnen uitgebreid probleemoplossend gedrag opwekken. Wanneer je voor het eerst een huis bouwt zul je meestal erg gemotiveerd zijn om verschillende ontwerpen van keukens naast elkaar te leggen en te vergelijken op heel veel verschillende aspecten. In vaktermen noemen we deze mensen ook wel **optimizers** (zie ook punt 2.1.3). Zij doen erg veel moeite om tot de juiste keuze te komen en zullen alle alternatieven naast elkaar willen leggen.

Dit uitgebreid probleemoplossend gedrag kan alleen plaatsvinden wanneer de consument voldoende kennis heeft van alle producteigenschappen door zich voldoende te informeren en wanneer er voldoende tijd is om de beslissing te nemen. In de praktijk houden marketeers vaak geen rekening met het feit dat mensen onder tijdsdruk vaak een andere beslissing nemen. De manier waarop dan een beslissing genomen wordt zal dan eerder aansluiten bij beperkt probleemoplossend gedrag terwijl we veeleer uitgebreid probleemoplossend gedrag verwachten.

Wanneer mensen een beslissing nemen en er uitgebreid de tijd voor nemen dan doen ze dat vaak aan de hand van een **compenserende beslissingsregel**. Dat wil zeggen dat er een uitgebreide afweging plaatsvindt van alle voor- en nadelen, en dat bepaalde voordelen de nadelen van het product in kwestie kunnen compenseren. Er zijn twee soorten compenserende beslissingsregels: eenvoudige additieve en gewogen additieve beslissingsregels.

Eenvoudige additieve beslissingsregels

Bij een **eenvoudige additieve beslissingsregel** kiest een consument voor dat alternatief dat het grootste aantal positieve attributen heeft. Er wordt hier dus geen rekening gehouden met het belang van deze attributen. Een product dat een erg lange lijst met positieve punten kan voorleggen wordt in dit geval verkozen boven een product dat maar een beperkte lijst met positieve punten kan voorleggen, onafhankelijk van het soort attribuut of kenmerk waarover het gaat. Wanneer mensen op deze manier een beslissing nemen kun je hen als marketeer dus overtuigen door een dikke brochure mee te geven met daarin alle positieve kenmerken uitgebreid toegelicht. We zouden in dat geval dus kunnen zeggen dat kwantiteit boven kwaliteit gaat.

Gewogen additieve beslissingsregels

In de praktijk zal, zeker bij het uitgebreid probleemoplossend gedrag, echter vaker gekozen worden voor een **gewogen additieve beslissingsregel**. Dat wil zeggen dat er in dit geval wél rekening wordt gehouden met het belang van de verschillende kenmerken of attributen van een bepaald product. In de literatuur noemen we dat ook wel een **multiattribuutmodel**. In zo'n multiattribuutmodel zijn er drie elementen waarmee we rekening houden:

- attributen of de kenmerken van het merk in kwestie;
- overtuigingen over de mate waarin een specifiek merk een kenmerk bezit;
- gewicht dat aangeeft hoe belangrijk een bepaald kenmerk is voor een specifieke consument.

Dit multiattribuutmodel komt qua werking overeen met wat we eerder hebben besproken in deel 2, hoofdstuk 6 over attitudes. Het Fishbeinmodel dat daar naar voren kwam toonde echter aan hoe mensen tot een bepaalde attitude komen. In dit hoofdstuk focussen we vooral op hoe mensen tot een bepaalde beslissing komen.

Het totale oordeel wordt verkregen door de score van de consument voor elk attribuut te vermenigvuldigen met de wegingsfactor voor dat attribuut. Het merk dat de hoogste totale score krijgt wordt dan gekozen. De overtuigingen van de consument worden weergegeven op een schaal van 1 tot 10 waarbij 10 staat voor de beste beoordeling en 1 voor de slechtste. Voor een negatief attribuut (bv. prijs) duidt een hogere score op een betere prestatie (dus goedkoper).

Stel dat een consument een smartphone wil kopen. Hij vergelijkt daarvoor Samsung, Apple en Huawei en geeft een score op prijs, reputatie, schermgrootte, batterijcapaciteit en kwaliteit van de camera. De hypothetische scores worden weergegeven in tabel 3.1.

TABEL 3.1.

Overtuigingen				
Attribuut	**Wegingsfactor**	**Samsung**	**Apple**	**Huawei**
Prijs	10	6	5	8
Reputatie	7	7	9	5
Schermgrootte	4	8	9	7
Batterijcapaciteit	6	8	7	7
Kwaliteit camera	8	7	8	6
Totaaloordeel		245	255	233

Op basis van dit multiattribuutmodel zou de consument in kwestie dus kiezen voor een Applesmartphone. Wanneer we immers de wegingsfactoren van de verschillende attributen vermenigvuldigen met de score die de Applesmartphone krijgt op elk van deze attributen zien we dat we tot een attitudescore van 255 komen. Die ligt hoger dan de attitudescore van Samsung of Huawei. We zien hier ook meteen dat de hoge prijs van Apple gecompenseerd wordt door een erg goede reputatie en schermgrootte. Het is dus een mooi voorbeeld van een compenserende beslissingsregel waarbij de negatieve elementen gecompenseerd worden door de positieve kenmerken van het merk in kwestie.

Als marketeer is het belangrijk om te beseffen hoe je hiermee kunt omgaan. Stel dat je voor Samsung werkt, dan kan het belangrijk zijn om de consument van wie het multiattribuutmodel in tabel 3.1 is te overtuigen van het belang van de batterijcapaciteit. De consument heeft daar immers maar een 6 aan gegeven qua weging, maar het is wel een attribuut waar jij als merk erg goed op scoort. Wanneer je dus de consument in kwestie zou kunnen overtuigen dat de batterij véél belangrijker is dan initieel gedacht, dan zou je er als merk beter uitkomen. Een andere manier om daarmee om te gaan is het toevoegen van een nieuw attribuut. Als marketeer bij Samsung zou je zo bijvoorbeeld kunnen aangeven dat afgeronde hoeken aan een smartphone zorgen voor een veel betere ervaring. Wanneer ook dit attribuut dan wordt opgenomen in het model zou jouw merk er opnieuw beter uitkomen.

Hou er rekening mee dat het voor een consument niet eenvoudig is om het model in te vullen. Het schatten van het belang van bepaalde kenmerken en een score geven voor alle alternatieven is niet eenvoudig. Intussen zijn er wel sites op internet, bijvoorbeeld tweakers.net, die het voor de consument makkelijker maken om alternatieven goed ten opzichte van elkaar af te wegen. Toch blijft het voor de consument moeilijk om alle alternatieven in kaart te brengen. Dat leidt ertoe dat consumenten vaak gebruikmaken van beperkt probleemoplossend gedrag, zelfs voor aankopen met een hoog gepercipieerd risico.

3.2.3 Beperkt probleemoplossend gedrag

Wanneer een consument een beslissing moet nemen over een product waarbij er sprake is van lage betrokkenheid, dan zal er minder tijd in het nemen van de beslissing worden gestoken. De consument maakt dan vaker gebruik van **niet-compenserende beslissingsregels** waarbij een bepaald attribuut waarop een merk laag scoort niet kan worden goedgemaakt door andere attributen waarop een merk beter scoort. Wanneer de prijs bijvoorbeeld te hoog is wordt er niet verder nagedacht over de aankoop van een bepaald merk. In wat volgt worden een aantal eenvoudige, niet-compenserende beslissingsregels besproken.

Lexicografische beslissingsregel

Wanneer de consument via de **lexicografische beslissingsregel** een beslissing neemt, zal er eerst gekeken worden naar het belangrijkste attribuut. Het merk dat hier het beste op scoort zal worden gekozen, zonder rekening te houden met de andere attributen. In het geval van de smartphones was de prijs het belangrijkste voor de consument in kwestie. Dat zou dus willen zeggen dat er volgens tabel 3.1 gekozen wordt voor het merk Huawei, aangezien dat het beste scoort op het belangrijkste attribuut. Wanneer twee merken hetzelfde scoren voor het belangrijkste attribuut wordt er gekeken naar het op een na belangrijkste attribuut.

Disjunctieve beslissingsregel

Een **disjunctieve beslissingsregel** gaat uit van een of enkele positieve eigenschappen van een product of merk. Er wordt dan geen aandacht besteed aan de andere eigenschappen van het product. Er wordt bijvoorbeeld gekozen voor een laptoptas omdat ze van een bepaald merk is. Dat de laptop er eigenlijk niet goed in past en dat er geen extra opbergruimte in de tas is wordt niet meegenomen in de beslissing.

Conjunctieve beslissingsregel

Bij de **conjunctieve beslissingsregel** worden minimum- en maximumwaarden vastgesteld op de verschillende eigenschappen of attributen van een product. Wanneer alle attributen binnen de grenzen liggen zal er voor dat merk gekozen worden. Vanaf het moment dat een van de attributen buiten de grenzen ligt zal het merk worden verworpen. Wanneer meerdere merken volledig binnen de grenzen liggen zal er een keuze gemaakt worden met behulp van een van de andere beslissingsregels.

Heuristieken

Bij het beperkt probleemoplossend gedrag maken sommigen ook gebruik van heuristieken. **Heuristische beslissingen** zijn beslissingen die genomen worden aan de hand van heel eenvoudige vuistregels of heuristieken. Een **heuristiek** is een methode die mensen helpt bij het maken van keuzes door het gemakkelijker te maken de waarde van een bepaald alternatief in te schatten. Mensen streven er in deze situatie dus niet naar om de beste beslissing te nemen maar wel om een beslissing te nemen die 'goed genoeg' is. In vaktermen spreken we in dit geval ook wel over *satisficers* (zie ook punt 2.1.3). **Satisficers** zijn mensen die niet de moeite willen doen om alle alternatieven met elkaar te vergelijken en settelen voor een oplossing die goed is, maar daarom niet per se de beste. Vaak zien we dit gedrag in situaties waar de verschillende opties niet zo heel veel van elkaar verschillen of wanneer het over een relatief goedkoop item gaat. De gebruikte heuristieken besparen dus moeite voor de consument.

Enkele heuristieken die vaak worden gebruikt tijdens het nemen van een beslissing zijn:

- *Land van herkomst gebruiken als signaal.* Aziatische elektronica wordt geacht goed te zijn, terwijl de kwaliteit van Aziatische kleding vaak als lager gepercipieerd wordt.
- *Afgaan op één productsignaal.* Mensen gaan in dit geval af op wat men ziet. Wanneer iemand een tweedehandsauto verkoopt zal hij of zij veel moeite doen om ervoor te zorgen dat deze auto netjes gewassen en gestofzuigd is. Een potentiële koper beoordeelt de wagen dan in zijn geheel op basis van wat hij aan de oppervlakte ziet.
- *Duurder is beter.* Wanneer ze snel een beslissing willen nemen gaan sommige mensen ervan uit dat de duurdere optie meer kwaliteit betekent. In sommige gevallen zal dat inderdaad zo zijn, maar dat hoeft zeker niet altijd.

FIGUUR 3.3.

Audi kiest bewust voor de slogan 'Vorsprung durch Technik' in het Duits om zo de link met het land van afkomst en de Duitse gründlichkeit duidelijk te stellen.

3.2.4 Routinematig gedrag

Wanneer een consument meer ervaren wordt in het kopen van een bepaald product wordt het risico dat er een verkeerde keuze gemaakt wordt kleiner. Daardoor is er minder nood aan het zoeken naar informatie en zo kan de consument een beslissing nemen op basis van wat hij of zij al weet. **Routinematig gedrag** gaat dus uit van gewoontes of routines die klanten hebben doordat ze ervaring hebben met het product of het merk in kwestie. Dat kan zowel voorkomen bij producten waarvoor vroeger uitgebreid naar informatie werd gezocht als bij producten waar vroeger beperkt probleemoplossend gedrag werd vertoond. Zo kan het bijvoorbeeld zijn dat je erg lang gezocht hebt naar de juiste smartphone maar dat je daarna systematisch voor hetzelfde merk kiest, zonder opnieuw alle nieuwe snufjes te bekijken en te vergelijken. Aan de andere kant is het ook mogelijk dat je per toeval voor een bepaald merk wc-papier koos en dat je de volgende keer hetzelfde merk kiest omdat je wel tevreden bent.

TABEL 3.2.

	Geen of weinig ervaring met het product	Meer ervaring met het product
Hoge betrokkenheid bij de beslissing	Uitgebreid probleemoplossend gedrag	Routinematig gedrag
Lage betrokkenheid bij de beslissing	Beperkt probleemoplossend gedrag	Routinematig gedrag

Routinematig beslissingsgedrag is overigens niet hetzelfde als een impulsaankoop. In sommige situaties zul je zien dat consumenten niet de moeite doen om veel informatie te verwerken vooraleer ze tot een aankoop overgaan. Bij een **impulsaankoop** nemen mensen zonder al te veel informatie een beslissing in een situatie waarin ze normaal veel meer informatie zouden nodig hebben om een besluit te nemen. Dat resulteert dan ook vaak in een suboptimale oplossing voor het probleem.

Stel je bijvoorbeeld voor dat je als vrouw om 13.00 uur een uitnodiging ontvangt voor een galadiner diezelfde avond. Waar normaal misschien dagen nodig zouden zijn om alle winkels af te schuimen om het juiste kleedje te vinden moet je dan in enkele uren kleed, schoenen, make-up en accessoires in orde krijgen. Deze tijdsdruk zou kunnen leiden tot een aantal impulsaankopen.

Een andere reden waarom mensen overgaan tot een impulsaankoop is omdat ze ergens écht veel trek in krijgen. Snoep en kauwgom worden zo in de supermarkt dicht bij de uitgang geplaatst om mensen aan te zetten die op het laatste moment toch nog (ongepland) bij hun boodschappen te voegen. Meestal doen we een impulsaankoop voor producten die een lage waarde hebben, zoals een pakje kauwgom, maar in sommige gevallen worden toch ook duurdere items in een impuls gekocht.

Onderzoek toont aan dat er vier stijlen zijn van impulsshopping.

- *Accelerator impulse*: in dit geval worden mensen gemotiveerd om stock aan te leggen van een bepaald product om op die manier te anticiperen op een behoefte in de toekomst. De massale aankoop van wc-papier in het begin van de coronacrisis is daar een mooi voorbeeld van. Veel *sales promotions* of *buy one get one free* (BOGOF)-acties zijn ook daarop gericht. Consumenten rationaliseren hun impulsaankoop van het moment dan omdat ze het nog wel zullen gebruiken in de toekomst.
- *Compenserende impuls*: consumenten doen in dit geval een impulsaankoop om zichzelf te belonen voor een bepaalde prestatie, of als compensatie voor iets waarin ze gefaald hebben. Veel advertenties van tussendoortjes spelen daarop in door aan te geven dat je wel een tussendoortje verdient als je zo hard werkt.
- *Breakthrough impulse*: mensen die op deze manier een impulsaankoop doen worden vaak getriggerd door een latente behoefte. Ze zitten bijvoorbeeld vast in een bepaalde levensfase en denken dat een bepaalde aankoop hun zal helpen om eruit te raken. Vaak zijn deze aankopen erg ingrijpend. Een voorbeeld zou de aankoop van een verlovingsring zijn en het daarbij horende aanzoek, omdat een man voorbij een juwelier loopt en de plotse drang voelt om die ring te kopen. Maar ook de aankoop van een nieuwe auto of zelfs de aankoop van een huis vallen daar in sommige gevallen onder.
- *Blinde impuls*: dit gaat over impulsen die moeilijk te rationaliseren zijn door de aankoper. Vaak zien we dat mensen helemaal stapelgek zijn van een bepaald product en het gewoonweg móéten hebben. Meestal wordt dan niet nagedacht over de implicaties van de aankoop. Zintuigen op een juiste manier stimuleren zou er bijvoorbeeld toe kunnen bijdragen dat mensen sneller dat gevoel krijgen. Spelen met geuren, kleuren en geluiden kan je hier als marketeer aardig op weg helpen.

FIGUUR 3.4.

KitKat speelt in op de compenserende beslissingsregel en vindt dat je wel een KitKatsnack verdient als je hard hebt gewerkt en toe bent aan een pauze.

© KitKat

3.2.5 Routine of loyaliteit?

In sommige gevallen zal routinematig koopgedrag lijken op loyaal koopgedrag terwijl het er eigenlijk mijlenver van afligt. Wanneer mensen elke keer wanneer ze gaan winkelen hetzelfde merk kopen louter en alleen omdat het minder inspanningen vraagt, dan spreken we over **inertie**. In dat geval is er totaal geen betrokkenheid bij het merk en zullen mensen, wanneer een product geïntroduceerd wordt dat makkelijker te kopen is, ook snel overschakelen. De consument zal er in dit geval ook niet van wakker liggen mocht zijn 'standaard'merk uitverkocht zijn en zal zonder problemen overschakelen naar een ander merk. Stel dat ik bijvoorbeeld altijd Lays-chips eet maar die is uitverkocht, dan zal ik in het geval van inertie zonder morren overschakelen op Crokychips of chips van een huismerk.

In andere gevallen kopen mensen echter wel telkens hetzelfde merk omdat ze merktrouw zijn. Deze **merktrouw** of **loyaliteit** berust op een bewuste beslissing van de consument om telkens hetzelfde merk te kopen om een bepaalde behoefte te bevredigen. In dit geval is er sprake van een positieve attitude ten opzichte van het merk in kwestie en zal de betrokkenheid veel hoger blijven dan in het geval van inertie. In veel gevallen berust deze attitude niet enkel op objectieve eigenschappen van het merk maar is er ook een emotionele band. Zo kan het bijvoorbeeld zijn dat je altijd Miracolipasta serveert omdat die je doet denken aan de spaghetti die je oma ook altijd voor jou klaarmaakte als kind. Een emotionele band met een merk zorgt er ook voor dat consumenten vaak heftig reageren wanneer het merk in kwestie iets verandert aan het product.

FIGUUR 3.5.

© GAP

Toen GAP in 2010 besloot dat het tijd was om het logo te veranderen, kwam er een hevige storm van protest. Na klachten via Facebook en Twitter besloot het bedrijf dan maar om het nieuwe logo (rechts) weer in te ruilen voor het originele logo (links). Mensen waren dus erg loyaal aan GAP en stonden niet open voor veranderingen.

Ook online zien we steeds meer community's ontstaan. Ook dat is een indicatie van merktrouw of loyaliteit. Veel fans maken pagina's op sociale media waar ze bijvoorbeeld toepassingen van producten laten zien. Community's zijn er voor tal van verschillende merken, gaande van Harley Davidson tot Nutella of zelfs de winkelketen Action.

3.3

BEÏNVLOEDING VAN EVALUATIE

Marketeers proberen natuurlijk constant de manier waarop iemand een beslissing neemt te beïnvloeden. Een van de manieren waarop iemands beslissing kan worden beïnvloed is door gebruik te maken van **priming**; dat wil zeggen dat bepaalde mentale concepten geactiveerd worden waardoor ze toegankelijker worden en later ons gedrag (onbewust) zullen beïnvloeden. Dat wil het dus zeggen dat je bepaalde zaken beter kunt onthouden en oproepen uit je geheugen omdat je er in het verleden al mee in aanraking bent gekomen. Een van de manieren waarop een marketeer priming kan gebruiken is bijvoorbeeld door productplacement. Wanneer in de populaire éénreeks *Thuis* bijvoorbeeld consequent Nutellachoco op tafel staat wordt daardoor het gedrag onbewust beïnvloed. Wanneer de consument dan later voor het rek in de supermarkt staat zal hij of zij Nutella makkelijker herkennen en er vaker voor kiezen.

Een andere manier waarop gedrag beïnvloed wordt is door gebruik te maken van **framing**; dat wil zeggen dat je informatie op een manier voorstelt waardoor ze aantrekkelijker wordt. Het gaat in dit geval dus niet over wat je zegt, maar wel om hoe je iets zegt. Zo kun je bijvoorbeeld gehakt verkopen met 50% minder vet, of je kunt gehakt verkopen waarin nog steeds 30% vet zit. In de praktijk komt het op hetzelfde neer, maar door het anders te verpakken komt het heel anders over bij de consument.

FIGUUR 3.6.

Lays maakt gebruikt van framing door op de verpakking aan te geven dat er 50% 'minder vet' in hun Oven Baked-chips zit.

© Lays

Waar het in het geval van priming dus vooral gaat over het beïnvloeden van de beslissing van de consument door vooraf iets in zijn of haar hoofd te planten, gaat het bij framing over het bewust veranderen van de context waardoor iemand een andere beslissing zal nemen.

Een volgende manier waarop beslissingen en gedrag beïnvloed kunnen worden is door gebruik te maken van **nudging**; daarbij proberen we mensen op een subtiele manier aan te zetten om hun gedrag te wijzigen, zonder iets te verbieden of de financiële prikkels significant te veranderen. Een *nudge* betekent eigenlijk een duwtje. We geven mensen in dit geval dus een duwtje in de richting van het gewenste gedrag. Het schoolvoorbeeld van een *nudge* is het plaatsen van een sticker van een vlieg in een urinoir zodat mannen beter mikken en niet meer naast het urinoir plassen. Een vorm van nudging waarmee je als marketeer makkelijk aan de slag kunt is het verhogen van het gemak. Wanneer gezonde voeding in een supermarkt op ooghoogte wordt geplaatst is de kans groter dat een consument hiervoor zal kiezen.

FIGUUR 3.7.

Holle Bolle Gijs zet bezoekers al jaren aan tot het stellen van het juiste gedrag. Hij geeft mensen een extra duwtje in de rug om hun papier niet op de grond te gooien. Een mooi voorbeeld van nudging.

3.4 THE PARADOX OF CHOICE

Hoe meer alternatieven er worden aangeboden aan de consument, hoe hoger de mentale kosten die gepaard gaan met het maken van een keuze. Het gevolg daarvan is dat er op een bepaald punt verzadiging zal optreden waarna de kans dat een product zal worden opgenomen in de *consideration set* opnieuw daalt.

Daar waar een buurtwinkel in de jaren vijftig ongeveer drieduizend artikelen aanbood, hebben hedendaagse supermarkten minstens tien keer zoveel artikelen in hun rekken staan. Theoretisch gezien zou meer keuze ervoor zorgen dat een individu beter af is. Wanneer een consument over veel keuze beschikt zou hij of zij immers meer intrinsiek gemotiveerd zijn, zou er meer controle worden ervaren en zou de consument meer tevreden zijn met de uitkomst. Verschillende experimenten hebben echter aangetoond dat deze theorie niet altijd opgaat. Wanneer consumenten geconfronteerd worden met meer opties en wanneer de verschillen tussen de mogelijkheden heel klein worden, zullen ze meer geneigd zijn om gebruik te maken van simpele heuristieken om hun keuze te maken. Het gevolg daarvan is dat mensen minder keuzemogelijkheden zullen opnemen in hun consideratieset en dat over de producten die wel in acht worden genomen een veel kleiner deel van de beschikbare informatie verwerkt wordt. Dit fenomeen noemen we **choice overload** of keuzeoverdaad.

Meer keuze brengt dus niet automatisch een hogere tevredenheid teweeg. Schwartz noemde dit fenomeen **the paradox of choice** en haalt aan dat mensen hoge verwachtingen hebben wanneer ze kunnen kiezen uit een groot assortiment. Nochtans zijn mensen daarom niet meer tevreden met hun keuze. Er zijn drie elementen die dat verklaren:

- *Verlamming*. Te veel keuze veroorzaakt verlamming in plaats van een goed gevoel. Wanneer er te veel keuze wordt geboden aan de consument kan het immers moeilijk zijn om een keuze te maken. Daardoor zien consumenten ertegenop om de keuze te maken en proberen ze die uit te stellen. Sommige consumenten maken zelfs helemaal geen keuze.
- *Spijt*. Wanneer consumenten een grotere verantwoordelijkheid ervaren doordat ze moeten kiezen uit een groter assortiment kan er spijt optreden. Op dit gevoel na de aankoop komen we later nog terug.
- *Te veel informatie*. Consumenten moeten meer mogelijkheden in acht nemen waardoor de beslissing meer moeite kost en het beslissingsproces meer tijd in beslag zal nemen. Dat leidt er opnieuw toe dat consumenten opzien tegen het nemen van een beslissing.

Toch moeten we niet stellen dat alle keuzes dan alleen maar slecht zijn. Een groot assortiment stimuleert consumenten hun zin voor variëteit en zorgt ervoor dat mensen meer kans hebben dat ze het juiste product zullen vinden. Wanneer je bijvoorbeeld met een groep mensen op restaurant gaat en het restaurant biedt veel opties dan is de kans groter dat de klanten gemiddeld meer tevreden zullen zijn. Wanneer de consument weet wat zijn of haar voorkeur is zullen meer keuzes dus een grotere kans op succes bewerkstelligen. Wanneer dat echter niet zo is dan zal men geconfronteerd worden met **keuzestress**. Deze bevindingen kunnen samengevat worden in figuur 3.8. De relatie tussen keuzemogelijkheden en het positieve gevoel dat gepaard gaat met consumptie wordt hier weergegeven als een omgekeerde U-vormige relatie. Zowel te veel als te weinig keuzemogelijkheden leiden ertoe dat mensen niet bevredigd zijn. Een assortiment van gemiddelde grootte zal dus het beste resultaat geven. Wat die gemiddelde grootte dan precies is verschilt van sector tot sector en van product tot product.

FIGUUR 3.8.

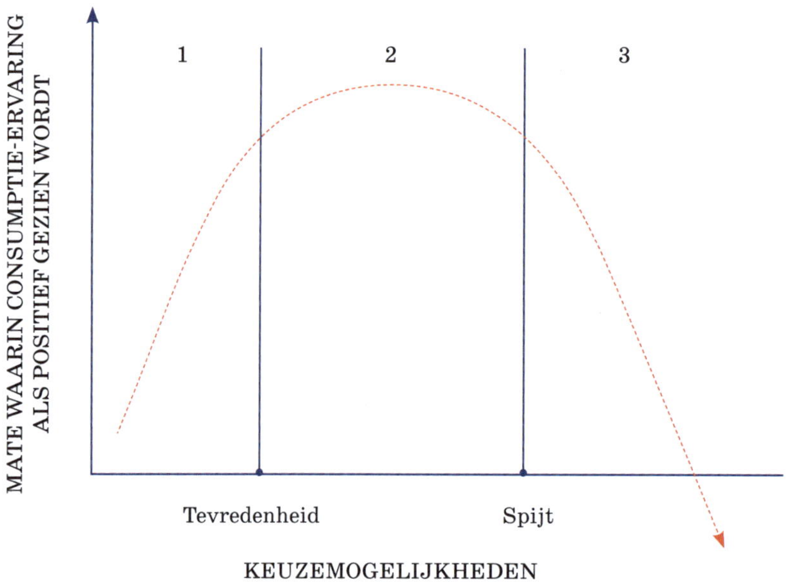

In de praktijk zien we ook dat sommige merken daar sterk op inspelen. Als we kijken naar de auto-industrie dan zien we dat we geëvolueerd zijn van een industrie waarin geen enkele keuzeoptie was naar een industrie waarin gigantisch veel mogelijkheden bestaan. Initieel konden we een Ford T in elke kleur kopen, zolang het maar zwart was. Honderd jaar later kun je in een garage kiezen tussen tientallen verschillende kleuren, verschillende types qua 'motorisatie' en heel veel verschillende soorten binnenbekleding. Maar tegelijkertijd zien we ook een tegenbeweging. Tesla beperkt zich zo tot enkele modellen die maar in vijf kleuren beschikbaar zijn. Daarnaast kies je nog tussen snelheid of bereik en voor een trekhaak en/of een autopilot. De keuzes voor de consument zijn hier dus erg beperkt, wat het proces heel wat eenvoudiger maakt.

3.5

VERLOOPT HET BESLISSINGSPROCES ONLINE ANDERS DAN OFFLINE?

De fases van het koopproces die we beschrijven in dit hoofdstuk zijn onafhankelijk van het kanaal dat gebruikt wordt om te shoppen. Natuurlijk is online winkelen erg gemakkelijk en snel, zeker wanneer je beschikt over een Visakaart, bankcontactapp of PayPalaccount. Online is het vaak makkelijker om producten met elkaar te vergelijken en je vindt meestal sneller het product waarnaar je op zoek bent. Je moet immers niet tussen alle rekken wandelen en hoeft niet van de ene winkel naar de andere te lopen om een vergelijking te kunnen maken. Nochtans zijn er ook elementen die het online zoeken en kopen kunnen bemoeilijken.

Wanneer je bijvoorbeeld op zoek bent naar een keukenrobot maar nog geen ervaring hebt met dit product word je online vaak bedolven onder de technische informatie. Mensen zien dan door de bomen het bos niet meer en zullen in sommige gevallen zelfs helemaal gedemotiveerd raken. Ook wanneer een product niet aantrekkelijk wordt voorgesteld en de foto's niet duidelijk zijn zullen mensen afhaken. Voor veel producten is ook het feit dat mensen het product niet kunnen aanraken een element dat het online maken van een keuze bemoeilijkt. Daarnaast hebben mensen online ook weinig geduld. Wanneer ze het juiste product niet vinden in enkele muisklikken zullen ze snel afhaken en op een andere site verder zoeken. Als marketeer kun je daarop inspelen door de persoonlijke service van de winkel ook online aan te bieden. Op basis van koop- of klikgedrag zou je aanbevelingen kunnen doen aan consumenten over producten die misschien ook interessant zijn voor hen. Amazon is daar al heel erg goed in, maar je ziet dat ook andere onlineretailers ermee aan de slag gaan. Op deze manier wordt het beslissingsproces vergemakkelijkt en zullen mensen ook online sneller overgaan tot een aankoop.

BUYING IS PROFOUND PLEASURE.

— Simone de Beauvoir

4. AANKOOP

Na de fase van evaluatie en selectie heeft de consument een concreet beeld in zijn hoofd van wat er aangekocht moet worden. Daaropvolgend zal (mogelijk) een aankoop plaatsvinden. De aankoopfase bestaat uit het handelen van de consument op de plaats van de aankoop of op de weg daar naartoe. Daarvoor zijn uiteraard, net zoals bij de voorgaande fases, middelen en opportuniteit nodig. In dit geval gaat het dan vooral om financiële middelen en de tijd om de aankoop te doen.

Een aankoop van een product kan op drie manieren gebeuren. De meest klassieke manier is een offline aankoop, bijvoorbeeld een nieuwe outfit in een kledingzaak. Steeds vaker worden ook volledig online aankopen gedaan, bijvoorbeeld een nieuwe gsm. Tot slot kan ook een synergie van beide kanalen gebruikt worden waarbij bijvoorbeeld een bestelling wordt geplaatst op een webscherm dat geïntegreerd is in een fysieke schoenenwinkel of een online bestelling wordt afgehaald, omgewisseld of teruggebracht naar een fysieke winkellocatie. Bij de aankoop van een dienst zijn deze drie mogelijkheden dezelfde, maar zal vooral de synergie een steeds belangrijkere rol spelen. Bij een dienst zijn namelijk vaker mensen betrokken die de dienst moeten uitvoeren waardoor de offline component aanwezig is, desnoods op locatie bij de klant. Het online verhaal kan daarbij een ondersteunende functie bieden, denk maar aan het online reserveren van een activiteit of het bestellen van drank via een app.

Deze drie systemen hebben elk uiteraard hun voor- en nadelen. Een offline aankoopproces zal vooral de voorkeur genieten van kopers dankzij de tastbaarheid van de producten en de daaraan gekoppelde klantbeleving. Door een Ritualswinkel lopen waar je de verschillende geuren kunt beleven met al je zintuigen biedt een betere ervaring dan de louter visuele ervaring op de webshop. Daarbij komt nog het serviceaspect waarbij een persoonlijke begeleiding tijdens het aankoopproces mogelijk is. Denk maar aan een interieurspecialist die de consument kan begeleiden bij het aankopen van verf. Tot slot kan een consument de aankopen onmiddellijk mee naar huis nemen wat voor velen toch ook een groot pluspunt is. Het belangrijkste nadeel voor het bedrijf zijn de investeringskosten aangezien er een fysieke locatie nodig is die niet alleen gekocht of gehuurd moet worden, maar ook nog volledig aangekleed naar de huisstijl van het merk. Voor de klant is fysiek shoppen ook tijdsintensiever en minder efficiënt. Hier komt echter het voordeel van de klantenbeleving naar boven waardoor shoppen niet enkel transactioneel kan zijn, maar ook een vorm van ontspanning. Winkelen in fysieke winkels is ook plaats- en tijdafhankelijk. Een klant moet zich namelijk binnen de openingstijden naar de locatie van de winkel begeven. Tot slot is het voor een winkel niet altijd mogelijk – om logistieke, maar ook financiële redenen – om het volledige assortiment steeds op voorraad te hebben.

Het online aankoopproces biedt extra voordelen voor het bedrijf op het vlak van meetbaarheid en schaalbaarheid. Online kan een consument volledig worden gevolgd tijdens het doorlopen van zijn of haar aankoopfase. Deze informatie kan nuttig zijn om het aankoopproces voor deze klant in de toekomst efficiënter en persoonlijker te maken. Schaalbaarheid slaat op het feit dat online een veel grotere doelgroep kan worden bereikt, zonder al te veel extra kosten. Ook zijn er online meer mogelijkheden op het vlak van advertenties om snel een doelgroep te bereiken en onmiddellijk de webshop te laten bezoeken. Voor de klant is het maken van online aankopen dan weer plaats- en tijdonafhankelijk waardoor er op elk moment van de dag op elke webshop kan worden gekocht. Daarnaast hebben webshops ook vaker een groter assortiment in de aanbieding aangezien de logistiek gecentraliseerd kan worden waardoor de volledige stock voor iedereen beschikbaar is. Bij een fysieke winkel is de stock opgedeeld per vestiging.

Om de klant een goede beleving te kunnen bieden moeten wel de nodige investeringen gebeuren om de online omgeving, en het logistieke systeem erachter, goed te ontwikkelen. Daarbij moet extra rekening gehouden worden met beveiliging, zowel wat betreft het beschermen van persoonlijke gegevens van de klanten, als wat betreft het beveiligen van de financiële transacties. Voor de klant zelf kunnen een online winkel en de aangeboden producten minder vertrouwen uitstralen. Dat is vooral te wijten aan het ontbreken van de tastbaarheid van de producten. Het opbouwen van klantenvertrouwen door bijvoorbeeld het toevoegen van ratings en testimonials op de website zal dus ook extra werk vragen. Waar een klant in een fysieke winkel zijn of haar aankopen onmiddellijk mee naar huis kan nemen, zal er bij een webshop steeds rekening moeten worden gehouden met leveringstijd en de daarbij horende kosten. Die worden tegenwoordig tot een minimum beperkt, maar ze helemaal elimineren is onmogelijk.

De oplossing die de voordelen van beide systemen combineert is het aanbieden van een synergie van beide manieren van aankoop, een zogeheten *cross-channel*-aanpak. Een nadeel dat hierbij wel moet worden opgemerkt is de stijgende complexiteit van de retailomgeving waardoor het moeilijker is om een overzicht te behouden van alle *touchpoints* waarmee de consument in aanraking komt. Die zullen namelijk zowel fysiek plaatsvinden, als via het internet. Het is zeer belangrijk dat deze twee werelden naadloos in elkaar overgaan. Daarvoor is het opstellen van een *cross-channel customer journey*, dat verder in dit deel meer in detail wordt besproken, de ideale leidraad.

TABEL 4.1.

Offline aankoopproces	
+ Tastbaarheid	– Kostprijs locatie
+ Klantenbeleving	– Tijdsintensief
+ Aankoop direct mee naar huis	– Plaats- en tijdsafhankelijk
+ Service	– Assortiment
Online aankoopproces	
+ Meetbaarheid	– Ontwikkeling online omgeving
+ Schaalbaarheid	– Beveiliging
+ Plaats- en tijdsonafhankelijk	– Klantenvertrouwen
+ Breed en diep assortiment	– Leveringskosten en -tijd
Synergie	
+ Voordelen offline aankopen	– Overzicht behouden
+ Voordelen online aankopen	– Hogere kosten

Al enkele jaren valt op te merken dat beide kanalen (online en offline) niet meer in silo's naast elkaar bestaan en dat elke vorm van aankoop wel een fysieke en digitale kant kent. De mate van integratie en zichtbaarheid naar de eindklant toe ondergaat momenteel een sterke transitie in de richting van een volledige *cross-channel* klantenbeleving.

Tijdens de aankoopfase in de consumptiecyclus wordt niet altijd enkel een transactie van een vooraf gemaakte beslissing afgerond. Vaak wordt de klant verleid tot het opnieuw doorlopen van de voorgaande fases, vertrekkend van probleemherkenning, vaak gebaseerd op een latente behoefte, om zo extra aankopen te stimuleren. Klanten bezoeken ook soms een winkel zonder vooraf al een aankoopbeslissing in hun hoofd te hebben, maar om zich te laten inspireren door het aangeboden assortiment of de expertise van een medewerker. Alle inspanningen die de marketeer doet om de klant zijn of haar aankoop vlot te laten verlopen én het promoten van de aangeboden producten of diensten op de plaats van de aankoop vallen onder *point of sale marketing*, afgekort POS-marketing.

Het doel van de consument bij het bezoeken van een winkellocatie, ongeacht of dat een online of offline locatie is, kan tweeledig zijn. Enerzijds kan de klant een al gekozen product willen aankopen. Het doel als marketeer daarbij is het de consument zo eenvoudig mogelijk maken om deze transactie te laten plaatsvinden. Dat begint bij een logische opbouw van de winkel. In fysieke winkels moet het assortiment overzichtelijk worden uitgestald en moet het voor de klant duidelijk zijn hoe de verschillende productgroepen zich in de winkel bevinden. Aanvullend daarop is het noodzakelijk om praktische informatie te verschaffen in het winkelpunt, denk aan het aanbrengen van prijskaartjes of het aanduiden van waar de kassa zich bevindt. Online uit zich dat in het duidelijk zichtbaar maken van het winkelmandje, vaak rechtsboven op de website, en het efficiënt doorlopen van het afrekenen in verschillende stappen.

Het efficiënt laten verlopen van de aankoop, voor elke klant afzonderlijk, vergt grote inspanningen. Een constante monitoring en optimalisatie is daarbij nodig. Online kan dat door na te gaan welke pagina's van de website worden bezocht, hoelang klanten daarop blijven en op welke knoppen de klanten klikken. In een fysieke winkel kunnen looplijnen in kaart worden gebracht en is het noodzakelijk dat medewerkers de kans hebben om feedback te geven over hoe het eraan toegaat op de winkelvloer. Zo kan een marketeer zich een beeld vormen van hoe de klant de aankoopfase doorloopt. Als er eventuele problemen aan het licht komen zoals het ontstaan van lange wachtrijen of het ontdekken van een grote *exit rate*, het moment dat klanten de website verlaten zonder het finaliseren van hun aankoop, vanaf een bepaalde pagina, kan dat gericht worden opgelost door de marketeer.

Naast het laten plaatsvinden van een vooraf besliste aankoop kan de consument ook nood hebben aan het voortzetten van de zoektocht naar een oplossing voor een probleem. De klant kan daarbij zowel in de fase van de informatieverkenning zitten, waarbij de winkel als commerciële bron wordt beschouwd, als in de fase van evaluatie en selectie. Alle elementen die in de vorige hoofdstukken werden besproken zijn hierbij van toepassing. Het doel voor de marketeer is het begeleiden van de klant in zijn of haar zoektocht door op de juiste manier informatie te verschaffen. Daarvoor kan gebruikgemaakt worden van winkelpersoneel of gestructureerde informatie op de website. Het opkomen van chatbots speelt daar ook op in.

Voorts heeft het winkelpunt ook de taak om de klant te verleiden en latente behoeftes op te wekken. Deze behoeftes kunnen een connectie vertonen met een al genomen aankoopbeslissing waarbij een marketeer aan upselling (het verkopen van een duurdere uitvoering van een vooraf gekozen product of dienst) of aan cross-selling doet (het verkopen van extra toebehoren, aanvullend op een vooraf gekozen product of dienst). Vaak worden ook producten gepromoot die losstaan van de reden waarom de consument de winkel bezoekt. Daarvoor wordt in het winkelpunt aan promotionele communicatie gedaan om impulsaankopen te stimuleren. Deze communicatie moet getoetst worden aan het perceptieproces dat wordt doorlopen en aansluiten bij het koopproces dat de klant, vaak onbewust, doorloopt. Voorbeelden van promotionele communicatie zijn het aanduiden van kortingen of het duidelijk zichtbaar plaatsen van de te promoten producten door gebruik te maken van opvallende displays in de winkel of banners op de website.

A SATISFIED CUSTOMER
IS THE BEST BUSINESS STRATEGY OF ALL.

— Michael LeBoeuf,
auteur en voormalig managementprofessor
aan de Universiteit van New Orleans

5. POST-AANKOOP

De laatste fase in ons aankoopproces behelst alles wat er gebeurt na de aankoop en het gebruik van het product. Algemeen kunnen we die opdelen in drie grote onderdelen. Het eerste aspect gaat over de nieuwe vormen van relaties die bedrijven aangaan met consumenten, ook nadat er al gekocht is. Het volgende facet gaat over tevredenheid. Het is immers pas nadat we ervaring hebben opgedaan met een product of dienst dat we kunnen oordelen of dat nu de juiste manier was om een bepaalde behoefte te bevredigen. Het derde en laatste element dat naar voren komt is hoe consumenten zich van producten ontdoen. Ook dat is immers onderdeel van consumentengedrag.

5.1 PAAS

De laatste jaren zien we een shift van een lineaire economie naar een meer circulaire economie. In plaats van te focussen op een eenmalig contact tussen bedrijf en klant waar het product gepusht wordt en waar de relatie daarna stopt zien we nu dat er producten verkocht of verhuurd worden in combinatie met een service. Deze combinatie tussen product en ondersteunende diensten noemen we **product as a service (PaaS).** De aanbieder van het product blijft in dat geval nog steeds eigenaar van het product. Concreet wil dat zeggen dat aan een product in kwestie bijvoorbeeld onderhoudsdiensten gekoppeld worden. We zien dan een overgang van een eenmalige focus op verkoop naar een soort van abonnement waardoor de klant een wekelijks, maandelijks of jaarlijks bedrag betaalt. In Nederland zien we zo bijvoorbeeld het bedrijf Swapfiets, waarbij de klant zelf geen fiets meer aankoopt, maar wel het recht koopt op een werkende fiets.

Door de overschakeling naar *product as a service* ontstaat een meer constante relatie met de klant in kwestie. Er is meer engagement nodig vanuit het bedrijf zelf en er is een betere opvolging qua klantenondersteuning. Wanneer je dat goed doet zal het leiden tot tevredener en loyaler consumenten. Het gaat dus verder dan alleen maar een product 'verhuren'. Het bedrijf engageert zich in dit geval om voor het product te zorgen en neemt het zelfs terug als het niet meer werkt. Daardoor worden bedrijven dus ook intrinsiek gemotiveerd om een steeds beter product op de markt te brengen. Een voorbeeld daarvan vinden we terug op de luchthaven van Schiphol. Schiphol huurt licht van Philips. Ze betalen daar elk jaar een bepaald bedrag voor, maar tegelijkertijd blijft Philips wel de eigenaar van de lampen. Ze zijn verantwoordelijk voor het onderhoud en de vervangingen en zullen op deze manier ook geneigd zijn om het optimale product te leveren aan de klant zodat ze zelf minder onderhoud moeten doen.

Wanneer bedrijven het product daadwerkelijk terugnemen en de onderdelen kunnen recycleren of het product refurbished opnieuw op de markt zetten spreken we van een **circulaire economie**. Dat staat natuurlijk heel ver af van het traditionele businessmodel, waar we iets kopen om ons er dan later weer van te ontdoen. Tegelijkertijd is dat wel een van de grote redenen waarom je als bedrijf zou inzetten op *product as a service*. Bedrijven kunnen via dit model slimmer verdienen met dezelfde investering in grondstoffen. Voordelen van het PaaS-model voor de klanten zijn de flexibiliteit van de formule, meer customersupport, minder hoge initiële investeringskosten en de mogelijkheid om een nieuwere versie van een product te krijgen wanneer het abonnement afgelopen is.

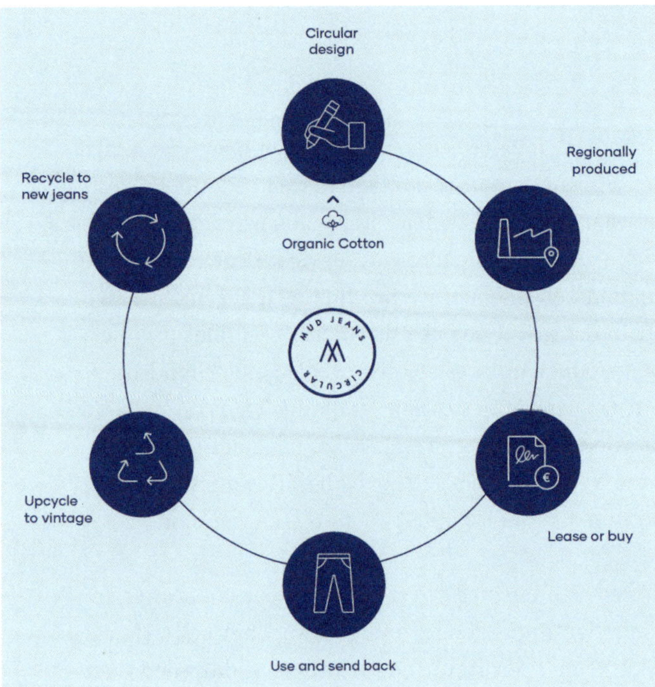

FIGUUR 5.1.

Mudjeans is een Nederlands bedrijf waar je een jeans kunt leasen. Uitgekeken op jouw broek? Stuur ze terug en ze wordt door het bedrijf gerecycled. Een mooi voorbeeld van een concept dat volledig past binnen de circulaire economie.

© Mudjeans

5.2

TEVREDENHEID

Al tijdens de gebruiksfase zal de klant zich afvragen of het gekozen alternatief een goede oplossing was voor zijn of haar probleem. Indien het product voldoet aan de vooropgestelde verwachtingen zal de consument tevreden zijn maar in het andere geval zal hij of zij ontevreden zijn. De evaluatie die een consument maakt tijdens en na het gebruik zal in grote mate bepalen of een volgende keer voor hetzelfde merk of product gekozen wordt of dat men op zoek gaat naar een ander alternatief.

Of een consument al dan niet tevreden is zal afhankelijk zijn van de prestatie van het product in de ogen van de consument. Eerst en vooral zijn de verwachtingen die een consument heeft erg belangrijk. Wanneer een product immers niet voldoet aan de verwachtingen zal een consument nooit tevreden zijn. Wanneer je Axedeodorant hebt gekocht en de vrouwen vallen nog steeds niet in zwijm voor je, dan zal dat waarschijnlijk jouw tevredenheid negatief beïnvloeden. Op dat moment is er dus een verschil tussen jouw verwachtingen en de echte prestatie van het product.

Dat wordt ook beschreven in het **verwachtingsdisconfirmatiemodel**. Volgens dit model wordt tevredenheid bepaald door het feit of een product al dan niet voldoet aan de verwachtingen. Deze verwachtingen worden geschapen door marketingcommunicatie, maar ook mond-tot-mondreclame is een belangrijke factor. Wanneer een product dan werkelijk presteert op het niveau dat beloofd werd door de reclame of door andere mensen zijn we gelukkige consumenten, maar wanneer het product onder de verwachtingen presteert zal dat leiden tot ontevredenheid. Dat wordt in figuur 5.2 schematisch weergegeven.

FIGUUR 5.2.

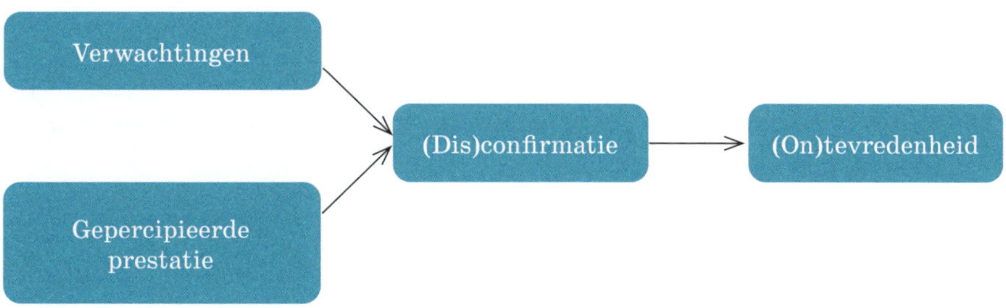

In geval van niet-duurzame goederen zal deze evaluatie erg snel en tijdens het gebruik plaatsvinden. Wanneer je bijvoorbeeld een nieuwe frisdrank uitprobeert dan zul je heel snel beslissen of je die lekker vindt en die nog een keer wilt drinken of dat je in het vervolg toch maar weer jouw standaarddrankje uit de automaat zult halen. In dit geval betekent gebruik ook vaak het einde van de consumptiecyclus en moeten we weinig aandacht geven aan de fase na aankoop.

In het geval van duurzame goederen, bijvoorbeeld een wasmachine of een laptop, zal de fase na aankoop echter veel langer duren. De consument maakt dan steeds de afweging of het product nog voldoet aan de vooropgestelde eisen en of het eventueel aan vervanging toe is. Hoewel tevredenheid hier niet meteen zal leiden tot een nieuwe aankoop is het ook in dit geval erg belangrijk om te zorgen voor tevreden klanten. Zeker in tijden van sociale media kan een negatieve review immers erg veel schade aanrichten.

FIGUUR 5.3.

Bol.com monitort hun socialemediakanalen constant om meteen te kunnen inspelen op slechte reviews.
© Bol.com

5.3

CUSTOMER DELIGHT

Recente stromingen binnen consumentengedrag halen aan dat enkel tevredenheid bij een klant niet meer genoeg is. Een organisatie zou telkens moeten streven naar het creëren van **customer delight**, het structureel overtreffen van de verwachtingen van de klant waardoor die erg gelukkig is met de geleverde service of het geleverde product. Je kunt zo'n uitzonderlijke beleving bieden door bijvoorbeeld een erg gepersonaliseerde of verrassende service te leveren. Vaak ligt de basis bij zeer attente medewerkers die actief contact zoeken met de klanten en die hun behoeften en wensen dan ook echt begrijpen waardoor je daarop kunt inspelen. Wanneer medewerkers de klanten echt kennen kan ook worden ingezet op relevante en persoonlijke communicatie op elk *touchpoint* tussen het bedrijf en de klant. Het Ritz-Carltonhotel is een erg mooi voorbeeld van hoe een dienstverlenend bedrijf ervoor zorgt dat elke medewerker zich inzet om *customer delight* te creëren. Elke medewerker – van hotelmanager tot *housekeeping* – heeft tweeduizend dollar per dag ter beschikking om de gasten te verrassen of om hun problemen onmiddellijk op te lossen. Ze moeten daarvoor geen goedkeuring vragen aan een meerdere, waardoor iedereen luistert naar de klant en telkens inspeelt op zijn of haar noden.

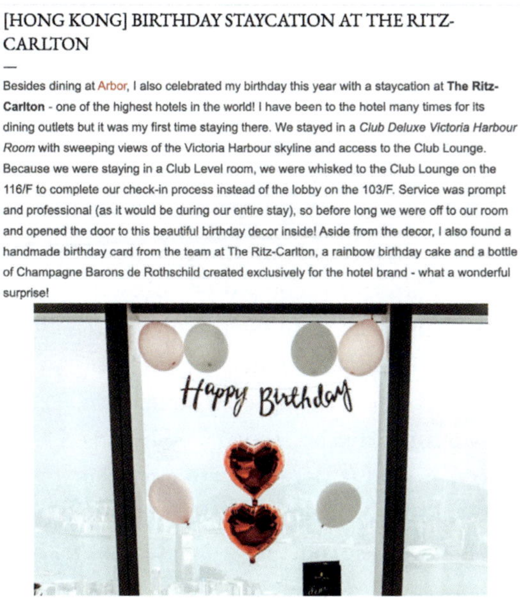

[HONG KONG] BIRTHDAY STAYCATION AT THE RITZ-CARLTON

—

Besides dining at Arbor, I also celebrated my birthday this year with a staycation at **The Ritz-Carlton** - one of the highest hotels in the world! I have been to the hotel many times for its dining outlets but it was my first time staying there. We stayed in a *Club Deluxe Victoria Harbour Room* with sweeping views of the Victoria Harbour skyline and access to the Club Lounge. Because we were staying in a Club Level room, we were whisked to the Club Lounge on the 116/F to complete our check-in process instead of the lobby on the 103/F. Service was prompt and professional (as it would be during our entire stay), so before long we were off to our room and opened the door to this beautiful birthday decor inside! Aside from the decor, I also found a handmade birthday card from the team at The Ritz-Carlton, a rainbow birthday cake and a bottle of Champagne Barons de Rothschild created exclusively for the hotel brand - what a wonderful surprise!

FIGUUR 5.4.

Voorbeeld van hoe het Ritz-Carltonhotel inspeelt op iemand die haar verjaardag viert tijdens haar verblijf. Behalve in ballonnen was er ook in cake en een fles champagne voorzien.

Wanneer je als bedrijf daarin slaagt zul je ook zien dat jouw klanten echte ambassadeurs van jouw merk worden. De kans dat deze ambassadeurs ook echt klant blijven bij jouw bedrijf is drie tot vijf keer hoger dan wanneer niet wordt ingezet op het creëren van *delight*. Daarnaast zul je zien dat deze ambassadeurs ook zelf mond-tot-mondreclame verspreiden en laat net dat nu iets zijn wat in tijden van sociale media erg belangrijk is. Studies tonen zo aan dat 70 tot 80% van consumenten aangeeft reviews te lezen vooraleer ze een belangrijke aankoopbeslissing nemen.

5.4 COGNITIEVE DISSONANTIE

In de theorie van **cognitieve dissonantie** gaan we ervan uit dat consumenten steeds alles in evenwicht willen hebben. Wanneer dat niet zo is zal er spanning optreden en wordt de situatie door de consument als vervelend ervaren. Bij het koopproces kan er zo bijvoorbeeld cognitieve dissonantie optreden na de koop. Wanneer de consument een beslissing heeft genomen kan het zijn dat hij of zij hier daarna weer gaat twijfelen. Een aantal factoren beïnvloeden het ontstaan van cognitieve dissonantie:

- Het gekozen alternatief verschilt weinig van de niet-gekozen alternatieven.
- Er is nog een 'weg terug', de consument kan de beslissing nog ongedaan maken.
- Hoge betrokkenheid bij het product of de dienst in kwestie.
- De consument heeft zelf niet veel kennis over of ervaring met het product.
- Het product is zichtbaar voor anderen.

Zo zal er dus eerder cognitieve dissonantie optreden bij de aankoop van een nieuw huis dan bij de aankoop van een pot spaghettisaus. Wanneer je een nieuw huis wilt kopen en je vergelijkt een aantal huizen in dezelfde prijs-kwaliteitscategorie, dan zul je zien dat de technische kenmerken vaak niet zo veel van elkaar verschillen. Daarnaast verloopt er in de meeste gevallen wel wat tijd tussen het tekenen van het contract en het betrekken van jouw nieuwe woning. Het kopen van een huis is ook niet iets wat we elke dag doen, dus de betrokkenheid is in de meeste gevallen erg hoog en de kennis van de consument is meestal niet zo heel groot. Daarnaast heeft een huis ook nog een sociaal-expressieve functie. De grootte, stijl en ligging van je huis zegt iets over wie je als consument bent. Al deze factoren leiden ertoe dat mensen gaan twijfelen of ze wel echt de juiste beslissing hebben genomen. Wanneer mensen twijfelen zullen ze zelf proberen om het vervelende gevoel, de dissonantie, op te lossen. Een van de manieren waarop mensen dat doen is door informatie die niet past bij hun overtuigingen niet langer te bekijken. We bespraken dit fenomeen van perceptuele defensie al in een eerder hoofdstuk.

Een andere manier is om bewust op zoek te gaan naar informatie die hun keuze ondersteunt. Wanneer je bijvoorbeeld voor een huis in Leuven hebt gekozen ga je bewust op zoek naar berichten waarin Leuven in een positief daglicht wordt gesteld. Nog een manier waarop een consument kan omgaan met de dissonantie is door de gedragingen of attitudes ten opzichte van het gekozen en de verworpen alternatieven bij te stellen. Zo kun je bijvoorbeeld ook toegeven aan jezelf dat je een verkeerde keuze hebt gemaakt. Ook in dat geval zal het onevenwicht worden opgelost.

Voor jou als marketeer is het natuurlijk belangrijk om te weten hoe je nu moet omgaan met dit fenomeen van cognitieve dissonantie. Wanneer je tevreden klanten wilt is het erg belangrijk om elk gevoel van onbehagen weg te nemen maar ook om cognitieve dissonantie te voorkomen. Een aantal tips en tricks om cognitieve dissonantie te voorkomen en te vermijden vind je in tabel 5.1.

TABEL 5.1.

VOOR DE AANKOOP	NA DE AANKOOP
Benadruk in elke communicatie-uiting de voordelen van het product. Zorg ook voor goede en heldere instructies.	Zet in op een goede service en klantvriendelijkheid. Bedank klanten na hun aankoop, stuur ze bijvoorbeeld een handgeschreven kaartje.
Expectation management: zorg ervoor dat er geen valse verwachtingen worden gecreëerd bij de kopers. Zowel salesmensen als reclame moeten een juist beeld geven van het product in kwestie.	Stel een garantiebewijs op. Zorg ervoor dat de klant bijvoorbeeld het product mag ruilen of terugbrengen bij ontevredenheid of twijfel.
Durf ook de minder positieve aspecten te benoemen, geef de klant dus een eerlijk beeld.	Laat gebruikers aan het woord in marketingcommunicatie. Laat hen vertellen hoe tevreden ze zijn dat ze voor jouw merk hebben gekozen.

FIGUUR 5.5.

Ikea heeft goed begrepen dat mensen soms van mening kunnen veranderen. Je mag bij hen dan ook 365 dagen ruilen. Deze ruime ruiltermijn neemt twijfel en onbehagen bij de consument weg.

5.5 KLACHTEN

Als marketeer is het belangrijk om ervoor te zorgen dat consumenten kunnen én durven klagen. Elke klacht zou als een opportuniteit tot verbetering gezien moeten worden. Een klagende klant wil jou als bedrijf immers nog een kans geven en wil eigenlijk dat jij als bedrijf moeite doet om de relatie te herstellen. Wanneer een klant ontevreden is zijn er eigenlijk drie opties voorhanden. De eerste optie is klagen in publieke kring. Dat wil zeggen dat de klant jou als bedrijf rechtstreeks benadert met de klacht, dat er geklaagd wordt bij een derde partij zoals Test Aankoop of dat er in een extreem geval zelfs gerechtelijke stappen ondernomen worden. De tweede optie is klagen in persoonlijke kring. De consument klaagt via negatieve mond-tot-mondreclame of zoekt zelfs naar een andere aanbieder. De laatste optie is dat de klant helemaal niets doet.

FIGUUR 5.6.

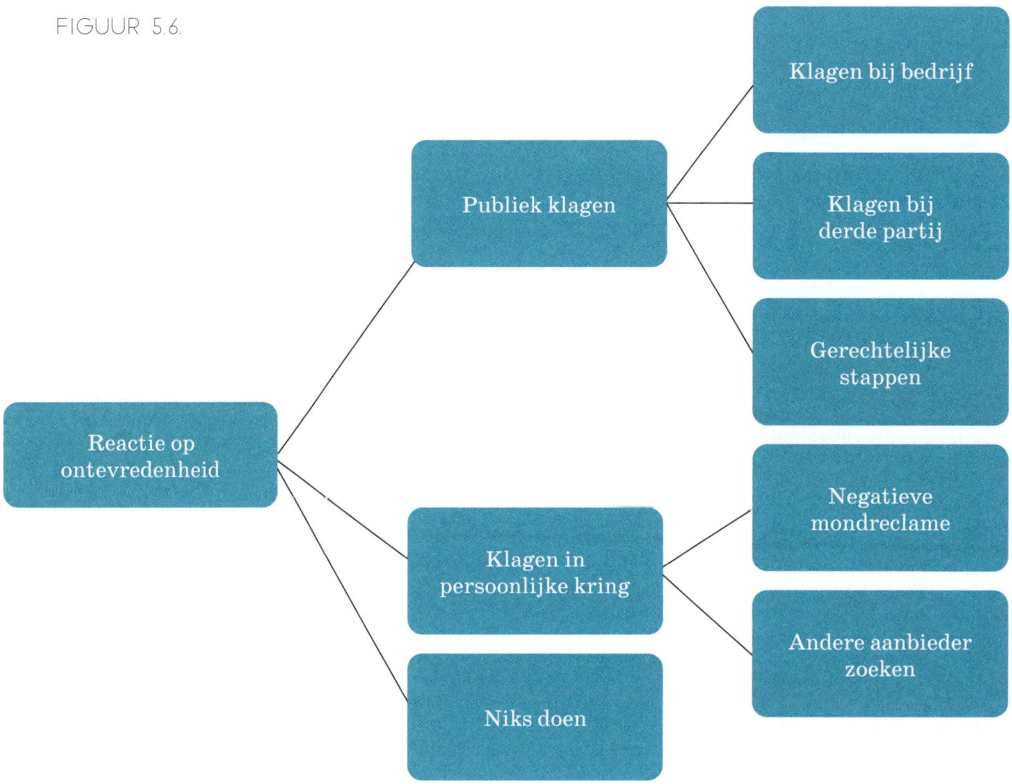

Consumenten klagen om een compensatie te krijgen of omdat ze hun frustratie kwijt willen. Daarnaast kan het ook zijn dat consumenten jou als bedrijf willen vooruithelpen of dat ze andere consumenten willen behoeden voor dezelfde foute keuze. In elk geval is het belangrijk om klachten te omarmen. Dat vereist een specifieke cultuur binnen een bedrijf. Consumenten twintig minuten in de wachtrij zetten als ze bellen naar de klantendienst of niet antwoorden op klachtenmails is echt niet meer van deze tijd. Sommige klanten kiezen er echter ook voor om niet te klagen. De belangrijkste redenen daarvoor zijn dat ze niet de moeite willen doen om een mail te schrijven of om te bellen, dat ze de confrontatie uit de weg willen gaan of dat ze twijfelen of er wel een compensatie gegeven zal worden.

5.6 HET PRODUCT AFDANKEN

Op een bepaald moment beslist de consument om zich van een product te ontdoen. Ook dat hoort, zoals eerder aangehaald, nog steeds bij consumentengedrag. Er zijn drie redenen waarom mensen een product afdanken.

- De eerste reden is omdat het product *technisch verouderd* is. Dat wil zeggen dat het versleten is. In het geval van een smartphone zou je ervoor kunnen kiezen om de batterij te laten vervangen wanneer je ze vijf keer per dag moet opladen, maar vaak is het een beter idee om gewoon een volledig nieuw toestel aan te schaffen. In sommige gevallen wordt het door producenten zelfs onmogelijk gemaakt om de batterij te vervangen waardoor je gedwongen wordt om een nieuw toestel aan te kopen.

- De tweede reden waarom mensen een product afdanken is *psychologische veroudering*. Hoewel een smartphone vier jaar mee zou kunnen wordt hij gemiddeld al na twintig maanden vervangen. In dit geval zijn mensen dus op zoek naar het nieuwste van het nieuwste en gaan ze op zoek naar de innovatiefste technologie. Ook wanneer een product niet meer past bij een nieuw imago of in een nieuwe omgeving kan dat leiden tot afdankgedrag. Daardoor worden sommige producten vervangen zelfs als dat helemaal nog niet nodig is.

- De laatste reden waarom producten worden afgedankt is als gevolg van *ecologische veroudering*. Zowel de overheid als marketeers zetten mensen ertoe aan om hun huidige elektrische apparaten te vervangen door producten die milieuvriendelijker zijn. Wanneer de oude diepvrieskist dus wordt ingeruild voor een spaarzamer model dan is dat een afdanking om ecologische redenen.

Deze redenen zijn vooral belangrijk bij duurzame consumptiegoederen. Voor andere producten zien we dat de beslissing om iets weg te gooien veel sneller gemaakt wordt. Wanneer de yoghurt in de frigo bijvoorbeeld over datum is wordt die al snel in de vuilnisbak gegooid. Studies hebben aangetoond dat een derde van het voedsel dat wereldwijd geproduceerd wordt zelfs nooit geconsumeerd wordt. We kunnen dus wel stellen dat we leven in een wegwerpmaatschappij die zeer belastend is voor het milieu.

De laatste jaren zien we echter dat het milieubewustzijn bij de consument steeds meer groeit. Dat is ook mee te danken aan inspanningen van de overheid en de winkels zelf. Zo betalen we bijvoorbeeld voor een plastic zakje en worden we ook in de supermarkt aangemoedigd om fruit en groenten in een herbruikbaar zakje te doen.

FIGUUR 5.7.

Plastic zakjes verdwijnen uit de supermarkt. Ook fruit en groenten worden tegenwoordig ingepakt in een papieren of een herbruikbaar zakje. Op die manier werkt iedereen mee aan een beter milieu.

Een andere trend bij het afdanken van producten is de opkomst van tweedehandsmarkten. Zeker voor kleding en speelgoed zien we dat er via tweedehands.be, Facebookgroepen of Vinted heel wat handel wordt gedreven. Maar niet alleen fysieke producenten vinden een tweede leven. Initiatieven zoals Too good to go spelen in op het feit dat we nog steeds erg veel voedsel weggooien. Lokale handelaren kunnen via de app van Too good to go aangeven welke producten ze nog over hebben aan het einde van de dag en consumenten kunnen een lagere prijs genieten, win-win!

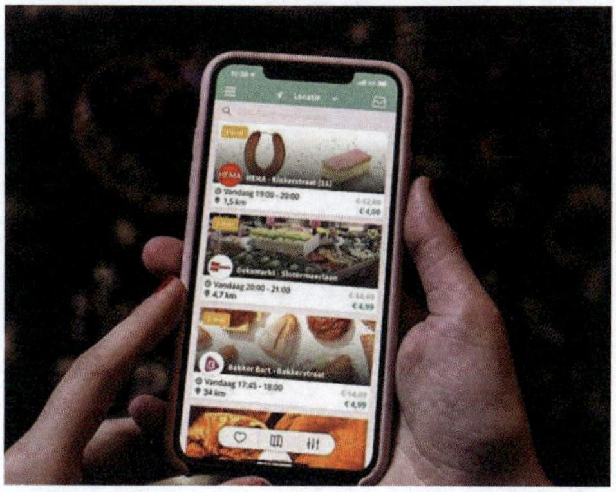

FIGUUR 5.8.

Via de app van Too Good to Go vind je dagelijks aanbiedingen terug van lokale handelaren in jouw buurt.

SUCCESS IS A JOURNEY,
NOT A DESTINATION.

— Ben Sweetland

6. CUSTOMER JOURNEY

Het koopproces kan overzichtelijk worden weergegeven in een *customer journey*; die heeft steeds als doel om de verschillende momenten waarop je als bedrijf in interactie treedt met de klant, **touchpoints** genoemd, op een gestructureerde wijze weer te geven. Dat wil zeggen dat alle fases van het aankoopproces aan bod komen en worden geconcretiseerd door het toevoegen van *touchpoints*. Dat kan gaan over het ontvangen van commerciële communicatie of het terugsturen van een pakketje via een lokaal postkantoor.

Het resultaat is een stappenplan van verschillende *touchpoints*, specifiek voor één klantensegment, voorgesteld door een persona. Dat wil dus zeggen dat niet alle *touchpoints* die een bedrijf aanbiedt aan bod komen, maar enkel degene waarmee een klant in aanraking komt.

Na het opstellen van een *customer journey* voor elk klantensegment kunnen alle *touchpoints* uit de verschillende *journeys* worden samengevat in een overzicht. De mate van integratie van al deze *touchpoints* bepaalt of men spreekt over *multichannel*, *cross-channel* of *omnichannel*.

Multichannel voorziet in verschillende communicatie- en verkoopkanalen waaruit de consument kan kiezen. Er is echter geen afstemming tussen de kanalen onderling. De webshop kan bijvoorbeeld een andere communicatie en prijsstrategie voeren dan de fysieke winkels. Het voordeel van deze aanpak is dat de verschillende kanalen individueel kunnen worden geoptimaliseerd waardoor het eenvoudiger is om een overzicht te behouden. Een groot nadeel is de onduidelijkheid voor de klant. Die ondervindt namelijk spanningen doordat het bedrijf als het ware is opgesplitst in afzonderlijke silo's waartussen nauwelijks of geen communicatie is. Een aankoop die online is gebeurd kan daardoor niet eenvoudig worden geruild in een fysieke winkel. Een *multichannel*-aanpak is vandaag dus duidelijke niet meer voldoende.

FIGUUR 6.1.

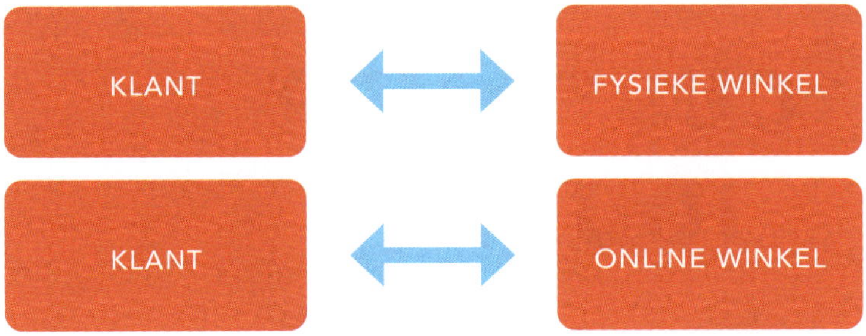

Een **cross-channel**-aanpak lost dat probleem op doordat er één strategie is die door de verschillende kanalen, naast elkaar, wordt uitgevoerd. Dat heeft als gevolg dat een promo via massamedia kan worden gecommuniceerd naar de klant waarna die de keuze heeft om online of via een fysieke winkel een aankoop te laten plaatsvinden. Daarna is er één customerservice, weliswaar bereikbaar via verschillende kanalen, die eventuele problemen kan oplossen.

FIGUUR 6.2.

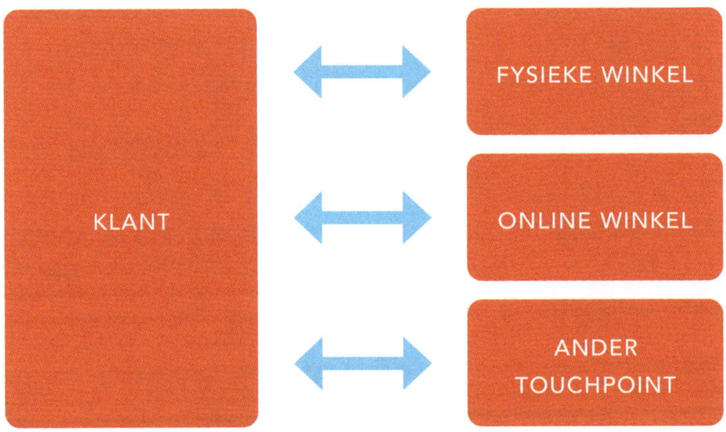

Als alle kanalen volledig in elkaar overlopen spreekt men van **omnichannel**. Daarbij ontstaat een overzichtelijk proces met alle vrijheid voor de klant waarbij de verschillende *touchpoints* naadloos door elkaar gebruikt worden, zowel offline als online. Elk kanaal dat door een bedrijf aan de klant wordt aangeboden is ook steeds op de hoogte van alle voorgaande stappen die de klant heeft doorlopen. Een gecentraliseerd *customer relationship management* (crm)-systeem is daarvoor dan ook een must-have. Zo kan een klant tijdens het shoppen in een pop-upwinkel aan de kust een paar schoenen dat niet in voorraad was laten reserveren in de vestiging waar hij of zij op de terugweg voorbijrijdt. Daar zal het pakketje al klaarstaan. De betaling kan gebeuren in de pop-upshop, online, of bij het afhalen.

FIGUUR 6.3.

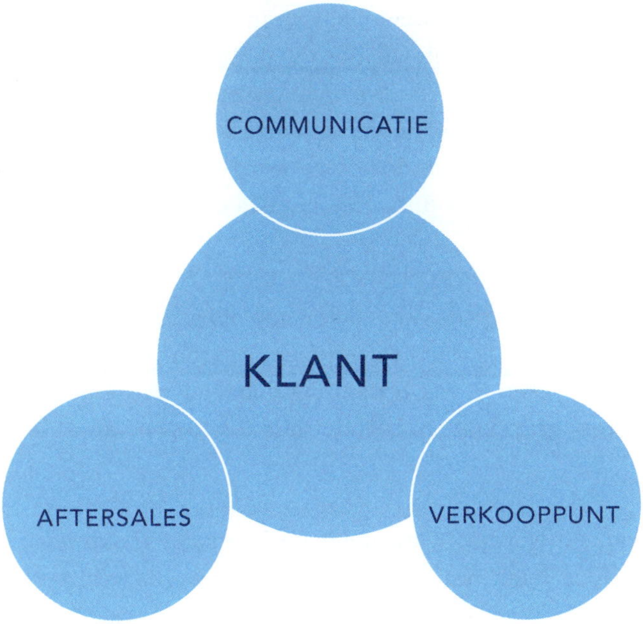

Opti-channel is een afleiding van *omnichannel* waarbij aan de hand van persoonlijke data een filter wordt gemaakt van het aantal *touchpoints* waarmee de klant in contact komt. Deze kanalen worden dan als meest nuttig naar voren geschoven. Zo zal bijvoorbeeld een klant die al meermaals contact heeft opgenomen met een bedrijf via Messenger ook via dat kanaal worden benaderd in plaats van met een mailing.

Voor welke van de voorgaande strategieën een bedrijf ook kiest, een *customer journey* zal steeds een individueel traject weergeven. De eerste fase die aan bod komt is die van informatieverkenning waarbij vooral communicatie-*touchpoints* centraal staan. Deze fase wordt vaak vertaald naar een communicatieplan.

Daarna volgt de aankoopfase. Die start met het **welcome path**, het moment waarop de klant een eerste indruk krijgt van de winkel en de winkel daadwerkelijk binnenstapt. Dit kan zowel fysiek als virtueel door het bezoeken van de homepage of specifieke landingspagina. Tijdens deze fase wordt offline aandacht besteed aan het makkelijk maken van de bereikbaarheid en het voorzien van een aangename vitrine en verwelkoming. Online speelt *search engine optimization* (SEO) hier een grote rol en het aanmaken van een of meer landingspagina's. Zo kan er bijvoorbeeld voor gezorgd worden dat businessklanten op een andere landingspagina, specifiek op hun profiel gericht, terechtkomen dan particuliere klanten. Ook het aanmaken van landingspagina's gericht op een lopende promotieactie behoort tot de mogelijkheden. Klanten kunnen naar de juiste landingspagina worden verwezen door gebruik te maken van cookies die de klant herkenbaar maken voor de website of door specifieke weblinks te gebruiken per klantengroep. Nadat de klant de winkel is binnengekomen zal de klant vooraf gekozen producten aankopen of het zoekproces voortzetten. In deze fase worden ook extra producten of diensten gepromoot in het winkelpunt. Het resultaat is een gefinaliseerde aankoopbeslissing.

Het **bye path** omvat het afrekenen van de gemaakte aankoopbeslissing. Het spreekt voor zich dat dit zo efficiënt mogelijk dient te verlopen. Daarna volgt de opvolging na de aankoop. Dat kan zich uiten in een bedanking door het winkelpersoneel of het versturen van een bevestigingsmail en het vlot laten verlopen van de levering van de goederen.

Tot slot moet er ook aandacht worden besteed aan de fase na aankoop waar voornamelijk service en het afhandelen van eventuele klachten wordt weergegeven.

Er zijn verschillende modellen beschikbaar om deze *customer journey* in weer te geven. Dat kan analytisch gebeuren aan de hand van een tabel, maar ook visueel aan de hand van een proces. Beide hebben voor- en nadelen (zie tabel 6.1). Belangrijk is om een *journey* steeds op te stellen met het oog op de doelgroep. Daarvoor wordt verwezen naar een persona. Vaak wordt voor elke persona gebruikgemaakt van enkele procesontwerpen die daarna worden samengevoegd in een tabelontwerp.

TABEL 6.1.

<table>
<tr><th colspan="4">Tabelontwerp</th><th>Procesontwerp</th></tr>
<tr><td>Persona</td><td>Kanaal</td><td>Inhoud</td><td>Timing</td><td rowspan="5">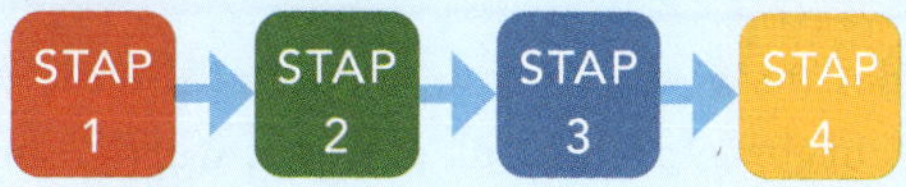
</td></tr>
<tr><td>Communicatiedoel 1</td><td></td><td></td><td></td></tr>
<tr><td>Communicatiedoel 2</td><td></td><td></td><td></td></tr>
<tr><td>Salesdoel 3</td><td></td><td></td><td></td></tr>
<tr><td>Servicedoel 4</td><td></td><td></td><td></td></tr>
<tr><th colspan="5">Voordelen</th></tr>
<tr><td colspan="4">• Volledig overzicht vanuit standpunt merk</td><td>• Visueel overzicht vanuit standpunt van de klant</td></tr>
<tr><td colspan="4">• Kan intern door het merk worden opgesteld</td><td>• Meer uitgewerkte en gedetailleerde touchpoints</td></tr>
<tr><td colspan="4">• Follow-up van implementatie eenvoudiger</td><td>• Kan door klant worden opgesteld</td></tr>
<tr><td colspan="4">• Kan voor meerdere doelgroepen worden gebruikt</td><td>• Rekening houden met niet-commerciële bronnen</td></tr>
<tr><th colspan="5">Nadelen</th></tr>
<tr><td colspan="4">• Minder concreet</td><td>• Geeft geen volledig overzicht op bedrijfsniveau</td></tr>
<tr><td colspan="4">• Slecht overzicht vanuit standpunt klant</td><td>• Moeilijker te implementeren</td></tr>
<tr><td colspan="4">• Kan niet door klant worden opgesteld</td><td>• Soms té specifiek opgesteld</td></tr>
<tr><td colspan="4">• Geen duidelijk overzicht op het niveau van individuele touchpoints</td><td>• Moet in samenwerking met klant worden opgesteld</td></tr>
</table>

6.1

PROCESONTWERP

Voor de weergave van de verschillende *touchpoints* waaraan de consument wordt blootgesteld, kan ook gewerkt worden met een visuele voorstelling van het proces dat deze consument doorloopt. Telkens wanneer een consument in aanraking komt met een bedrijf wordt een *touchpoint* gevormd. Deze *touchpoints* kunnen zowel vanuit eigen, commerciële bronnen ontstaan maar ook sociale, neutrale en zelfs persoonlijke bronnen kunnen worden toegevoegd aan het proces. Op deze manier wordt een zeer gedetailleerde en persoonlijke *customer journey* opgesteld.

Het opstellen van een dergelijke *journey* gebeurt het best in samenwerking met de consument. Daarvoor wordt een referentiepersoon gekozen die nauw aansluit bij het profiel van de vooropgestelde persona. Het spreekt dan ook voor zich dat een dergelijk proces steeds voor één enkele persona kan worden uitgewerkt. Het grote voordeel van deze methode is dat elk *touchpoint* zeer gedetailleerd kan worden uitgewerkt. Deze gedetailleerde aanpak heeft dan weer als nadeel dat de brede toepasbaarheid in het gedrang kan komen. Er moet dus een evenwicht worden gevonden tussen detail en toepasbaarheid op een breder doelpubliek. Er kunnen ook per persona verschillende *journeys* worden opgesteld die elk een ander scenario voorstellen. Er kan bijvoorbeeld een *journey* worden opgesteld voor het maken van een eerste aankoop, het oplossen van een probleem of voor het weergeven van een vast stramien dat een terugkerende klant wekelijks doorloopt.

Aanvullend op de schematische voorstelling kan de *customer journey*, in de fase van de aankoop, ook concreet worden gemaakt door het opmaken van een vloerplan of een sitemap.

Overkoepelend aan de opgestelde *touchpoints* kunnen doelen worden bijgevoegd. Elk *touchpoint* waaraan de consument wordt blootgesteld brengt immers een bepaalde reactie teweeg. Het verkrijgen van deze reactie wordt vooropgesteld als doel. Als een klant bijvoorbeeld een eerste kennismaking met het merk via een vriend heeft meegemaakt kan het communicatiedoel *brand awareness* aan dit *touchpoint* worden toegevoegd.

In elk *touchpoint* kan zoals vermeld veel diepgang worden gecreëerd. Behalve het vermelden van de basiselementen van een *touchpoint*, zoals kanaal en inhoud, kan ervoor gekozen worden om ook doelen, gedachten, emotionele respons, gebruikte technologie, impact of *pain points* op te nemen in de uitwerking van het *touchpoint*. Het nut van het vermelden van een extra element voor de verdere uitwerking van het communicatieplan of het optimaliseren van de winkelervaring dient dan als belangrijkste factor om te beslissen om dit element al dan niet op te nemen in de uitwerking van het *touchpoint*.

Na het opstellen van een of meer *customer journeys* via het procesontwerp moet de vertaling gebeuren naar concrete *touchpoints* die vanuit het merk worden aangestuurd. Daarbij wordt dan gefocust op het gebruikte kanaal en de bijbehorende inhouden en timings. Deze vertaling uit zich vaak in een communicatieplan in tabelontwerp.

6.2 TABELONTWERP

Voor het weergeven van alle *touchpoints* van de *customer journey* in een tabelontwerp kunnen verschillende structuren worden gebruikt. Daarin worden telkens de volgende elementen opgenomen: doelgroep, doelstelling, kanaal, inhoud en timing.

- ***Doelgroep***
  De doelgroep moet steeds centraal staan tijdens het ontwerp van de *customer journey*. Het eerste hoofdstuk van deel 1 gaat dieper in op het definiëren van de doelgroep. Je kunt ervoor kiezen om één tabel op te stellen per persona, of je kunt ervoor opteren om de te bereiken doelgroep(en) per *touchpoint* aan te duiden. Daarvoor kunnen kleuren of iconen worden gebruikt.

- ***Doelstelling***
  De doelstelling is dat wat je per fase in de *customer journey* wilt bereiken. Daarvoor bestaan verschillende modellen. In de fase van informatieverkenning kan alvast een onderscheid worden gemaakt in twee fases. **Awareness** versterken en **consideration** opbouwen. *Awareness* versterken komt neer op het merk bekender laten worden bij de doelgroep. *Consideration* heeft te maken met de voorkeur die een consument

heeft voor een merk. Verkoopdoelen en aftersalesdoelen, zoals het behalen van een goede klantentevredenheid, vullen dat aan. Bij het opstellen van doelen is het belangrijk om het SMART-principe zo veel mogelijk toe te passen. Zorg ervoor dat je doelen specifiek, meetbaar, aanvaardbaar, realistisch en tijdgebonden zijn.

Voorbeeld: '*awareness* creëren' kan beter worden gedefinieerd als 'Aan het einde van het jaar moet 60% van onze doelgroep ons merk kunnen noemen als aanbieder van product X'. Daaruit kunnen we alle elementen van het SMART-principe extraheren. 'Aan het einde van het jaar' is de tijdcomponent. '60% van onze doelgroep' maakt de doelstelling aanvaardbaar, dat is namelijk uitdagend genoeg. Mocht dat maar op 10% liggen, dan zou het niet als aanvaardbaar worden beschouwd. Tegelijkertijd is deze doelstelling ook realistisch. Een *awareness* van 100% daarentegen is moeilijker te bereiken op een korte tijdspanne en dat zou dan ook niet realistisch zijn. 'Ons merk kunnen noemen als aanbieder van product X' zorgt voor de meetbaarheid. Je kunt dat immers via marktonderzoek gaan controleren. Daarbij maakt dit het doel ook zeer specifiek.

Elke doelstelling kan voorts worden onderverdeeld in verschillende onderliggende doelen. Zo kun je de doelstelling rond *awareness* opbouwen verder opsplitsen in het opbouwen van *brand recognition*, het louter herkennen van het merk, en anderzijds het communiceren van voordelen voor de klant zodat ook die bekend zijn bij de doelgroep.

Hoever je als marketeer ingaat op een doelstelling is afhankelijk van de complexiteit van de *customer journey* en de tussenstappen die nodig zijn om een doelstelling te behalen. Een zeer praktische aanpak is daarbij belangrijk.

De doelstellingen vormen, samen met de doelgroep, vaak de basis van het tabelontwerp. De vraag die van daaruit moet worden gesteld is: 'Hoe kan doelstelling X bij doelgroep Y worden verwezenlijkt?' Vanuit deze centrale vraag worden dan gerichte kanalen en inhouden opgesteld.

- ***Kanaal***
  Als marketeer kies je steeds voor kanalen waarmee de doelgroep te bereiken is. Het heeft bijvoorbeeld geen enkel nut om in een billboard in het centrum van Antwerpen te voorzien als je als doelstelling hebt om klanten vandaag nog naar je restaurant in Luik te lokken. Een betere optie zou zijn om een geografisch getargette advertentie op Instagram te plaatsen die enkel personen bereikt die zich in een straal van twee kilometer van jouw restaurant bevinden. Welke kanalen geschikt zijn voor het optimaal bereiken van jouw doelgroep vereist onderzoek. Vanuit het standpunt van de

doelgroep kun je opsommen aan welke kanalen de consument wordt blootgesteld. Vanuit het standpunt van het kanaal zelf kan worden gekeken naar welke doelgroep via dit kanaal wordt bereikt. Daarvoor kun je vaak terecht bij de aanbieder van het desbetreffende kanaal. Een radiozender zal een overzicht kunnen voorleggen van wie zijn luisteraars zijn. Een website kan onderzoek doen naar welke gebruikers zij op hun platform hebben. Voor een kanaal is het zeer belangrijk om de doelgroep in kaart te brengen. Het bereiken van die doelgroep is namelijk de dienst die zij aan marketeers aanbieden. En net zoals elke andere klant verwachten ook marketeers een zo gedetailleerd mogelijke beschrijving van de aan te kopen dienst.

Het is als marketeer belangrijk om steeds objectief te kijken naar het gekozen kanaal en trends in verschuivingen van het media- en verkooplandschap op te volgen. Zo is het belangrijk om op de hoogte te zijn van de stijgende populariteit van een nieuw socialemediaplatform, maar moet je goed nagaan wat daarvan de daadwerkelijke doelgroep én de impact op deze doelgroep is om te beslissen om dit kanaal al dan niet op te nemen in het communicatieplan.

- ***Inhoud***

Hier wordt de centrale boodschap weergegeven, eventueel aangevuld met audiografische uitwerkingen zoals een visual, een jingle of een storyboard. Het is belangrijk om deze boodschap én de uitwerking ervan voldoende af te stemmen, niet alleen op de doelgroep, maar ook op het gekozen kanaal. Zo zal het aanzetten tot cross-selling of upselling op een webshop anders tot uiting komen dan tijdens een gesprek met een verkoper in een fysieke winkel. Ook zal een advertentie op Facebook er anders uitzien dan een flyer die op straat wordt uitgedeeld.

FIGUUR 6.4

© HelloFresh

De doelstelling en doelgroep van beide *touchpoints* kunnen echter dezelfde zijn, bijvoorbeeld: 'Jonge mensen een eerste aankoop laten doen in de winkel'. De boodschap kan op beide kanalen een korting van 10% bevatten, maar de tekst op de flyer, alsook het woordje uitleg van degene die de flyer uitdeelt, zal verschillen van de begeleidende foto/video en de bijbehorende tekst die op Facebook aan de doelgroep wordt getoond.

Er moet daarbij een evenwicht worden gevonden tussen aanpassing aan de doelgroep en het kanaal, en het in stand houden van een congruent merkbeeld. Beide boodschappen uit het voorbeeld moeten immers duidelijk afkomstig zijn vanuit hetzelfde merk. Het gebruik van duidelijk omschreven branding guidelines, waarbij gebruik van logo's, kleuren, schrijfstijl, geluiden en andere elementen die samen het merk ondersteunen worden samengevat, kan daarbij helpen.

- ***Timing***

Uit alle voorgaande elementen kunnen specifieke *touchpoints* worden opgebouwd waarbij doelgroep, doelstelling, kanaal en inhoud naadloos op elkaar zijn afgestemd. Deze *touchpoints* worden vervolgens aan de consument blootgesteld. Die blootstelling is vaak van beperkte duur, totdat de onderliggende doelstelling is bereikt. Pas daarna kan worden overgegaan naar de volgende doelstelling. Deze timing kan zowel op het niveau van doelstelling, als op het niveau van kanaal en inhoud worden aangevuld in de tabel.

Ook kan deze timing in een overzichtelijke tijdlijn worden weergegeven (zie tabel 6.2). Daarbij wordt onder de noemer van een vooropgestelde doelstelling verwezen naar de details die zijn opgenomen in de tabel. Dankzij deze weergave is het op elk moment duidelijk aan welke doelstellingen wordt gewerkt.

TABEL 6.2.

<table>
<tr><th>Jan</th><th>Feb</th><th>Mrt</th><th>Apr</th><th>Mei</th><th>Jun</th><th>Jul</th><th>Aug</th><th>Sep</th><th>Okt</th><th>Nov</th><th>Dec</th></tr>
<tr><td colspan="4">Communicatiedoel 1</td><td></td><td></td><td></td><td></td><td></td><td></td><td></td><td></td></tr>
<tr><td></td><td></td><td></td><td colspan="4">Communicatiedoel 2</td><td></td><td></td><td></td><td></td><td></td></tr>
<tr><td></td><td></td><td></td><td></td><td></td><td></td><td></td><td colspan="3">Salesdoel 3</td><td></td><td></td></tr>
<tr><td></td><td></td><td></td><td></td><td></td><td></td><td></td><td></td><td></td><td colspan="3">Servicedoel 4</td></tr>
</table>

Het voordeel van het weergeven van de *customer journey* als tabel is dat er een volledig overzicht, vanuit het standpunt van het merk, wordt opgesteld. Daartegenover staat dan weer dat dit model het moeilijker maakt om gedetailleerde, persoonlijke *journeys* weer te geven. De focus vertrekt namelijk vanuit de *touchpoints* die door het merk worden gelanceerd en minder vanuit degene die door de klant worden ervaren. Door deze bredere focus kan het model, of delen van het model, wel worden toegepast op verschillende doelgroepen. Daarbij is het belangrijk om na te gaan waar een dergelijke strategie wenselijk is en op welke punten een meer individuele aanpak vereist is. Via de weergave van alle stappen in een tijdlijn is het wel zeer eenvoudig om de verschillende communicatie-inspanningen op te volgen.

6.3 VOORBEELD VAN EEN CUSTOMER JOURNEY

In figuur 6.5 en tabel 6.3 wordt een *customer journey* opgesteld voor een consument, Lieze, 24 jaar oud, die op zoek is naar een nieuw paar schoenen. Het fictieve merk Soles4Souls wil deze klant graag optimaal bereiken om zo tot een verkoop over te gaan. Daarvoor wordt eerst vertrokken van een gedetailleerd procesontwerp van de belangrijkste *touchpoints*. Die worden vervolgens weergegeven in een meer analytische uitwerking in tabelontwerp van waaruit de communicatie-inspanningen planmatig kunnen worden uitgevoerd.

FIGUUR 6.5.

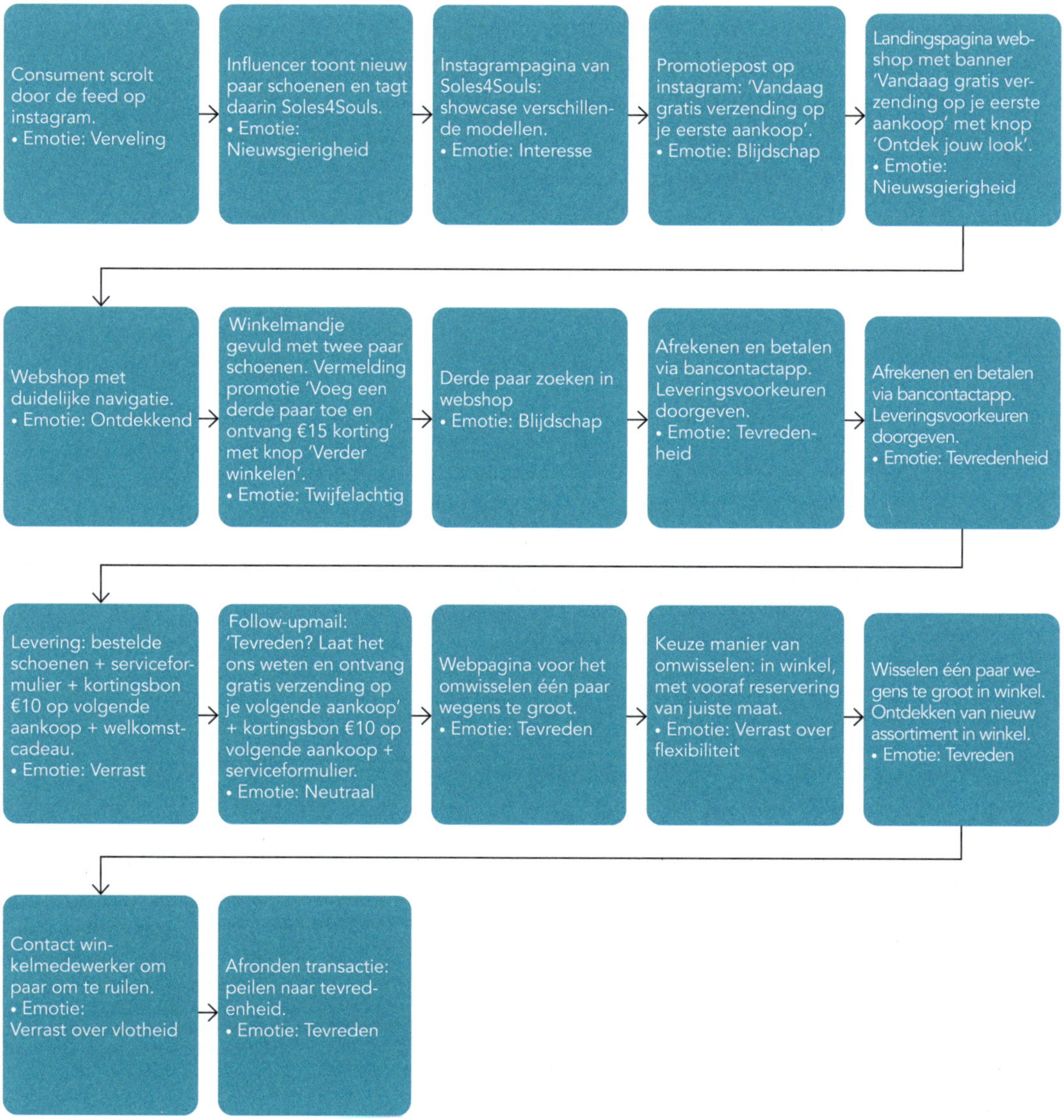

Consument scrolt door de feed op instagram. • Emotie: Verveling
Influencer toont nieuw paar schoenen en tagt daarin Soles4Souls. • Emotie: Nieuwsgierigheid
Instagrampagina van Soles4Souls: showcase verschillende modellen. • Emotie: Interesse
Promotiepost op instagram: 'Vandaag gratis verzending op je eerste aankoop'. • Emotie: Blijdschap
Landingspagina webshop met banner 'Vandaag gratis verzending op je eerste aankoop' met knop 'Ontdek jouw look'. • Emotie: Nieuwsgierigheid
Webshop met duidelijke navigatie. • Emotie: Ontdekkend
Winkelmandje gevuld met twee paar schoenen. Vermelding promotie 'Voeg een derde paar toe en ontvang €15 korting' met knop 'Verder winkelen'. • Emotie: Twijfelachtig
Derde paar zoeken in webshop • Emotie: Blijdschap
Afrekenen en betalen via bancontactapp. Leveringsvoorkeuren doorgeven. • Emotie: Tevredenheid
Afrekenen en betalen via bancontactapp. Leveringsvoorkeuren doorgeven. • Emotie: Tevredenheid
Levering: bestelde schoenen + serviceformulier + kortingsbon €10 op volgende aankoop + welkomstcadeau. • Emotie: Verrast
Follow-upmail: 'Tevreden? Laat het ons weten en ontvang gratis verzending op je volgende aankoop' + kortingsbon €10 op volgende aankoop + serviceformulier. • Emotie: Neutraal
Webpagina voor het omwisselen één paar wegens te groot. • Emotie: Tevreden
Keuze manier van omwisselen: in winkel, met vooraf reservering van juiste maat. • Emotie: Verrast over flexibiliteit
Wisselen één paar wegens te groot in winkel. Ontdekken van nieuw assortiment in winkel. • Emotie: Tevreden
Contact winkelmedewerker om paar om te ruilen. • Emotie: Verrast over vlotheid
Afronden transactie: peilen naar tevredenheid. • Emotie: Tevreden

TABEL 6.3.

Lieze, 24jaar	Kanaal	Inhoud	Emotie	Timing
Awareness creëren	Instagram • Influencer	Voorstellen populairste paar van het moment in stijl van influencer	Nieuws-gierigheid	D-5
Interesse opbouwen	Instagram • Eigen pagina	Aantrekkelijke foto's van assortiment met links naar productpagina's	Interesse	D-5
Webshop laten bezoeken	Instagram • Promotiepost	• 'Vandaag gratis verzending op je eerste aankoop' • Link naar webshop • Aantrekkelijke visual van populairste schoenen uit assortiment	Blijdschap	D-4 tot D0
Aankoop laten plaatsvinden • Producten in winkelmand	Webshop: assortiment	• Vermelding actie gratis verzending • Duidelijke structuur met mogelijkheid tot sorteren en filteren	Nieuws-gierig en ontdekkend	D0
Aankoop laten plaatsvinden • Deep selling	Webshop: winkelmand	• 'Voeg een derde paar toe en ontvang €15 korting' • Knop 'Verder winkelen'	Twijfel-achtig	D0
Aankoop laten plaatsvinden • Afrekenen	Webshop: afrekenen	• Bevestiging winkelmand • Leveringsvoorkeuren • Betalingsvoorkeuren • Bedankingspagina	Tevreden-heid	D0
Bevestiging bieden	Mail	• Bevestiging bestelling met factuur • Volgende stappen	Vertrouwen	D0
Levering	BPost	• Expresverzending binnen 48u • Bestelde goederen • Serviceformulier met stappen voor retourneren • Kortingsbon €10 volgende aankoop • Welkomstgeschenk	Verrast	D2
Service bieden	Mail	• Serviceformulier met stappen voor retourneren • Kortingsbon €10 volgende aankoop • Vraag tot delen tevredenheid: 'Tevreden? Laat het ons weten en ontvang gratis verzending op je volgende aankoop'	Neutraal	D2
Service bieden • Retourneren	Website: per-soonlijke pagina retourneren	• Keuze te retourneren product (uit bestelling) • Keuze kanaal (winkel of postpunt) • Keuze oplossing (omwisselen of terugbetaling)	Tevreden en verrast van flexibiliteit	D3
Service bieden • Retourneren	Winkel: personeel	• Snelle afhandeling van probleem • Assortiment in winkel	Verrast van vlotheid	D3-17
Peilen naar tevredenheid	Winkel: personeel	Mondeling peilen naar tevredenheid, ingeven in CRM	Tevreden	D3-17

6.4

SALES FUNNEL

Een extra voordeel van het gebruik van een *customer journey* is de snelle vertaalbaarheid naar een uitgebreide **sales funnel** (trechter), een overzicht van alle *touchpoints* die leiden tot een verkoop. Al deze stappen worden al weergegeven in de *customer journey*. Door het aantal klanten in elke fase van de *journey* te meten en weer te geven in de *journey* kan worden nagaan waar veel klanten afhaken. Een plaats waar veel consumenten afhaken wordt een **bottleneck** (vernauwing) genoemd. Die kan na het opsporen ervan worden verholpen door te analyseren waar het probleem vandaan komt. Het probleem gericht oplossen kan bijvoorbeeld door aanpassingen te doen in voorgaande communicatie-inspanningen of door na te gaan of het kanaal of de inhoud van de desbetreffende bottleneck nood heeft aan een nieuwe strategie. Als het probleem zich voordoet in de aankoopfase kan gezocht worden naar de reden waarom klanten de winkel of webshop verlaten zonder een aankoop te doen. Misschien waren de producten of prijzen niet wat ze hadden verwacht of was er een technisch probleem waardoor men niet kon betalen op een door de klant gekozen manier.

Een probleem in de *sales funnel* kan zich uiten als een lage *open rate* op een e-mail (1), waarbij de mails die worden uitgestuurd naar de doelgroep niet worden geopend. Dat wil echter niet onmiddellijk zeggen dat de onderwerpregel slecht is opgesteld. Die dient namelijk om de interesse te wekken bij de lezer en moet aanzetten om de e-mail te openen. Uit marktonderzoek blijkt namelijk dat e-mails het wel goed doen bij consumenten die het merk al kennen. Er kunnen zich twee scenario's voordoen. De marketeer kan kiezen om de *open rate* bij de doelgroep die het merk nog niet kent (2) te verhogen. Dat is echter niet altijd mogelijk. Een betere optie zou zijn om de impact van de *awareness*-campagne (3) te verhogen door inhoud en kanaal beter op elkaar af te stemmen. Daarmee zal de zeer goede *open rate* bij de consumenten die aangeven het merk te kennen kunnen worden toegepast op een grotere doelgroep. Een doelgroep doorloopt de *funnel* in figuur 6.6 dus van boven naar onderen, maar als marketeer moet je van onderen naar boven op zoek gaan naar de belangrijkste bottlenecks.

FIGUUR 6.6.

Er wordt een campagne gevoerd om de awareness bij de doelgroep op te bouwen. 75% van de doelgroep krijgt deze advertentie te zien.
25% (3) van de bereikte mensen geeft aan het merk te kennen.
Open rate van 17,19% (1) op een e-mail die naar de volledige doelgroep wordt uitgestuurd. 80% van de mensen die het merk reeds kenden opende de e-mail. 5% (2) opent de e-mail als ze het merk niet herkennen.

TOT SLOT

In dit boek probeerden we de lezer duidelijk te maken hoe de consument en zijn of haar gedrag de dag van vandaag gedefinieerd kunnen worden.

In het eerste deel lag de focus op het definiëren van de doelgroep aan de hand van een *buyer persona*. We gaven aan welke elementen moeten worden meegenomen in de opbouw van een persona en welke trends het consumentengedrag vandaag de dag beïnvloeden.

In het tweede deel verschoof de focus naar de consument zelf. We gingen in zijn of haar hoofd kijken naar wat er precies gebeurt wanneer iemand aan een prikkel wordt blootgesteld. In sommige gevallen geven we aandacht aan die specifieke prikkel en leren we eruit; in andere gevallen wordt de prikkel totaal genegeerd.

In het derde deel vertrokken we vanuit het koopproces. We bespraken hoe iemand tot de constatatie komt dat men een bepaalde behoefte heeft en hoe de consument vervolgens tot een effectieve aankoop komt. Als laatste legden we de link naar de *customer journey* en omschreven we hoe deze grafische weergave marketeers kan helpen bij het bepalen van de strategie.

Dit boek nam je mee op een verkenningsronde door de consument en zijn of haar gedrag. We hopen dat we je getriggerd hebben om hier verder mee aan de slag te gaan en wensen je veel plezier en succes bij die boeiende ontdekkingstocht.

BRONNEN

Invloed van muziek: https://www.consumpsy.nl/blog/2012muziek-invloed-koopgedrag/

Sound design: Muziek en geluid kunnen koopgedrag beïnvloeden (belgiancowboys.be)

Geluid in de Lexus: https://blog.lexus.co.uk/lexus-and-the-art-of-noise/

Sonic branding: https://www.tijd.be/ondernemen/media-marketing/hoe-moet-een-merk-klinken/10010670.html

Kleurenpsychologie: https://www.gethooked.nl/blogs/de-betekenis-van-kleuren-in-marketing

Geurmarketing: https://scents.be/geurmarketing-wat-waarom-en-hoe/

Subliminale perceptie: https://www.eurib.net/subliminale-perceptie-waarneming-onder-de-radar/

Gestaltpsychologie: Wat is Gestaltpsychologie? Uitleg, toepassing, voorbeeld, tips | toolshero

Shaping: https://nl.wikipedia.org/wiki/Shaping

Voorbeelden operante conditionering: https://nl.wikipedia.org/wiki/Operante_conditionering

Balanstheorie van Heider: https://gedragvandeconsument.nl/balance-theory/

Means-end chain: https://gedragvandeconsument.nl/consumentengedrag/means-end-chain/#:~:text=A%20means%2Dend%20chain%20is,that%20link%20values%20to%20behavior.

Info ERG Alderfer: https://mens-en-samenleving.infonu.nl/psychologie/118201-de-behoeftepiramide-van-maslow.html#:~:text=Alternatief%202%3A%20Alderfer%20en%20de%20ERG%2Dtheorie&text=Hij%20stelde%20dat%20het%20gedrag,en%20growth%20(persoonlijke%20ontwikkeling).

Inept inert set: https://thenovicemarketeer.com/evoked-inert-inept-sets/

Cognitieve dissonantie: https://www.worldsupporter.org/en/chapter/34762-consumentengedrag

Priming en framing: https://docplayer.nl/129383135-Framing-vs-priming-wat-is-het-verschil-martijn-in-t-veld-martijn-in-t-veld.html

Nudging: https://exposure.be/blog/wat-is-nudging/

Delight: https://www.managementimpact.nl/artikel/naar-customer-delight-in-vijf-stappen/#:~:text=Het%20is%20ook%20de%20kunst,over%20Customer%20Delight%20als%20strategie.

Semantisch geheugen: https://www.semanticscholar.org/paper/A-spreading-activation-theory-of-semantic-Collins-Loftus/61374d14a581b03af7e4fe0342a722ea94911490/figure/0

https://insites-consulting.com/media/2021/01/InSites-Consulting-Culture-Trend-Report-2021.pdf?_cldee=c2ltb25lLnJ1c2VsZXJAdWJhYmVsZ2l1bS5iZQ%3d%3d&recipientid=lead-242be8c90554eb11a812000d3add6bba-35cf65c4b2ef40ea91e27000d2683d0c&esid=27241626-9061-eb11-a812-0022489c7d66

https://www.selligent.com/nl/blogs/digital-marketing/interessante-trends-in-2021-de-top-5-van-voorspellingen-over-digitale-marketing

https://nl.business.trustpilot.com/reviews/learn-from-customers/hoe-2020-het-consumentengedrag-heeft-veranderd-en-de-trends-van-2021

https://gedragvandeconsument.nl/14-consumententrends-2021/

https://mediaweb.nl/blog/e-commerce-trends-2021-post-corona/

https://www.robeco.com/nl/visie/2021/01/consumer-trends-in-2021-the-future-of-commerce-and-the-caring-economy.html

https://www.frankwatching.com/archive/2021/06/21/consument-gedrag-na-corona/

De 6 Cultuurdimensies van Hofstede – Gedragvandeconsument.nl

https://www.wonenvlaanderen.be/woononderzoek-en-statistieken/demografische-cijfers

https://www.b2bmarketeers.nl/dmu/

Waarom je micro-influencers boven mega-influencers moet verkiezen (frankwatching.com)

GERAADPLEEGDE BOEKEN

Desmeules, R. (2002). The impact of variety on consumer happiness. *Academy of Marketing Science Review*, 12.

HOYER, W. & MACINNIS, D. (2010). Consumer behaviour (5e editie). South-Western: Cengage Learning.

Jansson-Boyd, C. (2019). *Consumer Psychology* (2de ed.). Amsterdam University Press.

Khan, M. A. (2006). *Consumer behavior and advertising management*. New Delhi: New Age International.

Myers-Briggs de bedrijfspsychologie experts - MBTI in het Nederlands (themyersbriggs.com)

Nederstigt, J. & Poiesz, T. (2018). *Consumentengedrag* (7de ed.). Noordhoff.

Schwartz, B. (2000). The tyranny of freedom. *American Psychologist*, 55(1).

Schwartz, B. (2004). *The paradox of choice: why more is less.* New York: Harpercollins, Ecco.

Schwartz, B., Ward, A., Monterosso, J., Lyubomirsky, S., White, K., & Lehman, D. (2002). Maximizing Versus Satisficing: Happiness is a matter of choice. *Journal of Personality and Social Psychology*, 83(5), 1178-1197.

Solomon, M. R. & Bamossy, G. (2013). *Consumentengedrag* (4de ed.). Pearson Benelux B.V.

Solomon, M. R. (2019). *Consumer Behavior*. Pearson Education, Limited.

Valkeneers, G. (2019). *Consumentenpsychologie* (2de ed.). Acco.

Van der Pligt, J. & Vliek, M. (2014). *Overreden en verleiden* (1ste ed.). Pearson Benelux B.V.

Weber, A. A. (2006). *Consumentengedrag: de basis*. Wolters-Noordhoff.

INDEX

A

ABC model 111
abstracte attributen 133
accelerator impulse 199
accommodatie 143
acculturatie 131
adviseur 18
afdanker 19
affectieve attitudevorming 128
afleidingen 90
aspiratiegroep 174
assimilatie 143
attitude 6, 9, 111
autonoom gedrag 20, 177
awareness set 188

B

balanstheorie van Heider 118
bandwagoneffect 176
behavioristische theorie 98
beïnvloeder 18
bekrachtiging 103
beperkt probleemoplossend gedrag 190
beperkt probleemoplossend gedrag 195
beslisser 19
betrokkenheid 161
billboard geur 68
biogene behoeften 151
blinde impuls 199
bottleneck 238
breakthrough impuls 199
buyer persona 23
bye path 228

C

carrièredoelen 174
centrale route 124
character merchandising 184
choice overload 203
choice set 189
chunking 141
circulaire economie 214
cognitieve attitudevorming 127
cognitieve dissonantie 218
cohortentheorie 29
commerciële bronnen 181
comparatieve invloed 173
compenserende beslissingsregel 193
compenserende impuls 199
concrete attributen 133
conformisme 175
congruentie 70
conjunctieve beslissingsregel 196
consideration set 189
consistentieprincipe 113
consument 8, 9
consumentengedrag 6
consumptiepatroon 175
contactconditionering 108
cross-channel 226
customer delight 217
customer journey 225

D

decision making unit (DMU) 16, 177
decision set 190
defensief gedrag 158
directe groepen 173
disjunctieve beslissingsregel 196
dissociatiegroep 174
dissonantiereductie 178
drangtheorie 149

E

eenvoudige additieve beslissingsregel 193
egobetrokkenheid 163
egodefensieve functie 115
eindwaarden 132
elaboration likelihood model 124
ennisstructuren 141
episodisch geheugen 143
ERG-model 157
evoked set 188
exit rate 210
expectancy-value model 127
exposure 61
extern zoekproces 165
extrinsieke motivatie 152

F

feitelijke groepen 173
fishbein 120
fishbein-model 194
framing 201
frequency marketing 104
frustratie 157
functionele attitudetheorie van Katz 114
functionele gevolgen 133

G

gamification 104
gatekeeper 18
gebruiker 19
geconditioneerde respons 99
gestalt 87
gewogen additieve beslissingsregel 193
gezin 170

H

halo-effect 91
hedonistische behoeften 151
herhaling 100
heuristiek 196
heuristische beslissingen 196
hiërarchie van effecten 116
horn-effect 91
huishouden 171
hype 52

I

identificatie 175
impulsaankoop 198
inculturatie 131
indirecte groepen 172
inept set 189
inertie 200
inert set 188
influencers 178
Influencers 180
initiator 17
inkoper 19
instrumentele functie 115
instrumentele of operante conditionering 102
instrumentele waarden 132
interferentie 145
intermittent reinforcement 103
intern zoekproces 166
interpretatie 87

intrinsieke motivatie 152
irrelevante cues 90
isolation-effect 144

K

kennisfunctie 115
keuzestress 204
klassieke conditionering 99
koopsituatiebetrokkenheid 163
kortetermijngeheugen 141
kruismodaliteit 70

L

laddering 133
langetermijngeheugen 141
latent construct. 111
latente behoefte 160
leren 97
levensfase 30
lexicografische beslissingsregel 196
loyaliteit 200

M

maatschappelijke waarden 174
manifeste behoefte 160
MBTI-model 36
means-end-chain (MEC) 133
means end conceptualization of the components of Advertising strategy (MECCAS) 135
mere-exposure 108
mere exposure effect 129
merktrouw 200
middel-doelketen 133
modeling 105
multiattribuutmodel 194
multi-attribuutmodellen 120
multichannel 225

N

native advertising 184
negatieve motivatie 153
neutrale bronnen 179
niet-compenserende beslissingsregels 195
normatieve invloed 171
nudging 202

O

observationeel leren 105
ocean-model 37
omnichannel 226
ongeconditioneerde respons 99
ongoing search 165
opinieleiders 178
opti-channel 227
optimizers 166, 193
overwegingssets 187

P

pavlov 99
perceptie 61
perceptiediagram 93
perifere route 125
persoonlijke bronnen 168
point of sale marketing 210
positieve motivatie 153
positionering 15
positioneringsdiagram 93
POS-marketing 210
prepurchase search 165
primacy-effect 141
primaire groep 173
priming 201
product as a service (PaaS) 213
productbetrokkenheid 161
product-market fit 15
psychogene behoeften 151
psychografisch onderzoek 39
pullmarketing 181
pushmarketing 181

R

recency-effect 141
referentiegroepen 173
religieuze opvattingen 174
routinematig gedrag 191
routinematig gedrag 197

S

sales funnel 238
satisficers 166, 196
secundaire groep 173
segmentatie 12
semantische geheugen 143
semiotiek 92
sensatie 61
shaping 102
shareable content 185
snobeffect 176
sociaaleconomische status 34
sociale bronnen 170
sociale communicatie 177
sociale facilitatie 107
sociale vaardigheden 174
sound design 66
spreidingseffect 144
stemming-congruentie-effect 144
stimulus generalisatie 100
STP-model 12
straf 103
subcultuur 175
subjectieve norm 123
substitutie 158
symbolische groepen 173
syncratisch gedrag 20

T

targeting 13
theorie van gepland gedrag 122
the paradox of choice' 203
top of mind 188
totale attitudescore 120
total set 188
touchpoints 225
trend 52

U

uitdoving 100
uitgebreid probleemoplossend gedrag 190, 193
utilitaristische behoeften 151

V

VALS-typologie 39
vebleneffect 176
verwachtingsdisconfirmatie model 215
verwachtingstheorie 149
vicarious learning 106
virtuele referentiegroepen 174
Von Restorff-effect 144

W

waarde 131
waarde-expressieve functie 115
waargenomen controle 123
welcome path 227

Z

zeven dimensies van cultuur 47
zintuiglijk geheugen 140

BORGERHOFF & LAMBERIGTS | OWL PRESS

Gent, België
info@owlpress.be
www.owlpress.be

ISBN 9789463934718
NUR 802
D2021/11.089/209

Auteurs: Veronique Vanderhoydonks en Koen Wilna

Coördinatie: Sarah Auman, Nina Waegemans & Joni Verhulst
Eindredactie: Wannes Swings
Ontwerp cover en binnenwerk: Evelien Degeyter
Zetwerk: Evelien Degeyter
Beelden: iStock Images, Audi, Axe, Benetton, Buval, Colruyt, Foursquare, Friends, HelloFresh, Jumbo, Jupiler, Kitkat, Kleur bekennen, Lays, LEGO, Mona, Oral B, Pepsi, Peter Morville, Playmobil, Renault, Rexona, Supertastermel.com, Starbucks, Too Good to Go, Volkswagen, VTM Kids, WWF.

Gedrukt in Europa

Eerste druk: december 2021

CONSUMER FIRST

EEN PRAKTISCHE KIJK OP CONSUMENTENPSYCHOLOGIE

Consumer first biedt een praktische kijk op het hedendaagse consumentengedrag. De consument wordt in dit boek écht centraal geplaatst. In het eerste deel krijg je een antwoord op de vraag wie de consument nu eigenlijk is en hoe je als bedrijf je doelgroep kan definiëren. Het tweede deel focust op wat er in het hoofd van de consument gebeurt wanneer er geconsumeerd wordt. Het laatste deel zoomt in op het eigenlijke koopproces. Hoe komt een consument tot een effectieve aankoop? En hoe kan een bedrijf voor loyale klanten zorgen?

Consumer first is essentieel voor studenten marketing, communicatie, psychologie en gedragswetenschappen. Door de duidelijke structuur en praktische voorbeelden kan dit boek zowel op bachelor- als op graduaatsniveau gebruikt worden. Daarnaast is het ook geschikt voor professionals die hun kennis willen opfrissen of uitbreiden.

OVER DE AUTEURS

Veronique Vanderhoydonks was actief als consultant in de marketingsector en is momenteel lector aan Hogeschool PXL in Hasselt. Ze doceert consumentengedrag, strategische marketing, dienstenmarketing en B2B-marketing.

Koen Wilna was eerst actief als marketingconsultant om vervolgens als lector aan de Arteveldehogeschool zijn passie voor marketing over te brengen. Zijn beroepsfocus ligt op commerciële psychologie, strategie en creativiteit.

9 789463 936613

OWL PRESS